I0121090

I N V E S T I G A Ç Ã O

I
IMPRENSA DA UNIVERSIDADE DE COIMBRA
COIMBRA UNIVERSITY PRESS
U

EDIÇÃO

Imprensa da Universidade de Coimbra
Email: imprensauc@ci.uc.pt
URL: http//www.uc.pt/imprensa_uc
Vendas online: http://livrariadaimprensa.uc.pt

Ceis20

COORDENAÇÃO EDITORIAL

Imprensa da Universidade de Coimbra

CONCEÇÃO GRÁFICA

António Barros

INFOGRAFIA DA CAPA

Mickael Silva

PRÉ-IMPRESSÃO

Jorge Neves

EXECUÇÃO GRÁFICA

KDP

ISBN

978-989-26-1749-7

ISBN DIGITAL

978-989-26-1750-3

DOI

https://doi.org/10.14195/978-989-26-1750-3

SANDRA FERNANDES
LICÍNIA SIMÃO

IMPRENSA DA
UNIVERSIDADE
DE COIMBRA
**COIMBRA
UNIVERSITY
PRESS**

O MULTILATERALISMO

CONCEITOS E PRÁTICAS NO SÉCULO XXI

ÍNDICE

ESTUDOS NECESSÁRIOS

Por

JAIME GAMA

É de saudar a publicação deste volume, coordenado por Sandra Fernandes e Licínia Simão, abrangendo vários estudos de índole académica sobre a temática do multilateralismo. A docência em torno das relações internacionais e a investigação de suporte que a antecede ganham com a consolidação de um espaço próprio de afirmação, de que a expressão editorial é sempre um instrumento de inegável valor.

A autonomização da área das relações internacionais nos contextos universitários não tem sido uma tarefa fácil, seja perante a História, a Ciência Política ou o Direito, seja perante a Sociologia, a Economia ou a Estratégia. Daí que um volume como este venha claramente em apoio de um contorno mais rigoroso para a temática em causa e isso constitua por si só um sinal positivo no panorama da investigação académica.

O percurso do multilateralismo associa regra geral a saída de um conflito com a necessidade de alcançar uma paz durável que lhe suceda. Na versão mais optimista, incluirá sempre um projecto global de regeneração internacional e, até, de redenção humana. Os autores dos ensaios aqui compilados fixam o seu horizonte nesse quadro de valores, mas nem por isso se impedem de discorrer sobre experiências concretas, sejam elas a da ONU ou da UE, enquanto organizações internacionais, sejam elas as políticas multilaterais de potências como os EUA, a China e a Rússia ou de países como Portugal e o Brasil.

Bem sublinhado está o facto de que o momento presente regista tendências de "contestação, reconfiguração e reinvenção" do fenómeno multilateral. Esta advertência conclusiva é um sábio enquadramento para os leitores, confrontados com a erosão do sistema internacional, quer por novos e radicais intervenientes, quer por antigos e instalados actores em fase de reapreciação de objectivos e de procedimentos.

Nesta linha interrogativa, questionar o multilateralismo por outras vias implicaria dissecar o próprio campo cognitivo com que habitualmente é estudado pelos meros anatomistas de organizações internacionais, ou examinar a ideologia de auto-sustentação segregada pelas burocracias desses corpos administrativos transnacionais. Trata-se de um terreno em que a seriedade da matéria exige que não se constituam territórios interditos à pesquisa e à análise.

Estou certo de que os estudos necessários deste "Multilateralismo" darão um apreciável impulso à problematização das temáticas internacionais e que os seus autores não se inibirão em dar os passos seguintes que os caminhos agora desbravados tornam absolutamente necessários. A ciência das Relações Internacionais só terá a ganhar com isso.

30.04.2019

INTRODUÇÃO

SANDRA FERNANDES

Universidade do Minho e Centro de Investigação em Ciência Política (CICP), Portugal.

ResearcherID:O-1155-2013

ORCID:http://orcid.org/0000-0002-3994-6915

LICÍNIA SIMÃO

Faculdade de Economia e Centro de Estudos Sociais da Universidade de Coimbra, Portugal.

https://orcid.org/0000-0001-5479-8925

O mundo em que vivemos é repleto de paradoxos. Por um lado, "nós não estamos sozinhos. Há muitas pessoas decentes no mundo, e eles são nossos amigos e aliados à medida que tentamos re-imaginar como controlar o nosso destino. Descobri-los e aos seus pensamentos é uma maneira segura de sermos mais otimistas" (Altinay, 2012). Por outro lado, todas as dinâmicas integrativas e cooperativas ao alcance dos Estados e dos indivíduos ainda embatem em situações de desigualdade e de conflito à escala global. A este respeito, Johan Galtung (2017) lembra-nos que a principal dificuldade em alcançar paz nas sociedades consiste em conseguir pensar o seu futuro coletivo e responder, assim, à pergunta definidora e salvadora *"what is next?"*.

Este livro dedica-se a estes desafios ao propor a compreensão do "multilateralismo", como uma dinâmica das relações internacionais que tem vindo a marcar e a modificar a natureza da interação entre os Estados e os seus povos, de forma muito visível desde 1945. Este é um fenómeno institucionalizado, largamente difundido durante a Guerra Fria, e que os atores estatais podem cada vez menos contornar. Contudo, o sistema das Nações Unidas é um exemplo que demonstra a relação entre "power politics" e multilateralismo, num jogo que contribui tanto para reforçar como para diminuir o papel das instâncias multilaterais. Com o fim da Guerra Fria, a visão realista acerca do multilateralismo torna-se cada vez menos convincente na medida em que este dificilmente pode ser reduzido a um simples instrumento de

https://doi.org/10.14195/978-989-26-1750-3_1

articulação de interesses nacionais estatais. O fenómeno insere-se, assim, na pós-modernidade na medida em que "(...) a opção multilateral pode tornar-se mais económica, mais utilitária e, ao mesmo tempo, capaz de gerir de forma mais eficaz e partilhada tudo o que o poder não só não pode resolver como arrisca agravar. Neste aspeto, o multilateralismo ganha os seus contornos de pós-modernidade" (Badie, 2007: 231).

As limitações às ações dos Estados, nomeadamente a nível unilateral, explicam a multiplicação das práticas multilaterais e os novos olhares teóricos sobre as mesmas, a partir dos anos 90. Bertrand Badie (2006: 59) sublinha que "as dinâmicas internacionais suportam de forma cada vez menos sólida a ação unilateral, mesmo sendo de um Estado poderoso; o seu alto nível de interdependência e complexidade tornam incontornável a deliberação realmente coletiva de normas e de sanções". A tensão entre unilateralismo e multilateralismo é central no surgimento e explicação do fenómeno (Badie, 2006: 21). Na lógica do ator racional, a escolha pelo multilateralismo advém dos custos associados a uma individualização dos ganhos. No entanto, o multilateralismo não é uma mera antítese do unilateralismo. Adquire um significado político pleno uma vez que preconiza ações que sigam objetivos e regras comuns. Deste modo, ultrapassa a noção de técnica para organizar relações e assume-se mais como uma política com vista a criar reciprocidade difusa e eventuais normas comuns.

O esforço de definição do fenómeno encetado por John Gerard Ruggie (1993) e James A. Caporaso (1992) constitui, ainda, uma referência. O multilateralismo é uma maneira específica de reunir atores internacionais para apoiar a cooperação, princípios de não-discriminação, reciprocidade difusa (jogos de soma positiva) e estruturas institucionais generalizadas. Um problema torna-se internacional quando o nível nacional não é eficiente: "custos e benefícios têm impacto na dimensão externa. Estes efeitos externos são frequentemente tão amplos que os objetivos internos não podem ser alcançados sem uma ação multilateral coordenada" (Caporaso, 1992: 598). Para estes autores, os conceitos de "cooperação" e "instituição" são utilizados de forma inapropriada para casos em que o multilateralismo é o conceito central. Ruggie e Caporaso cunharam a definição seguinte: é um princípio organizador e uma instituição internacional específica, que se distingue por três propriedades (indivisibilidade, princípios generalizados de conduta e reciprocidade difusa).

A presente análise considera o contributo da literatura sobre multilateralismo que emergiu no início dos anos 90, a qual consagrou o multilateralismo como uma forma específica das relações internacionais. No entanto, esta obra enfrenta o facto não resolvido de defini-lo tanto a nível teórico como empírico. Argumentamos que uma abordagem mais específica do multilateralismo ainda é necessária porque é uma forma particular de cooperação institucionalizada, muitas vezes diluída na teoria das instituições internacionais ou, mais geralmente, da cooperação. No início do pós-Guerra Fria observavam-se as lacunas na pesquisa sobre o multilateralismo devido a uma falta de estudos sobre a forma que as instituições internacionais podem assumir e sobre os seus efeitos no mundo (Ruggie, 1992: 597). Este livro retoma esta observação, procurando oferecer uma abordagem conceptual e empírica ao fenómeno no século XXI, tendo em consideração a adaptabilidade do mesmo e a tendência em reduzi-lo a uma perspetiva institucionalista.

O livro apresenta um conjunto de contribuições que visam mapear e problematizar os conceitos e práticas de multilateralismo, particularmente num contexto político internacional em que as formas de cooperação institucionalizadas estão sob pressão. Apesar de as instituições multilaterais se manterem como uma parte fundamental da gestão das dinâmicas internacionais, as regras subjacentes à atuação internacional assentam em consensos cada vez menos amplos. O paradoxo imenso entre a perceção de desafios globais, planetários e a procura de soluções cada vez mais individuais e nacionais exige uma reflexão profunda sobre o papel do multilateralismo na política internacional no século XXI. Para além disso, a realidade incontornável de um alargamento do tipo e número de atores internacionais, que pressionam as relações internacionais a extravasar os seus limites estatais, exige que as nossas reflexões sobre multilateralismo incorporem estas experiências.

A interdependência e a complexificação da agenda internacional contribuem para responder à seguinte interpelação de Ruggie: "Não conheço nenhuma boa razão que explique porque é que os Estados devem complicar as suas vidas desta forma" (1992: 583-584). No entanto, muitas práticas formais e informais têm surgido, nas quais participam também atores não estatais. Como refere Devin (2007: 147-8), o multilateralismo é uma escolha e/ou uma necessidade, uma política, com os seus defensores e os seus críticos, mas é também um sistema, ou sejam um conjunto interativo de partes que são elas mesmas multilaterais. Estendido a num número cada vez mais elevado de setores e valorizado por um número crescente de atores que densificam e complexificam o seu funcionamento, este sistema tornou-se opaco para os leigos e, frequentemente, para aqueles que se interessam. Paradoxalmente, é o seu sucesso que alimenta as críticas.

Assumindo uma pluralidade teórica das Relações Internacionais (RI), existente em Portugal, os nove capítulos desta obra contribuem para esclarecer as dinâmicas globais em curso ao analisar um conceito que ainda não reuniu consenso na literatura e que é tratado sob diversas perspetivas, tendo-se vindo a afirmar como uma forma de ação internacional crescente desde 1991. As formas que pode assumir são diversas e participam na governação global das problemáticas internacionais. Pretende-se, assim, tratar a questão do multilateralismo como distinta e única face a outros conceitos tais como a "governação global" (Dingwerth e Pattberg, 2006). Esta assunção coloca-se, também, na senda dos contributos inovadores, acima mencionados, que apontam para a necessidade de não limitar o fenómeno multilateral a análises institucionalistas e realistas. Este pressuposto abre as portas para uma inteleção mais aberta das especificidades desta forma de relacionamento e dos pontos de convergência e divergência face a outros conceitos e práticas que são por vezes usados como sinónimos.

O livro oferece um mapeamento crítico do estado da arte e situa a variedade empírica do fenómeno de modo a contribuir para a sua definição e caracterização, para além da constelação das práticas existentes. As questões principais às quais procura dar resposta incluem, nomeadamente: o que é o multilateralismo e como contribui para a governação global? Quais são os conceitos e as práticas existentes? Os autores do projeto são representativos de um leque variado de instituições de ensino superior em Portugal e no Brasil, quer geograficamente quer em termos das escolas de pensamento, e doutorados em áreas de interesse direto para as matérias analisadas na obra.

O projeto surge integrado no trabalho da Secção de Relações Internacionais da Associação Portuguesa de Ciência Política (SRI/APCP), coordenada pela Doutora Sandra Fernandes de 2016 a 2018 e pela Doutora Licínia Simão desde 2018 a 2020. Nesse sentido e tendo em consideração que os estudos de caso envolvendo multilateralismo são transversais a muitas unidades curriculares do ensino graduado e pós-graduado das RI em língua portuguesa, este livro afigura-se útil para a lecionação e o estudo. Não sendo um manual de ensino, a linguagem e os subtemas abordados servem, no entanto, o objetivo de ser uma ferramenta útil em sala de aula em diferentes contextos geográficos e ideacionais.

O primeiro capítulo, que serve de enquadramento à obra, apresenta a conceptualização do "multilateralismo" de uma perspetiva dialógica entre reflexão e ação. Assim, a evolução do conceito e das práticas do multilateralismo são estudadas de forma integrada, procurando demonstrar que não é possível entender a realidade do multilateralismo sem uma perspetiva que integre a forma como os conceitos tornam a realidade inteligível e ao mesmo tempo seja profundamente ligado às realidades concretas em que ele se insere. O capítulo apresenta assim uma discussão dos debates teóricos e concetuais em torno do multilateralismo e a sua evolução desde 1945 até aos nossos dias, incluindo a problematização da relação do multilateralismo com outros conceitos como a governação global, o bilateralismo ou o unilateralismo.

Os capítulos seguintes procuram ilustrar essa relação dialógica a partir da análise de atores ou temáticas centrais do multilateralismo. O capítulo 2 centra-se na Organização das Nações Unidas (ONU), sendo o multilateralismo onusiano a referência histórica do fenómeno, olhando para a forma como a agenda securitária global tem incluído a questão dos direitos humanos e em particular os direitos das crianças na sua agenda e na sua prática. As autoras abordam o papel da ONU na gestão da agenda global de segurança e a forma como se tem ampliado, incluindo no âmbito do Conselho de Segurança – o órgão máximo mandatado para gerir as questões da paz e segurança internacionais –, para incluir temáticas de direitos humanos. Esta ampliação permite assim um cruzamento temático de preocupações, incluindo a infância, que claramente beneficia da natureza multilateral deste fórum, para permitir a criação de mecanismos de consciencialização, monitorização e gestão da proteção das crianças em contextos de violação da paz e segurança internacionais.

Numa abordagem mais transversal e abrangente, o capítulo 2 analisa o papel do multilateralismo na sua relação com a agenda da paz liberal e o seu desenvolvimento no âmbito das estruturas de intervencionismo global. As autoras olham para o papel das Nações Unidas como o centro da gestão da segurança coletiva e para as noções de intervenção humanitária e responsabilidade de proteger. O capítulo sublinha a cada vez mais complexa governação da segurança internacional, nomeadamente no que toca à inclusão de atores privados e da sociedade civil no âmbito dos processos de *peacebuilding* e *statebuilding*, desenvolvidos em contextos de fragilidade e emergências complexas.

O capítulo 4 dedica-se ao papel dos Estados Unidos da América, como agente privilegiado dos sistemas multilaterais. O autor apresenta-nos uma contextualização histórica do fenómeno multilateral na política externa norte-americana, olhando-a a partir das tensões internas do sistema político norte-americano. Isso permite-nos entender de forma mais informada as oscilações da política externa norte-americana no que toca à participação dos EUA nos fóruns multilaterais e o entendimento específico que a superpotência do pós--Guerra Fria tem tido sobre o fenómeno multilateral. O capítulo relativiza a aparente exceção da administração Trump em relação ao compromisso norte--americano com o multilateralismo e aprofunda dinâmicas perenes no sistema de governo desta potência.

O capítulo 5 lida com as relações entre a União Europeia (UE) e a Rússia, demonstrando como a produção de níveis de multilateralismo competitivos tem lugar, refletindo, em parte, o multilateralismo *sui generis* promovido pela UE. O capítulo aborda as diferentes áreas em que a cooperação entre a União e a Federação Russa se tem desenvolvido, para argumentar que há níveis distintos de multilateralismo que se instituíram e que convivem nesse relacionamento, tanto de forma a reforçar como a diminuir a capacidade de resolução de problemas destas formas de interação. Esta perspetiva permite-nos entender como a natureza dos atores envolvidos na cooperação multilateral e a visão que têm sobre o fenómeno influem na sua forma e relevância.

Olhando para o espaço asiático, o capítulo 6 coloca a ênfase sobre o surgimento de uma "nova ordem económica" e o papel do multilateralismo nesta mudança sistémica em curso, sob liderança chinesa. O enfoque na dimensão económica da presença chinesa na região é um complemento importante aos restantes capítulos, evidenciando as oportunidades de cooperação multilateral que se apresentam neste quadro regional. O autor aborda também a perspetiva chinesa sobre a prática multilateral, levantando questões importantes sobre a governação das questões internacionais num contexto multipolar. A existência de práticas multilaterais é também abordada no caso específico de África, à luz do protagonismo da UE. O capítulo 7 apresenta-nos um contributo centrado nas estratégias europeias de cooperação multilateral com o continente africano, em particular ao nível da segurança. O autor identifica um quadro de análise da cooperação multilateral em África, a partir dos pressupostos do "multilateralismo efetivo" advogado pela UE nos seus documentos estratégicos. A análise demonstra as limitações práticas que os instrumentos de atuação da UE evidenciam e as contradições da presença securitária da UE no contexto africano.

O capítulo 8 dedica-se à análise da política externa brasileira e ao papel que a cooperação multilateral assumiu nos mandatos do presidente Lula da Silva e da presidente Dilma Rousseff. Entendendo o multilateralismo como um elemento central na política externa de Lula, a autora demonstra como a política externa brasileira neste período conseguiu articular configurações multilaterais específicas, de cooperação sul-sul, que visavam reposicionar o Brasil num contexto internacional de potências emergentes. Por outro lado, os constrangimentos internos, que se fizeram sentir nos mandatos da presidente Dilma, tiveram um impacto sobre o papel do multilateralismo na política externa brasileira.

O capítulo 9 é dedicado ao papel da cooperação multilateral para Portugal. O autor apresenta-nos uma análise centrada em três dimensões centrais da política externa portuguesa, onde a dimensão multilateral permanece fundamental, permitindo argumentar que, para um país desta dimensão, a ação multilateral permite ganhos substanciais de projeção e influência regional e global. O capítulo olha assim para a cooperação portuguesa no âmbito da Comunidade de Países de Língua Portuguesa (CPLP), da União Europeia e da Organização do Tratado do Atlântico Norte, evidenciando três eixos fundamentais da política externa portuguesa: a lusofonia, a Europa e o Atlântico.

Na conclusão da obra, as editoras apresentam algumas das linhas centrais de análise desenvolvidas ao longo da obra, em particular, aquelas que refletem as tendências atuais de contestação, reconfiguração e reinvenção do multilateralismo. Cruzando a perspetiva histórica e as categorias teóricas evidenciadas no primeiro capítulo com as características empíricas analisadas nos capítulos seguintes, o livro oferece uma comparação das práticas atuais por referência ao multilateralismo onusiano, às agendas globais e às tensões/complementaridades com outros métodos de interação.

Esperamos, assim, que a obra se torne uma ferramenta útil à investigação e ensino na área das Relações Internacionais em língua portuguesa e que constitua um ponto de reflexão para outras temáticas contíguas, de igual relevância. As questões da ordem internacional em mudança, dos novos atores das relações internacionais ou a formulação da política externa são exemplos de temáticas, cuja investigação poderá ser alavancada pelos contributos deste livro.

Referências bibliográficas

ALTINAY, H. (2012) It Is a Great Time to Be Us. *HuffPost The Blog* (22 de dezembro). https://www.huffingtonpost.com/ali-hakan-altinay/it-is-a-great-time-to-be-_b_2327810.html (acedido a 21 de julho de 2018).

BADIE, B. et al (2006) *Qui a peur du XXIe siècle? Le nouveau système international*. Paris: La Découverte.

CAPORASO, J. A. (1992) International relations theory and multilateralism: the search for foundations. *International Organization* 3(46): 599-632.

DEVIN, G. (2007) "Le multilatéralisme est-il fonctionnel?". In Badie, B. e Devin, G. (org.) *Le multilatéralisme. Nouvelles formes de l'action internationale*. Paris: La Découverte, pp. 147-165.

DINGWERTH, K. e Pattberg, P. (2006) Global Governance as a Perspective on World Politics. *Global Governance: a review of multilaterelaism* 12(2): 185-203.

GALTUNG, J. (2017) Five Decades of Peace Research: Past and Future. *Seminário CICP* (20 de outubro). Braga: Universidade do Minho.

RUGGIE, J. G. (org.) (1993) *Multilateralism matters. The theory and praxis of an institutional form*. New York: Columbia University Press.

CAPÍTULO 1

OS CONCEITOS E A EVOLUÇÃO DO MULTILATERALISMO: O NEXO REFLEXÃO-AÇÃO

THE CONCEPTS AND EVOLUTION OF MULTILATERALISM: THE NEXUS BETWEEN THINKING AND PRACTICE

SANDRA FERNANDES

Universidade do Minho e Centro de Investigação em Ciência Política (CICP), Portugal.

ResearcherID: O-1155-2013

ORCID: http://orcid.org/0000-0002-3994-6915

LICÍNIA SIMÃO

Faculdade de Economia e Centro de Estudos Sociais da Universidade de Coimbra, Portugal.

ORCID: https://orcid.org/0000-0001-5479-8925

RESUMO: Este capítulo apresenta uma análise dialógica da evolução da conceptualização e prática do multilateralismo durante o século XX e XXI. A linha de análise situa os avanços e transformações do multilateralismo no nexo reflexão-ação, demonstrando que, em momentos cruciais da política internacional das últimas décadas, a forma como a prática multilateral se desenvolveu impulsionou ou foi simultaneamente impulsionada pelas reflexões teóricas que a acompanharam. Assim, o capítulo aborda a relação do multilateralismo com outros conceitos como as relações bilaterais, a multipolaridade, a governação global ou os regimes internacionais, bem como os desafios impostos pelas agendas específicas dos diferentes atores internacionais.

Palavras-chave: multilateralismo, teorias, práticas, instituições de cooperação, normas.

ABSTRACT: This chapter presents a dialogic analysis of the evolution of the conceptualization and practice of multilateralism during the 20th and 21st centuries. The analysis places the advancements and transformations of multilateralism in the nexus between reflection and action, demonstrating that, at crucial moments in international politics in the last decades, the way in which multilateral practices have been influenced and have simultaneously influenced theoretical reflections that accompanied it. Thus the chapter deals with the relationship between multilateralism and other concepts such as bilateral relations, multipolarity, global governance or international regimes, as well as the challenges imposed by the specific agendas of different international actors.

Keywords: multilateralism, theory, practices, institutions of cooperation, norms.

https://doi.org/10.14195/978-989-26-1750-3_2

Introdução

Quando se aborda o "multilateralismo", uma das questões imediatas que surge e gera debate consiste em questionar quando nasce o fenómeno. Surge no século XIX, ainda que de forma embrionária, ou é uma prática internacional apenas consagrada no século XX? Se privilegiarmos a sua institucionalização, o século passado marca de forma inequívoca o surgimento de organizações internacionais onde a cooperação ocorre, entre mais do que dois atores, seguindo regras que são propícias à inclusão de todos os intervenientes. Muitas vezes, a Organização das Nações Unidas (ONU), criada em 1945, é considerada a expressão máxima das práticas multilaterais por ser a organização que integra o maior número de Estados, com uma agenda muito ampla. O multilateralismo apresenta-se, hoje, como uma prática e um princípio estruturante nas relações internacionais, que se consolida no século XX e que se define genericamente como "a prática de coordenação de políticas nacionais entre três ou mais Estados, através de arranjos *ad hoc* ou de instituições" (Keohane, 1990: 731)[1].

Na perspetiva de Giovanni Grévi (2009), o multilateralismo assume hoje um papel definidor dos equilíbrios mundiais, uma vez que o poder se mede também pela capacidade de reforçar as estruturas multilaterais. Esta observação decorre da constatação de um mundo que é não só multipolar[2] mas, também, interdependente, requerendo assim esforços colaborativos na resolução de problemas comuns. Embora diferentes autores, incluindo Kalevi Holsti (1998: 17-18), concordem sobre a importância crescente das instituições cooperativas, tais como a governação,[3] o comércio e a gestão de conflitos, o fenómeno multilateral é explicado de forma diferenciada nas escolas de pensamento das Relações Internacionais, em particular pelos paradigmas neoliberais e

---

[1] Ver também o trabalho de Ruggie (1992).

[2] Por multipolaridade entende-se a distribuição dos fatores de poder por diferentes polos, frequentemente concentrado em Estados potência no sistema internacional. Esta visão é distinta da do multilateralismo, já que a última não considera, na sua definição, questões relativas à distribuição de poder.

[3] O capítulo aborda a noção de "governação" mais adiante. Este termo refere-se às estruturas de gestão das questões internacionais, quer sejam multilaterais ou de outra natureza. É um conceito por vezes utilizado como sinónimo de "multilateralismo".

neorrealistas (Waltz, 1979; Mearsheimer, 2001; Keohane, 1989). A utilização do termo "instituição", neste capítulo, inclui as organizações internacionais clássicas, mas também outros formatos menos formais, mas que refletem a existência de um conjunto de princípios, regras e normas partilhadas e aceites por todos os que nelas participam (Bull, 1977).

Um dos principais desafios na abordagem ao multilateralismo reside na variedade das suas definições e na primazia de perspetivas regionais, "mas comum a todas é a importância atribuída às regras, à cooperação institucionalizada e à inclusão" (Mercury, 2010: 2). O esclarecimento trazido pelas teorias das Relações Internacionais centrou-se na análise da cooperação multilateral e da institucionalização. A corrente liberal assume que as instituições são promotoras de paz, enquanto os realistas não demonstram os efeitos estabilizadores das instituições num ambiente anárquico. A crítica de John J. Mearsheimer (1994: 341), de que as instituições têm uma influência mínima sobre o comportamento dos Estados, continua uma referência deste debate teórico.

Este capítulo tem por objetivo apresentar as práticas de cooperação multilaterais e a sua institucionalização desde o fim da Segunda Guerra Mundial, em articulação com as reflexões conceptuais e teóricas dominantes sobre o tema. A análise apresenta estas ideias de uma forma dialógica, acompanhando a evolução dos debates centrais sobre o multilateralismo na sua relação com as diferentes agendas e os diferentes atores. Assumindo o surgimento de uma constelação complexa de práticas multilaterais, o capítulo identifica os momentos de viragem na sua evolução, inseridos em dois grandes tempos marcantes: o pós-1945 e o pós-Guerra Fria.

Num primeiro momento, com um foco temporal de 1945 até à década de 80, é apresentada uma contextualização do aparecimento do multilateralismo (da prática e da sua institucionalização). Em paralelo, são analisadas as abordagens conceptuais e teóricas que foram surgindo para explicar e analisar o fenómeno, tais como o realismo, o institucionalismo liberal e os regimes internacionais. É dada relevância à União Europeia (UE) na expressão regional do fenómeno, assim como às perspetivas críticas que são formadas. Em segundo lugar, abordam-se as tendências que se inauguram nas décadas de 80 e 90 e os seus reflexos nas análises teóricas e agendas, com destaque para os novos agentes do multilateralismo, a difusão de poder mundial no pós-Guerra Fria, a governação global, o construtivismo e novas perspetivas liberais. Em terceiro lugar, releva-se a desilusão do final da década de 90 e os dilemas dos anos 2000, onde unilateralismo e bilateralismo se apresentam como contrapontos ao multilateralismo. Finalmente, perspetivamos os desafios atuais no sentido de indagar se houve reformulações significativas em relação ao que foi analisado nos períodos anteriores.

A criação das bases multilaterais contemporâneas: de 1945 a 1991

A cooperação multilateral é, em primeira análise, uma forma de cooperação conducente à tomada de decisão coletiva. Apesar de ter surgido após a Revolução Industrial do século XIX na forma de acordos multilaterais, que visavam dar resposta às transformações políticas, sociais e económicas da época, consideramos que só se torna uma prática sistémica posteriormente. O Concerto Europeu, criado em 1815 após as guerras napoleónicas, é também um exemplo embrionário, uma vez que as potências europeias decidiram marcar encontros regulares em tempos de paz, para o "bem da Europa" (Ash, 2001; Duroselle, 1984). Quando o presidente norte-americano Woodrow Wilson enuncia, em 1918, os "14 pontos" que deveriam nortear os termos da paz no final da Primeira Guerra Mundial, o multilateralismo é uma parte integrante da sua visão da ordem internacional pós-guerra (Smith, 2017). Desta visão fazem parte negociações coletivas que deveriam ser conducentes à paz internacional, a promoção dos princípios democráticos na Europa pós-guerra, o livre comércio e o direito internacional. A doutrina Wilson promoveu assim o princípio da segurança coletiva, através da criação de uma organização internacional multilateral que teria a responsabilidade de evitar uma nova guerra. A criação da Liga das Nações em 1919 viria a revelar-se insuficiente, já que foi incapaz de impedir um segundo conflito mundial, passados dezassete anos da sua criação.

Se o impulso wilsoniano para o multilateralismo reflete o idealismo do período entre guerras, em que a necessidade de regulação das relações internacionais é amplamente discutida, esta visão procura claramente avançar os interesses norte-americanos num momento de viragem dos equilíbrios mundiais. Esta perspetiva torna muito clara uma linha de tensão permanente nas diferentes justificações teóricas para a prática do multilateralismo, nomeadamente entre aquelas normalmente associadas à perspetiva liberal, que defendem que os custos associados à criação de estruturas cooperativas multilaterais são compensados pelos ganhos de previsibilidade e estabilidade que o sistema cria, e aquelas que defendem que o multilateralismo cria constrangimentos desnecessários à definição dos escolhas de política externa dos Estados, especialmente os mais poderosos, e é por isso desaconselhada, em linha com as lógicas da escola realista (Smith, 2017; Morse e Keohane, 2014).

Após 1945, em contexto de Guerra Fria, o investimento dos EUA na criação de uma ordem internacional multilateral evidencia um entendimento do multilateralismo como um passo importante para a criação de uma ordem internacional favorável às potências vencedoras da Segunda Guerra Mundial e cujas instituições deveriam refletir os seus princípios e normas (Ikenberry, 2000). O multilateralismo hegemónico institucionalizado na forma de organizações internacionais (OI) irá refletir então uma visão liberal específica da paz e da forma como esta se deveria estruturar globalmente (ver os capítulos de da Vinha e de Nascimento e Simão neste volume). O novo equilíbrio de poderes mundiais, característico da Guerra Fria, também se reflete na criação de OI de escala regional, a par da criação da Organização das Nações Unidas, em 1945. Surgem, assim entre outras, a Organização do Tratado do Atlântico Norte (OTAN) em 1949, a Comunidade Europeia do Carvão e do Aço (CECA) em 1949 e o *General Agreement on Tariffs and Trade* em 1948 (transformado na Organização Mundial do Comércio (OMC) em 1995).

Do lado soviético, a institucionalização da cooperação multilateral não se fez através de OI, mas antes através de acordos multilaterais como o Pacto de Varsóvia, em 1955, sugerindo assim que o multilateralismo varia no seu grau de institucionalização e nos equilíbrios de poder que se dirimem no seu interior. Desde o surgimento destas instituições, fica clara a variedade de âmbitos e de regras de funcionamento dos diferentes organismos e, por conseguinte, das diferenças na capacidade de influência de cada um deles nas agendas com dimensão global.

As diferentes reflexões teóricas que foram acompanhando este fenómeno procuraram interpretar o funcionamento e a relevância desta nova forma de relacionamento internacional, evoluindo no tempo, no sentido de ultrapassar a exiguidade da interpretação do realismo, muito centrada na ótica do interesse nacional. Bertrand Badie et al (2006: 59) sublinham a dificuldade crescente que os Estados enfrentam em impor as suas escolhas no âmbito externo, em pura função do seu interesse nacional:

> Houve tendência a impor-se uma verdadeira cultura do multilateralismo ([ou seja,] a elaboração coletiva de escolhas no âmbito de uma organização internacional) [...]. As dinâmicas internacionais lidam cada vez pior com a ação unilateral, ainda que seja de uma potência; o seu alto nível de complexidade e de interdependência torna incontornável uma deliberação realmente coletiva das normas e das sanções.[4]

Os principais desacordos entre teóricos cristalizam-se em torno dos efeitos da cooperação sobre o comportamento dos Estados. O conceito de "cooperação" é um elemento central, tanto das teorias realistas quanto liberais das RI, mas tem uma importância e valor explicativo diferenciados. A conceção liberal das RI baseia-se principalmente no "liberalismo institucional", que assume que as instituições são uma chave para promover a paz. O principal desacordo entre realismo e institucionalismo é sobre o efeito significativo das instituições nas perspetivas de estabilidade internacional, num ambiente anárquico, ou seja, onde não existe uma autoridade superior aos Estados soberanos, que lhes imponha regras de atuação ou os sancione quando as violam.

Na sua obra coletiva de 1992, James Caporaso sintetiza as diferenças e as lacunas nas várias escolas até à data, fazendo um balanço do período da Guerra Fria, e antecipando os desafios que se levantam face às transformações globais em curso. John Ruggie (1992: 597), por seu lado, enfatiza que as lacunas na pesquisa sobre o multilateralismo consistiam na falta de estudos sobre a forma que as instituições internacionais podem assumir e sobre os seus efeitos. O fenómeno adquire um lugar de destaque nos estudos pós-Guerra Fria, mas a natureza complexa das suas formas e eficácia tem sido um dos impedimentos à criação de uma proposta teórica unificada. Apesar de ser um

---

[4] Tradução das autoras.

fenómeno institucional disseminado e estudado, as suas características são muitas vezes diluídas pelo institucionalismo (Ruggie, 1992: 567). Isso significa que o fenómeno não é visto como uma forma distinta de instituição, cujos efeitos deveriam ser analisados para além da mera produção de regulação de comportamentos. A justificação de uma teorização específica do multilateralismo foi reforçada pelo facto de a sua forma menos usual – a que visa resolver problemas de cooperação quando interesses conflituosos estão em jogo – ganhar maior relevo após a queda do muro de Berlim (Ruggie, 1992: 582). As outras duas formas do multilateralismo são a resolução de problemas de coordenação (nesse caso, os Estados querem o mesmo resultado para todos e o resultado é menos importante como tal) e direitos de propriedade dos Estados (Ruggie, 1992: 597).

É possível, no entanto, encontrar pontos consensuais entre as correntes teóricas. Se observarmos as definições de "instituição", notamos que Mearsheimer (1994: 333) as considera regras que estipulam como os Estados se devem comportar. Por sua vez, Hedley Bull (1977) refere que as instituições são uma combinação de ideias, normas e práticas comuns, mas que não existem mecanismos que obriguem um Estado a respeitá-las. Nessa matéria, os liberais não negam o postulado realista sobre a natureza egoísta dos Estados, mas encontram nas instituições uma forma de criar regras constrangedoras que funcionam devido a um interesse comum em cooperar (resolução do dilema do prisioneiro). Nessa perspetiva, a iteração dos jogos cooperativos favorece a reciprocidade e, consequentemente, a estabilidade. O multilateralismo é considerado uma forma indireta de atingir essa estabilidade.

A teorização sobre regimes internacionais (Krasner, 1983) permitiu dar um passo adicional para uma leitura mais detalhada sobre as instituições internacionais e a sua definição. Os regimes internacionais influenciam diretamente o comportamento dos Estados, favorecendo a convergência dos seus interesses num determinado assunto, permitindo assim que estes busquem a preservação da sua autonomia e, ao mesmo tempo, reconheçam o benefício de uma maior cooperação. Os regimes são definidos, pelo autor, como um conjunto explícito ou implícito de princípios, normas e processos em domínios específicos e limitados, traduzidos em acordos ou convenções internacionais, bem como instituições e práticas que são observadas num determinado domínio.

Os exemplos mais explícitos de regimes são o regime comercial, de não proliferação nuclear, dos direitos humanos e climático (Petiteville, 2009).

O multilateralismo afigura-se, hoje, mais amplo do que as organizações internacionais. Assim, a observação de Ruggie (1992: 594 e 597), sobre o facto de não existir explicação na literatura teórica sobre o multilateralismo contemporâneo devido à sua adaptabilidade, continua a interpelar. Frank Petiteville (2009) também aborda a multiplicidade e a evolução do multilateralismo como um facto inevitável das RI hodiernas em organizações e áreas específicas. Ruggie também é interpelado por um movimento que atravessa o século XX: o facto do multilateralismo se ter materializado em organizações formais.

Tendo em conta a análise existente das instituições e da cooperação, considera-se aqui que o multilateralismo é uma forma específica de instituição e também uma forma de reciprocidade. Como forma organizadora das interações internacionais, ganhou um novo impulso com o fim da Guerra Fria e com a integração da economia mundial. As décadas de 1970 e 1980 viram acelerar as dinâmicas de interdependência à escala global em diferentes domínios, incluindo na economia, nas finanças, no ambiente, nas migrações ou na segurança internacional. Refletindo este contexto, autores como Robert Keohane (1986; 1989) procuraram assinalar as oportunidades de gestão comum da interdependência que o multilateralismo oferece, não só no âmbito de instituições formais, mas também do ponto de vista da criação de regimes e normas que criem previsibilidade e transparência nas relações internacionais. O multilateralismo é uma forma específica de reunir atores internacionais para apoiar a cooperação, assente em princípios de não discriminação, reciprocidade difusa (jogos de soma positiva) e estruturas institucionais generalizadas (Caporaso, 1992; Ruggie, 1993). A indivisibilidade também é outro princípio. Por exemplo, em acordos de segurança coletiva, a paz é indivisível e os Estados devem assumir compromissos para com todos os membros (por exemplo, o Artigo 5 do Tratado do Atlântico Norte).

As abordagens institucionalistas também afirmam que as instituições formam preferências e que influenciam as escolhas. Em contrapartida, abordagens individualistas e racionalistas consideram que os Estados e seus interesses são os centros de cooperação independentes. Isso reduziria o multilateralismo a uma simples interação estratégica. A partir desta perspetiva, o institucionalismo surge como uma moderação do neorrealismo e não como a sua refutação: os Estados e os interesses são importantes e definidos em função da natureza anárquica do sistema internacional, mas estão localizados num contexto em que existem normas, regras e crenças (instituições).

O "problema da cooperação" não é representável principalmente como um jogo de interação estratégica, embora essa dimensão do comportamento interestatal certamente exista. A ênfase passa da interação estratégica com utilidades dadas (e fixas) para um modelo de debate, comunicação, persuasão, argumentação e legitimação discursiva (Caporaso, 1992: 626). Morgan (1993: 328 e 333) levanta uma pergunta semelhante sobre a evolução no pós-Guerra Fria, alegando que

> é difícil perceber porque é que as grandes potências reagiram à longa paz escolhendo a cooperação reforçada em vez da dissuasão nuclear e a cooperação política densa. [...] Os principais governos reagiram aos desenvolvimentos surpreendentes de 1989-1991 declarando a sua prontidão em se envolverem em aventuras sem precedente no campo do multilateralismo, com vista ao reforço da segurança regional (europeia) e global.[5]

No jogo internacional, devido ao grande número de atores (jogadores) envolvidos, os jogos cooperativos são, por essência, jogos de soma positiva. No entanto, há outro fator que interfere nas interações, nomeadamente a maneira como cada ator perceciona o jogo. James Dougherty e Robert Platzgraff (2003: 724) sublinham que, muitas vezes, um jogador vê o jogo como soma zero. A questão de como cada ator percebe os resultados das interações aumenta a dificuldade de cooperação, porque podem considerar-se ganhos absolutos ou relativos. Se o jogador considerar ganhos absolutos, a cooperação é mais fácil porque ele não está preocupado com os ganhos do outro (distribuição dos benefícios entre todos os participantes), mas apenas com sua própria participação sem comparação. Esta preocupação com a forma como os atores percecionam a realidade e a entendem acabará por ser objeto de análise das correntes construtivistas, que emergiram na década de 1990 como

---

[5] Tradução das autoras

25

um importante contributo para o avanço da inteleção das Relações Internacionais (Onuf, 2012; Acharya, 2007; Klotz et al, 1999).

Os pensadores realistas também sublinharam essa restrição à cooperação identificando que a anarquia faz com que os Estados se preocupem com ganhos relativos (Waltz, 2002: 148). Uma das principais contribuições de Robert Axelrod consiste em evidenciar o efeito de jogos iterados no estabelecimento de reciprocidade, nomeadamente entre Estados (Axelrod, 1984; Wu e Axelrod, 1995). A perspetiva de encontros futuros com o mesmo jogador é um incentivo para cooperar e escolher estratégias de retorno, uma vez que pode ser repetido em situações futuras. Globalmente, a reciprocidade em jogos iterados diminui o medo de batota dos atores, que é o maior obstáculo à cooperação (solução para o "dilema do prisioneiro").[6] Consequentemente, a reciprocidade é capaz de promover a estabilidade de maneira direta (entre Estados) ou indireta (acordos multilaterais).

O institucionalismo é, portanto, interessante na análise do multilateralismo porque é uma componente deste último. Além disso, esta abordagem implica uma fertilização crítica das teorias das RI e as perspetivas históricas. De facto, a contingência dos modelos institucionais e dos seus resultados (Caporaso, 1992: 628) é uma característica pertinente para o período pós-Guerra Fria (mudanças sistémicas e natureza dos atores). No entanto, este capítulo sublinha que uma abordagem mais específica do multilateralismo ainda é necessária porque é uma forma particular de cooperação institucionalizada, muitas vezes diluída numa teoria das instituições internacionais ou, mais geralmente, de cooperação. Assim, os vários capítulos desta obra contribuem para especificar e analisar formas de cooperação multilateral.

Outras teorias gerais oferecem perspetivas alternativas. Essas abordagens propuseram-se, desde os anos 80, contestar visões com base numa crítica da modernidade e do positivismo. A teoria crítica, o pós-modernismo, a teoria do género ou o construtivismo colocam a ênfase no facto de que todo o conhe-

---

[6] O "dilema do prisioneiro" é a pedra-angular da perspetiva liberal sobre a cooperação internacional, demonstrando o interesse dos atores em optar por estratégias de comunicação (cooperar) em detrimento de estratégias individuais. O jogo mostra como a falta de comunicação e o medo da batota não permitem otimizar os ganhos e sublinha a função da repetição dos jogos na criação de maior cooperação.

cimento surge de um contexto histórico-político específico. Elas são consideradas teorias radicais porque visam mudar o mundo ao invés de interpretá-lo (Battistella, 2003: 235-298).[7]

As promessas do fim da bipolaridade e a complexidade crescente: da década de 1990 aos nossos dias

As alterações às estruturas globais de poder, que se fizeram sentir com o desmembramento da União Soviética em 1991, tiveram impacto na agenda multilateral e nas expectativas relativas à gestão das questões internacionais. O momento unipolar dos Estados Unidos da América previa-se particularmente visível em duas dimensões centrais da agenda internacional. Por um lado, nas questões securitárias, onde as emergências complexas da década de 1990 desafiavam a ONU e outras organizações regionais a desenvolver mecanismos de prevenção de conflitos, de gestão de crises e de intervenção humanitária mais eficazes. O envolvimento político e militar dos EUA era crucial para que a ONU pudesse cumprir a sua função central de garante da paz e segurança internacional. Por outro lado, as questões económicas referentes à regulação do comércio mundial viram os EUA exercer liderança na promoção da liberalização comercial, quer no âmbito multilateral, quer bilateral. A conclusão da ronda negocial do Uruguai, com a criação da OMC, ou o estabelecimento de uma Área de Comércio Livre na América do Norte (NAFTA), entre os EUA, Canadá e México, e da Área de Cooperação Económica da Ásia-Pacífico (APEC), entre 1989 e 1994, ilustram a importância atribuída ao multilateralismo neste domínio. Contudo, os EUA desenvolveram também um conjunto de acordos bilaterais de liberalização comercial, que sinalizavam algumas dificuldades em manter a abordagem multilateral como o veículo privilegiado para estas negociações.

---

[7] O quarto grande paradigma teórico das RI é neomarxista. Também se apresenta como uma teoria radical na medida em que projeta uma transformação das relações de poder existentes. De cariz materialista, as teorias neomarxistas oferecem uma análise assente numa visão estruturalista em que a dominação política assenta na divisão internacional do trabalho em desfavor da classe proletária.

Efetivamente, o fenómeno multilateral tem simultaneamente sido reforçado e fragmentado pelas dinâmicas regionais ou bilaterais, em sectores como o económico, mas também securitário, por vezes minando o valor intrínseco das normas que sustentam e regem a interdependência complexa do atual sistema internacional. O multilateralismo de base regional teve, durante a década de 1990, um impulso importante, em parte refletindo o sucesso integrativo da UE, ao longo das décadas anteriores (Hettne, 1999). A área comercial manteve-se a mais ativa neste sector, com importantes avanços na integração económica na América do Sul (Mercosul), em 1991, e na Ásia, quer com a APEC, quer com a criação de uma Área de Comércio Livre da ASEAN, em 1992. Assim, tal como argumentado por Panagariya (1999), o que estes acordos de comércio preferencial permitiram, foi o distorcer das regras de liberalização globais, negociadas no âmbito do GATT/OMC, fracionando a lógica multilateral em blocos regionais. No contexto africano, o regionalismo desenvolveu-se como uma forma de consolidação das independências e de gestão dos desequilíbrios de poder dentro do próprio continente. A Organização da Unidade Africana, transformada na União Africana (UA) em 2002, procurou consolidar a cooperação regional, incluindo na sua agenda questões de segurança regional, ao passo que iniciativas no âmbito comercial, como a Comunidade Económica Africana, fundada em 1994, avançaram também os interesses africanos de cooperação económica regional e articulação com as regras comerciais internacionais.

A integração no âmbito da União Europeia destaca-se como um impulsionador forte do multilateralismo, quer devido ao exemplo de sucesso que estabelece, quer através da defesa das lógicas multilaterais no âmbito da sua ação externa (Conselho da União Europeia, 2003, Comissão Europeia, 2003). A literatura sobre o funcionamento da UE e as suas políticas externas é abundante[8] e em dois capítulos deste volume abordamos o caso europeu em maior destaque. Alguns autores, por exemplo, sublinham que o "multilateralismo efetivo" é o cerne do pensamento da UE na sua atuação externa (Bouchard et al, 2014). Apresenta-se como um princípio que considera a Carta das Nações

---

[8] Ver por exemplo Jorgensen et al, 2007; Kurpas et al, 2007; Magnette, 2008; Petiteville, 2006; Rosamond, 2000.

Unidas como a referência orientadora das relações internacionais e que visa melhorar a governação global e defender, simultaneamente, a Carta da ONU e os valores da União.

A promoção destes princípios através da aplicação de condicionalidade política nas suas relações com os países vizinhos, nomeadamente no âmbito dos processos de alargamento e da política de vizinhança, reforça também o multilateralismo como um princípio orientador das relações internacionais destes Estados (Raik, 2011). No caso da UE, a aplicação do instrumento da condicionalidade implica que os Estados terceiros aceitem convergir com um quadro de valores da União, tanto do ponto de visto político, económico, como social. Essa convergência é considerada como uma atuação normativa por parte de Bruxelas que marca, tanto interna como externamente, a produção de uma ação externa *sui generis*. Um esforço significativo para concetualizar a UE como ator internacional foi realizado por Ian Manners (2002), desenvolvendo a ideia de que a União poderia ser um "poder normativo". Ele visava refletir "para lá das conceções tradicionais do papel internacional da UE e rumo à ideia do papel internacional da UE ser primeiramente normativo, não civil ou militar" (Manners, 2002: 235).

Manners (2002: 252) considera que "[o conceito da] UE [como] poder normativo tem uma qualidade ontológica – que a UE pode ser concetualizada como transformadora de normas no sistema internacional; uma qualidade positivista – que a UE age para mudar as normas do sistema internacional; e uma dimensão normativa – que a UE deveria agir para expandir as suas normas no sistema internacional". Zaiki Laïdi (2010) também estudou a questão da norma e a rejeição do uso da força para impor normas pela UE. Ele tenta classificar a União como um "poder avesso ao risco". Esse tipo de poder insiste na "indivisibilidade dos riscos sistémicos entre atores" e está determinado a diminuir os "comportamentos de risco" de outros atores, integrando "as suas ações dentro de um quadro normativo que os restringiria e tornariam mais previsíveis» (Laïdi, 2010: 2).

Apesar destas dinâmicas de reforço do multilateralismo, nomeadamente no âmbito da integração europeia, a tendência atual que molda a ordem global destaca a tensão central entre várias formas de ação externa, principalmente entre o unilateralismo e o multilateralismo, mas também a sua complementaridade. Guillaume Devin (2007: 21 e 26) sintetiza a definição desses termos e como eles se relacionam, da seguinte forma:" é um pouco artificial contrapor [o unilateralismo e o multilateralismo] como se fossem dois tipos-ideais. A realidade histórica é mais nuançada. Efetivamente, as soluções não são inteiramente unilaterais ou multilaterais e podem combinar-se [...] com as interações bilaterais".[9]

A tensão entre unilateralismo e multilateralismo é central no surgimento e explicação do fenómeno multilateral (Badie et al, 2006: 21). No entanto, o multilateralismo não é uma mera antítese do unilateralismo. Adquire um significado político pleno uma vez que preconiza ações que sigam objetivos e regras comuns. Deste modo, ultrapassa a noção de "técnica para organizar relações" e assume-se mais como uma política com vista a criar reciprocidade difusa e eventuais normas comuns. Kessler (1999: 482-483) sublinha que novos centros de poder foram criados ou reforçados no mundo globalizado e no sistema multilateral complexo, que emerge no pós-Guerra Fria, dando exemplos que vão da UE ao G8. Na tentativa de analisar esta mudança, Grevi (2009: 7 e 31-38) caracteriza o mundo contemporâneo como sendo "interpolar". A sua análise sublinha que os equilíbrios de poder são altamente evolutivos e dinâmicos, com uma perda de posição dominante por Washington à escala global. Ele relata duas tendências básicas: a multipolarização do equilíbrio de poder e o aprofundamento da interdependência. A gestão a longo prazo desta dupla "grande transição" exige, segundo o autor, essencialmente, a cooperação sob a forma de acordos multilaterais.

A ideia segundo a qual uma maior distribuição de poder na cena internacional (multipolaridade) requer instrumentos de gestão mais complexos não é nova e, como vimos acima, cria tensões entre os vários modos concomitantes de relacionamento (desde o unilateral, bilateral ao multilateral). Na sua opinião, a UE tem o perfil para reforçar o multilateralismo e, desta feita, manter-se como um polo de poder. Particularmente, se atendermos à pergunta de Caporaso: "qual é a relação entre o número de atores envolvido num esquema potencialmente multilateral e os custos de transação?"; e à sua resposta: "os custos de

---

9 Tradução das autoras.

transação aumentam com o número de atores [e incluem: os custos de identificar os parceiros principais, conhecer as suas preferências e estratégias e de desenvolver políticas que sejam capazes de descriminar entre quem viola as regras e aqueles que cooperam]", então a UE simultaneamente facilita a cooperação multilateral, mas também a complexifica devido às suas estruturas, funcionamento e políticas complexas e únicas.

Para além das dinâmicas de aprofundamento do multilateralismo de base regional, a presença de atores não-governamentais nas dinâmicas multilaterais tornou-se mais visível no contexto pós-Guerra Fria. Margaret Keck e Kathryn Sikkink (1998), no seu trabalho seminal sobre atores transnacionais, chamam a atenção para a sua capacidade de moldar a agenda internacional (*advocacy*). A atenção das autoras aos processos através dos quais diferentes atores não-estatais se organizam e mobilizam para a ação política, através da consolidação de redes transnacionais, reflete uma conceptualização das relações internacionais para lá do paradigma estatocêntrico. Embora os Estados permaneçam fundamentais fontes de legitimidade, autoridade e poder no sistema internacional, a sua ação é cada vez mais moldada por dinâmicas que beneficiam das estruturas de comunicação e mobilização oferecidas pelas dinâmicas da globalização.

Esta abordagem centrada nas dinâmicas transnacionais que animam os processos de globalização económica e de difusão da democracia liberal e do capitalismo tornou-se uma marca importante das reflexões teóricas e conceptuais sobre a cooperação internacional e a definição de políticas públicas que respondam aos anseios e necessidades das comunidades humanas. Destacam-se as abordagens institucionalistas, como o trabalho de Keohane e Nye (2000), que salientam o conceito de interdependência complexa para destacar a importância de outras unidades de análise para além do Estado. Salientam-se também as abordagens construtivistas, que explicam a emergência de novos atores relevantes no sistema internacional como o resultado da incapacidade do Estado territorial em responder às mudanças em curso (Ruggie, 1992; Wendt, 1992). Assim, seja no âmbito de instituições formais (Finemore e Sikkink, 1998; Barnett e Finemore, 2004) ou seja no âmbito de movimentos sociais e redes (Castells, 1996), a construção subjetiva de identidades e significado é agora destacada como um elemento fundamental na explicação da cooperação internacional e na sua institucionalização em formatos multilaterais ou de governação internacional.

As dinâmicas políticas, económicas e sociais da globalização marcaram de forma muito visível as relações internacionais na década de 1990, incluindo na sua tentativa de fazer sentido e dar resposta a novos desafios ligados à liberalização económica, como o aparecimento de importantes atores económicos internacionais (Fundo Monetário Internacional ou a OMC) e transnacionais (empresas multinacionais e grupos financeiros). Simultaneamente, a difusão da democracia liberal e do capitalismo criou oportunidades para a mobilização ao nível da sociedade civil, incluindo através de grupos de resistência e oposição, atuando agora em rede. Este novo cenário complexo vai ser trabalhado a partir do conceito da governação global, que difere do de multilateralismo. A definição apresentada no relatório da Comissão sobre a Governação Global (1995: 2), criada no âmbito da ONU, vê a governação global como

> o somatório das diferentes formas que indivíduos e instituições públicas ou privadas usam para *gerir* as questões comuns. É um processo contínuo, através do qual interesses divergentes ou em conflito *podem* ser acomodados e ação cooperativa *pode* ser desenvolvida. Inclui arranjos formais [...] bem como informais, que indivíduos ou instituições concordam criar ou veem como sendo do seu interesse.[10]

James Rosenau (1992) conceptualizou a governação global como um fenómeno amplo, congregando diferentes atores na busca de soluções para as necessidades e desejos dos indivíduos e comunidades. Margaret Karns e Karen Mingst (2010: 4-5) definem-na como "um conjunto de atividades, regras e mecanismos multinível de governação, formais ou informais, públicos ou privados [...]" e identificam um conjunto de elementos a que chamam as "peças da governação": mecanismos e estruturas internacionais formais ou informais (OI, ONG); regras e leis internacionais (acordos, práticas, padrões); normas internacionais ou *soft law* (recomendações sem poder vinculativo); regimes internacionais; grupos *ad hoc* e conferências; estruturas de governação privadas e público-privadas.

---

[10] Tradução das autoras. Ênfase no original.

O papel que o multilateralismo clássico pode ter neste cenário mais alargado de tomada de decisão, onde um conjunto de atores mais vasto é agora chamado a intervir e cuja legitimidade de atuação já não deriva do controlo dos meios de coerção (Adler e Bernstein, 2005: 302 *apud* Karns e Mingst, 2010: 4), é um tema de discussão aberta. Por um lado, existem os formatos multilaterais institucionais, como as OI, que têm encontrado formas de agregar ao seu trabalho atores não governamentais centrais da governação global (Forman e Segaar, 2006), como as ONG ou as empresas comercias privadas, incluindo em matérias como as políticas de direitos humanos, de apoio ao desenvolvimento ou de segurança. Esta colaboração faz-se não só ao nível da recolha de informação de apoio à decisão, mas também na operacionalização de políticas e na sua monitorização (estas questões são abordadas relativamente à paz e segurança internacionais no capítulo de Nascimento e Simão, neste volume), sugerindo que o multilateralismo interestatal é cada vez mais exposto às pressões exercidas por atores não estatais. Por outro lado, a eficácia do sistema multilateral em dar resposta às preocupações e desafios contemporâneos tem sido limitada, criando incentivos para ações menos concertadas e articuladas, quer entre atores estatais, quer ao nível de atores cujo poder tem aumentado e que ficam ausentes destes formatos. Disto são exemplo os recuos em matéria ambiental, no âmbito das rondas da Conferência Anual das NU sobre Alterações Climáticas, em que os Estados Unidos e a China adiam ratificações ou não promovem a agenda multilateral. A criação do G20 e a sua afirmação desde 2008 em matéria de governação económica e financeira também ilustram a vontade de criar formatos mais alargados do que o G8.

O multilateralismo e os desafios contemporâneos

Os desafios que se colocam à gestão global das dinâmicas internacionais em 2018 são um reflexo das heranças das últimas décadas, mas apresentam contornos específicos, inerentes aos desenvolvimentos do nosso tempo. O multilateralismo e as estruturas de governação global têm, assim, procurado reposicionar-se face aos grandes desafios do nosso tempo, embora muitas vezes presas aos modelos institucionais existentes. A ONU permanece ainda o espaço institucional do multilateralismo por excelência e a estrutura que melhor está posicionada para dar resposta aos desafios verdadeiramente globais que se colocam, até pelo facto de ser a OI mais abrangente em número de Estados participantes. Um dos saltos qualitativos do presente é a transformação da ideia da interdependência complexa de Keohane e Nye, em dinâmicas à escala planetária, onde a própria natureza ganha centralidade nas preocupações da política internacional.

Das alterações climáticas, à segurança alimentar, da proliferação nuclear às pandemias, a interação profunda entre a ação humana e a natureza convocam hoje a nossa atenção e os nossos melhores esforços. Surge, assim, uma nova visão ontológica e epistemológica das relações internacionais em que a segurança já é equacionada como "pós-humana", na medida em que "o trabalho emergente sobre segurança pós-humana enfatiza a interconectividade radical dos seres e a natureza relacional da ameaça. Envolve re-enquadrar o humano como incorporado dentro de uma profunda rede de interligação entre espécies e relações com o resto de 'mais do que a natureza humana'" (Cudworth e. Hobden, 2017). Para além disso, a violência armada e violações massivas de direitos humanos têm-se generalizado a todos os continentes, alimentando fluxos humanos de deslocação forçada, que destabilizam os arranjos nacionais e regionais existentes e criam pressão sobre recursos naturais, a organização política existente e equilíbrios sociais (Fiddian-Qasmiyeh et al, 2014). Face a estes desafios, a ação multilateral apresenta-se simultaneamente como uma resposta necessária, mas limitada. A imprevisibilidade e incertezas associadas à sociedade de risco (Beck, 1992) abrem espaço à contestação do conhecimento científico que permite aconselhar a ação política sobre os principais cursos de ação preventiva possíveis. Na ausência destes elementos orientadores, o multilateralismo onusiano tem sido relegado à função de suportar e amenizar os impactos negativos de muitas destas dinâmicas, sobrecarregando a sua estrutura e desresponsabilizando os Estados na sua ação. A ação preventiva necessária requer uma colaboração sistemática que vise não só reduzir os riscos de destabilização e emergência de crises complexas, mas principalmente que crie as condições necessárias ao desenvolvimento de uma paz sustentável, assente na resiliência das sociedades afetadas (Independent

Commission on Multilateralism 2016: 10). Esta ideia é avançada em diferentes áreas de atuação, incluindo na *2030 Agenda for Sustainable Development*, o Acordo de Paris sobre Alterações Climáticas ou a Cimeira Mundial Humanitária, entre outras, demonstrando a necessidade clara de ação concertada em diferentes esferas e níveis.

Uma outra dimensão crucial que o multilateralismo do século XXI terá de abordar é a participação dos indivíduos e populações neste sistema. Inverter a lógica de decisão, em que as estruturas globais definem e implementam as respostas que consideram necessárias às necessidades dos indivíduos, para passarmos a ter os indivíduos a identificar e a implementar, em parceria com os governos e as OI, entre outros atores, os mecanismos de prevenção e resposta a crises que afetam a sua vida, é um passo essencial. Isso permitiria não só uma identificação mais objetiva e justa das prioridades de atuação, bem como uma utilização dos parcos recursos disponíveis de uma forma mais eficiente, na procura de condições mais conducentes à paz. A desigualdade na distribuição da riqueza mundial e na participação nas estruturas económicas globais é um dos aspetos que alimenta a violência e a conflitualidade, ligando as políticas de desenvolvimento aos esforços de combate ao terrorismo e crime organizado ou às políticas de direitos humanos e de migração. Uma abordagem do multilateralismo centrada no diálogo e co-responsabilização das populações (uma abordagem *bottom-up*) permitiria encontrar propostas mais adequadas aos contextos diferenciados em que estes fenómenos se fazem sentir.

Duas questões adicionais merecem a nossa reflexão. Uma delas prende-se com o legado da Guerra Global contra o Terrorismo que marcou as dinâmicas multilaterais no início do século XX. Não só a resposta privilegiada se centrou no instrumento militar, concentrando esforços nas operações de contraterrorismo à escala planetária, como essas dinâmicas transformaram o momento unipolar norte-americano num momento de isolacionismo e coligações *ad hoc* que marginalizaram as estruturas multilaterais na definição das abordagens de combate a este fenómeno. O terrorismo representa uma ameaça real à vida de muitas populações, no Médio Oriente, na África Subsaariana ou na Ásia Central, requerendo políticas que devem ir muito para além das respostas militares que marcaram os primeiros anos desde o 11 de setembro de

2001. O movimento rumo a uma política de combate ao extremismo violento representa já um ganho importante dos esforços de liderança da ONU neste campo, integrando o combate ao terrorismo no âmbito de estratégias mais amplas como a promoção do desenvolvimento, apoio aos deslocados forçados e o combate ao crime organizado ou aos discursos e práticas de ódio (Independent Commission on Multilateralism, 2016).

A segunda questão que nos parece pertinente abordar é a questão do desenvolvimento tecnológico e os impactos que esse processo tem aos diferentes níveis, desde a economia digital e a sustentabilidade ambiental, à segurança de informação, à guerra e controlo de fronteiras, à segurança de infraestruturas estratégicas, etc. A introdução da tecnologia tem impactos muito reais que devem ser abordados no âmbito multilateral, em concertação com as populações, na tentativa de prevenir impactos negativos e de identificar formas de utilizar os avanços tecnológicos para fins comuns e a produção de bens públicos verdadeiramente globais.

Face aos desafios do presente, a produção teórica não avançou significativamente uma vez que acompanha, forçosamente, a evolução das práticas multilaterais e a suas limitações, acima identificadas. Morse e Keohane (2014) introduzem a noção de "multilateralismo contestado" para sublinhar as novas formas de multilateralismo que surgem em contestação às já existentes. No entanto, apesar do seu mérito em tipificar as pressões sobre os arranjos multilaterais existentes, o estudo debruça-se apenas sobre os casos em que há liderança de Estados poderosos na alteração de regimes ou de instituições. James Rosenau (2008) também aprimorou os seus contributos iniciais e formulou o conceito de "fragmegration" para não só assinalar a maior complexidade do jogo global, mas também propor variáveis de análise. Assim, enquanto existem níveis micro e macro de agregação, várias fontes de fragmentação atuam, entre as quais a *"revolution skills"* e a *"mobility upheaval"* que colocam exigências na ação coletiva e têm resultados tanto positivos como negativos no maior contacto entre culturas e populações.

A relevância dos atores não estatais é também avançada por visões sobre o "empoderamento do cidadão" e o "civismo global". O primeiro conceito faz referência às evoluções tecnológicas que permitem a cada indivíduo ter, simultaneamente, acesso direto e variado a informações e capacidade de influenciar a ação política pela mediação das redes sociais (Mäkinen, 2006). O pano de fundo desta perspetiva é uma sociedade em rede. O segundo conceito é mais recente e incorpora uma visão mais integrada e programática do papel dos indivíduos em relação aos bens globais comuns. Forjado por Altinay (2010), o conceito de "civismo global" aponta para a necessidade de repensar o papel de cada um num mundo cada vez mais interdependente.

Somos a geração mais sortuda porque levamos uma vida mais longa, saudável, mais capaz e mais pacífica do que qualquer outra geração antes de nós. No entanto, também nos deparamos com a difícil tarefa de compartilhar a autoria de nossas vidas com bilhões, com quem compartilhamos um planeta e um futuro profundamente interdependente, mas não os nossos países ou as nossas histórias. Como nós navegamos este duplo desafio definirá a nossa geração. (...) Esperamos identificar reservatórios de decência e know-how cívico, que são muitas vezes subreconhecidos nas nossas rotinas diárias desordenadas.[11]

Todos os desafios vindouros concentram-se na profunda ligação entre o nível individual e a necessidade de governação dos bens globais, porventura pela via multilateral.

Conclusão

Olhando para a literatura disponível, o multilateralismo tem sido, portanto, analisado como uma forma específica de instituição e uma maneira de criar reciprocidade. Este capítulo partiu da observação seguinte: as teorias das RI não oferecem uma explicação única deste fenómeno, sendo necessário avaliar como as diferentes teorias se complementam para entender a complexidade do mundo empírico. Neste percurso temporal, a validação empírica da perspetiva realista embate, logo nos anos 70, com a crescente interdependência dos Estados, dando lugar às perspetivas liberais. Assim, se o multilateralismo se apresenta como uma ferramenta ao serviço dos jogos de poder, sendo um dos instrumentos disponíveis para os mais poderosos projetarem interesses

---

[11] Tradução das autoras.

egoístas, ele também se vai impondo como algo de incontornável, até para os mais poderosos. Apesar de preferirem formas unilaterais ou bilaterais de relacionamento, os EUA e outros Estados escolhem o multilateralismo cada vez como necessidade e não só como escolha estratégica.

A literatura acompanhou esta evolução ao teorizar o multilateralismo como uma maneira de criar reciprocidade entre os atores internacionais e uma forma de instituição internacional produtora de normas, regras e princípios em agendas sectoriais. Esta abordagem foi refinada com a noção de "regimes internacionais", a qual ainda se afigura útil para explicar os mecanismos de governação em domínios tais como o comércio, a não proliferação e os direitos humanos. No entanto, na viragem dos anos 90, a emergência de atores não estatais, a difusão de poder a nível global e a acentuação das interdependências deram lugar não só a uma nova visão das relações internacionais – de ontologia construtivista e crítica – mas também à noção de "governação global". A ideia que existem bens comuns à escala planetária que devem ser geridos a essa escala adensou-se no quadro onusiano, ao mesmo tempo que foi ficando cada vez mais clara a necessidade de incorporar os indivíduos no diálogo puramente interestadual.

Referências bibliográficas

ACHARYA, A. (2007) *Crafting Cooperation*. Cambridge: Cambridge University Press.

ALTINAY, H. (2010) The Case for Global Civics. *Global Working Papers* (35, June).

ASH, T. G. (2001) *História do presente*. Setúbal: Editorial Notícias.

BARNETT, M e Finnemore, M. (2004) *Rules for the World: International Organizations in Global Politics*, Nova Iorque: Cornell University Press.

BATTISTELLA, D. (2003) *Théories des Relations internationales*. Paris: Presses de Sciences Po.

BECK, U. (1992). *Risk Society. Towards a New Modernity*. Londres: Sage.

BOUCHARD, C., Peterson, J. e Tocci, N. (2014). *Multilateralism in the XXIst Century. Europe's quest for effectiveness*. London: Routledge.

BULL, H. (1977) *The Anarchical Society: A Study of Order in World Politics*. Londres: Macmillan.

CAPORASO, J. A. (1992) International relations theory and multilateralism: the search for foundations. *International Organization* 3(46), pp. 599-632.

CASTELLS, M. (1996) *The Rise of the Network Society: The Information Age: Economy, Society, and Culture, Volume I.* Oxford: Blackwell Publishers.

COMISSÃO DAS NAÇÕES UNIDAS SOBRE A GOVERNAÇÃO GLOBAL (1995) *Our Global Neighborhood: The Report of the Commission on Global Governance*, relator Willy Brandt, disponível em https://www.gdrc.org/u-gov/global-neighbourhood/ (acedida a 2 de Agosto de 2018).

COMISSÃO EUROPEIA (2003) European Union and United Nations: the choice of multilateralism. Communication from the Commission to the Council and the European Parliament, COM(2003) 526 final. Bruxelas, 10 de setembro.

CONSELHO DA UNIÃO EUROPEIA (2003). European Security Strategy, doc. 15895/03. Bruxelas.

CUDWORTH E. e Hobden S. (2017) Post-human Security. In: Burke A., Parker R. (org) *Global Insecurity. Futures of Global Chaos and Governance* Londres: Palgrave Macmillan, pp. 65-81.

DEVIN, G. (2006) "Le multilatéralisme à la croisée des chemins" In Bertrand, B. et al. *Qui a peur du XXIe siècle? Le nouveau système international.* Paris: La Découverte, pp.21-31.

DOUGHERTY, J. E. e Pfaltzgraff, Jr. R. L. (2003) *Relações Internacionais. As Teorias em Confronto.* Lisboa: Gradiva.

DUROSELLE, J.B. (1984) Le Concert européen. *Relations internationales*, 39 (outono): 271-285.

FIDDIAN-QASMIYEH, E., Loescher, G., Long, K. e Sigona, N. (org.) (2014) *The Oxford Handbook of Refugee and Forced Migration Studies.* Oxford: Oxford University Press.

FORMAN, S.. e Segaar, D. (2006) New Coalitions for Global Governance: The Changing Dynamics of Multilateralism. *Global Governance: A Review of Multilateralism and International Organizations*, 12(2), pp. 205-225.

GREVI, G. (2009) The interpolar world: a new scenario. *European Union Institute for Security Studies Occasional Paper*, 79, junho.

HETTNE B. (1999) Globalization and the New Regionalism: The Second Great Transformation. In: Hettne B., Inotai A., Sunkel O. (org) *Globalism and the New Regionalism. The New Regionalism.* Londres: Palgrave Macmillan, pp. 1-24.

HOLSTI, K. J. (1998) The Problem of Change in International Relations Theory. *Institute of International Relations of British Columbia: Working Paper* 26, December.

IKENBERRY, J. (2000) *After Victory: Institutions, strategic restraint, and the rebuilding of order after major wars.* Princeton: Princeton University Press.

INDEPEDENT COMMISSION ON MULTILATERALISM (2016) *Pooling Together: The multilateral system and its future.* setembro.

JORGENSEN, K. E. et al., eds (2007) *Handbook of European Union Politics.* London: Sage.

KARNS, M. P. e Mingst, K. A. (2010) *International organizations: the politics and processes of global governance.* 2ª ed. Boulder, Colorado: Lynne Rienner.

KECK, M. e Sikkink, K. (1998) *Activists Beyond Borders: Advocacy Networks in International Politics.* Ithaca e Londres: Cornell University Press.

KEOHANE, R. e Nye, J. (2000) *Power and Interdependence.* 3ª ed. Nova Iorque: Longman.

KEOHANE, R. O. (1986) Reciprocity in International Relations. *International Organizations* 1(40), pp. 1-27.

KEOHANE, R. O. (1989) *International Institutions and State Power. Essays in International Relations Theory.* Boulder: Westview Press.

KEOHANE, R. O. (1990) Multilateralism: an agenda for research. *International Journal,* 45(4), pp. 731–764.

KEOHANE, R. O. e Victor, D. G. (2011) The Regime Complex for Climate Change. *Perspectives on Politics,* 9(1), pp. 7-23.

KESSLER, M-C. (1999) *La politique étrangère de la France. Acteurs et processus.* Paris: Presses de Sciences Po.

KLOTZ, A.; Lynch, C.; Bouyssou, R. e Smouts, M.C. (1999) Le constructivisme dans la théorie des relations internationals. *Critique internationale,* 2(2), pp. 51-62.

KRASNER, S. D. (org.) (1983) *International Regimes.* Ithaca: Cornwell University Press.

KURPAS, S. et al. (2007) *The Treaty of Lisbon: Implementing the Institutional Innovations.* Brussels: CEPS Special Reports.

LAÏDI, Z. (2010) Europe as a Risk Averse Power. A hypothesis. *Garnet Policy Brief,* 11, February.

MAGNETTE, P. (2008) *Le régime politique de l'Union européenne (2a edição).* Paris: Les presses de Sciences Po.

MÄKINEN, M. (2006) Digital Empowerment as a Process for Enhancing Citizens' Participation. *E–Learning and Digital Media,* 3(3), pp. 381-395.

MANNERS, I. (2002) Normative Power Europe: A Contradiction in Terms? *Journal of Common Market Studies*, 40(2), pp. 235-258.

MEARSHEIMER, J. J. (1994) The false promise of international institutions. *International Security*, 19(3), pp. 5-49.

MEARSHEIMER, J. J. (2001) The Tragedy of Great Power Politics. Nova Iorque: W. W. Norton & Company.

MERCURY (2010) "The EU and multilateralism", Policy Brief. Spring. http://www.europa.ed.ac.uk/__data/assets/pdf_file/0003/206877/Mercury-Brief-1.pdf (acedido 29 de maio de 2018).

MORGAN, P. M. (1993) "Multilateralism and Security: Prospects in Europe." In Ruggie, J. G. (org) *Multilateralism matters. The theory and praxis of an institutional form.* Nova Iorque: Columbia University Press, pp. 327-364.

MORSE, J. C. e Keohane, R. O. (2014) Contested Multilateralism. *The Review of International Organizations* 9(4), pp. 385-412.

ONUF, N. (2012) *World of Our Making: Rules and Rule in Social Theory and International Relations.* Londres: Routledge.

PANAGARIYA, A. (1999) The Regionalism Debate: An Overview, *The World Economy*, 22(4), pp. 455–476.

PETITEVILLE, F. (2006) *La politique internationale de l'Union européenne.* Paris: Les Presses de Sciences Po.

PETITEVILLE, F. (2009) *Le multilatéralisme.* Paris: Montchrestien, lextenso éditions.

RAIK, K. (2001) "Between conditionality and engagement. Revisiting the EU's democracy promotion in the Eastern neighbourhood", *FIIA Briefing Paper 80*, Abril.

ROSAMOND, B. (2000) *Theories of European Integration.* Basingstoke and New York: Palgrave.

ROSENAU, J. (1992) *Governance without Government.* Cambridge: Cambridge University Press.

ROSENAU, J. (2008) Foreword. In Smith, S., Hadfield, A. e Dunne, T. (org.) *Foreign Policy. Theories. Actors. Cases.* Oxford: Oxford University Press.

RUGGIE, J. G. (1992) Multilateralism: the anatomy of an institution, *International Organization*, 46(3), pp. 561-598.

RUGGIE, J. G. (org) (1993) *Multilateralism matters. The theory and praxis of an institutional form.* Nova Iorque: Columbia University Press.

SMITH, T. (2017) *Why Wilson Matters. The Origin of American Liberal Internationalism and Its Crisis Today.* Princeton, N.J.: Princeton University Press.

WALTZ, K. (1979) *Theory of International Politics*. New York: Mac-Graw Hill.

WALTZ, K. (2002) Teoria das Relações Internacionais. Lisboa: Gradiva.

WENDT, A. (1992) Anarchy is what States Make of it: The Social Construction of Power Politics, *International* Organization, 46(2), pp. 391-425.

WU, J. and Axelrod, R. (1995) "How to Cope with Noise in the Iterated Prisoner's Dilemma", *The Journal of Conflict Resolution*, 39.

CAPÍTULO 2

ENCONTRO DE AGENDAS NA ONU: SEGURANÇA, DIREITOS HUMANOS E INFÂNCIA

THE UN AGENDAS AND THEIR INTERSECTIONS: SECURITY, HUMAN RIGHTS AND CHILDHOOD

JANA TABAK

PUC-Rio, Pontifícia Universidade Católica do Rio de Janeiro, Brasil

ORCID: 0000-0002-2765-5109

MONICA HERZ

PUC-Rio, Pontifícia Universidade Católica do Rio de Janeiro, Brasil

ORCID: 0000-0003-2061-2699

ANDREA RIBEIRO HOFFMANN

PUC-Rio, Pontifícia Universidade Católica do Rio de Janeiro, Brasil

ORCID: 0000-0001-5866-3817

RESUMO: O capítulo discute o encontro das agendas de segurança internacional, direitos humanos e infância na Organização das Nações Unidas. O texto analisa a história do desenvolvimento desses campos, as regras produzidas no seu âmbito e como as normas de segurança e direitos humanos permitem o desenvolvimento de expectativas comuns e regras em relação à proteção da infância. O capítulo avança o argumento que as transformações ocorridas no pós-Guerra Fria abriram espaço para inclusão da proteção infantil na agenda internacional, na interseção entre as políticas voltadas à promoção da segurança internacional e dos direitos humanos.

Palavras Chave: Organização das Nações Unidas, multilateralismo, governação, segurança internacional, direitos humanos, infância.

ABSTRACT: The chapter analyses the intersection of international security, human rights and childhood agendas in the context of the United Nations system. It addresses the development of these three areas, the rules that are produced within their scope, and how the security and human rights norms have opened room for the development of common expectations and practices regarding the protection of children. The chapter argues that the post-Cold War transformations have made possible the inclusion of child protection

https://doi.org/10.14195/978-989-26-1750-3_3

practices in the international political agenda, precisely at the intersection between these policies, whose goal is to promote both international security and human rights.

Keywords: United Nations Organisation, multilateralism, governance, international security, human rights, childhood

Introdução

Em setembro de 1990, a Organizações das Nações Unidas (ONU) sediou o que na época foi considerado o maior encontro de líderes internacionais, que participaram durante dois dias do *World Summit for Children*. Liderado por 71 chefes de Estados, o encontro adotou a Declaração sobre a Sobrevivência, Proteção e Desenvolvimento de Crianças e o Plano de Ação com o objetivo de implementar a Declaração até os anos 2000. A inclusão do tema da infância na agenda internacional é reflexo, não apenas da ratificação quase que universal da Convenção sobre os Direitos da Criança estabelecida em 1989, mas também é produto de um contexto particular, marcado pelo fim da Guerra Fria. Surge, assim, a possibilidade tanto de discussão e reflexão sobre novos conceitos, incluindo a participação na agenda internacional de novos atores da política global para além dos Estados-nação, quanto da vinculação transversal de questões tradicionais como segurança, direitos humanos e desenvolvimento. Dentre as principais inovações, destaca-se a promoção das ideias de governação global[1], segurança humana e desenvolvimento sustentável.

Em particular, é interessante notar como o próprio título da Declaração adotada em 1990 já reúne temas que até então eram tratados em esferas distintas. Isto é, a proteção da infância não está relacionada apenas à sobrevivência das crianças, mas também à garantia das condições necessárias que permitam o desenvolvimento considerado adequado desse grupo de pessoas, classificado, independentemente de especificidades locais, como inerentemente vulnerável. Além de vulnerável, a infância é entendida como uma fase transitória da vida, isto é, as crianças estão em processo de formação, cujo objetivo final é a sua formação como adultos e cidadãos. É como se a criança ocupasse uma

---

[1] Sobre o conceito e governação ver o capítulo teórico deste volume.

posição de espera até tornar-se um adulto, o sujeito político – cidadão – por excelência. Nesse sentido, é possível identificar a relação e certa dependência entre os esforços voltados à promoção de um desenvolvimento (adequado) das crianças e o investimento na produção da ordem internacional, pautada pela ideia de um progresso linear. Nas palavras do ex-Secretário-geral das Nações Unidas, Kofi Annan (2001: 102), no relatório *We are the children*: "são as crianças, através do desenvolvimento individual e contribuição social, que moldam o futuro do mundo – e é por meio das crianças que ciclos já enraizados de pobreza, exclusão, intolerância e discriminação podem ser finalizados". De forma ainda mais clara, o Fundo das Nações Unidas para Infância (UNICEF) (2000: i) afirma que o "progresso das nações" deve ser avaliado não apenas pela capacidade militar e/ou económica, mas por meio da "proteção que é garantida às mentes e corpos crescentes das crianças".

Nesse capítulo, discutiremos como essa conceção de infância como fase de transição para a vida adulta articula e, ao mesmo tempo, se torna possível devido à aproximação das agendas internacionais de segurança e direitos humanos em especial a partir da década de 1990. Observa-se ademais como estes mecanismos de governação vem a compor a esfera do multilateralismo lidando com questões de segurança, direitos humanos e infância. Aqui vale ressaltar dois elementos fundamentais para inclusão do tema da proteção internacional das crianças na agenda de segurança especificamente: (i) a centralidade das chamadas "novas guerras" (Kaldor, 2007), que violam sistematicamente os direitos humanos das populações civis e nas quais grupos vulneráveis – mulheres e crianças – são as principais vítimas; e (ii) a publicação do Relatório Machel sobre o impacto das guerras nas crianças em 1996. A partir da apresentação do relatório, o Secretário-Geral da ONU nomeia um Representante Especial para a questão das crianças em situação de conflitos armados e, em 1999, é aprovada a primeira resolução temática no Conselho de Segurança, sob a justificativa de que tais impactos nas crianças em situações de conflito armado são uma potencial ameaça à paz, à segurança e ao desenvolvimento internacional.

Assim, argumentamos ao longo do capítulo que os direitos das crianças são articulados e compartilhados a partir da interseção entre as agendas de segurança internacional e direitos humanos, produzindo, assim, uma versão universalizada da infância e da criança como sujeito e objeto da governação e das instâncias multilaterais. Ao mesmo tempo, observa-se como essa noção particular, embora universalizada, de infância opera como um pilar importante na reprodução de uma ordem internacional fundamentada numa conceção de progresso linear. A fim de explorar as relações entre as agendas de segurança internacional, direitos humanos e proteção da infância no âmbito do sistema Onusiano, o texto está dividido em três partes: as duas próximas secções analisam, especificamente, o lugar da Organização das Nações Unidas nas áreas de segurança internacional e de direitos humanos, buscando explorar como as transformações ocorridas no pós-Guerra Fria abrem espaço para inclusão da proteção infantil na agenda internacional. Finalmente, a última seção analisa como a governação da infância por meio das instâncias multilaterais e a consequente promoção dos direitos das crianças e das práticas de proteção infantil são articuladas por meio das agendas de segurança e direitos humanos, participando, assim, da produção de uma ordem internacional baseada em uma conceção linear de progresso.

Normas, discursos e práticas multilaterais no sistema Onusiano no campo da segurança

A ONU foi constituída em 1945 com o propósito de "manter ou restabelecer a paz e a segurança internacionais" (ONU, 1945). Assim, a organização esteve envolvida na governação em matéria de segurança desde sua criação. Contudo, após o final da Guerra Fria, observa-se um processo de transformação da organização que impactou sobremaneira a sua forma de atuação no campo da segurança internacional. O sistema de segurança coletiva da ONU foi profundamente modificado a partir dos anos 1990 na medida em que novos conflitos de caráter intraestatal eram incluídos na agenda internacional, levando à discussão sobre as chamadas novas guerras (Kaldor, 2007). O próprio conceito de segurança é ampliado, passando a referir-se às ameaças advindas de diferentes atores, processos e objetos de referência que vão do planeta ao indivíduo. Neste contexto, o papel do Conselho de Segurança sofre mudanças significativas.

Com o objetivo de gerar mais cooperação, menos violência, bem como mitigar o dilema da segurança[2] (Claude, 1958), o sistema de segurança coletivo é o cerne das instituições multilaterais globais no campo da segurança. O sistema traz uma referência única à possibilidade do uso da força pelo sistema multilateral. O artigo 42 da Carta da ONU estabelece a possibilidade do uso direto da força contra um Estado quando é definida uma "ameaça à paz e segurança internacionais" pelos membros do Conselho de Segurança[3]. Este sistema não funcionou como o esperado durante a Guerra Fria, em parte, devido ao uso do veto pelos cinco membros permanentes, e, em parte, pela diferente natureza das guerras que ocorreram durante o período. No entanto, este foi revigorado nos anos 1990 quando os membros permanentes do Conselho de Segurança conseguiram chegar a soluções de consenso e a as "ameaças à paz e segurança internacional" foram redefinidas.

A ONU, enquanto uma instituição multilateral, expressa de diferentes formas as relações de poder no sistema internacional e na sociedade global (Hurrell, 2007: 11; Guzzini, 2013). Estados poderosos e elites económicas, políticas e culturais podem influenciar ou determinar a produção de regras e parâmetros de comportamento. A expressão mais clara da relação de poder entre Estados é encontrada justamente nas regras de funcionamento do Conselho de Segurança. Neste caso, o papel especial das grandes potências foi reconhecido na forma das atribuições específicas do Conselho de Segurança e num processo decisório que concede prerrogativas de soberania especiais às grandes potências, na forma do poder de veto. Assim, as transformações

[2] O teórico realista John Herz (1950) introduz o conceito de 'dilema de segurança' a fim de explicar o comportamento dos Estados, entendidos como atores racionais, cujo objetivo central é buscar a própria sobrevivência em um sistema internacional anárquico. Segundo Herz, quando um Estado se sente ameaçado, investirá no aumento da sua capacidade militar. Consequentemente, em um determinado prazo, os Estados vizinhos passam a se sentir igualmente ameaçados de forma que eles também investem em armamentos. Diante dessa dinâmica de relações, embora o objetivo inicial fosse garantir a própria segurança e sobrevivência no sistema, os Estados passam a conviver em uma situação de maior tensão e insegurança.

[3] Operações militares são autorizadas e executadas de duas formas diferentes (algumas vezes combinando as duas): a partir da criação das forças ao serviço das Nações Unidas para operações de paz (os Capacetes Azuis) ou por meio da autorização do uso de força por Estados membros, individualmente, em coligações ou no contexto de organizações regionais.

ocorridas no período que analisamos também devem ser compreendidas como expressão destas relações de poder. Ao final da Guerra Fria, Estados Unidos e países europeus fizeram um claro movimento de reafirmação global de sua hegemonia e as sociedades civis nestes países se movimentaram também para redefinir conceitos e instituições. A ordem liberal do pós-Guerra Fria tem como um de seus pilares a expansão do conceito de segurança e este movimento foi realizado em grande medida no contexto do Conselho de Segurança.

Assim, a agenda neste órgão nas décadas de 1990 e 2000, e em particular as suas resoluções, expressam uma preocupação com ameaças ampliadas envolvendo desde agressões tradicionais entre Estados até o desrespeito aos direitos humanos e ao direito humanitário. O tratamento de níveis elevados de instabilidade como ameaça é o pano de fundo deste movimento de ampliação (Duffield, 2001). O conceito de intervenção humanitária foi incorporado ao vocabulário das relações internacionais nos anos 1990 e as responsabilidades associadas ao conceito de soberania foram redefinidas (Holzgrefe e Keohane, 2003). O conceito de segurança humana (Kaldor, 2007) e a doutrina de responsabilidade de proteger, discutida no capítulo 3 deste livro, organizam esse debate no âmbito da ONU. O conceito de intervenção humanitária estabeleceu uma associação entre ameaças aos direitos humanos e/ou crises humanitárias e a segurança internacional (Wheeler, 2000), abrindo a porta para uma possível intervenção internacional (Wheeler, 2000; Weiss, 2007). Assim, observamos que as regras internacionais concebidas e propostas para a regulação, restrição ou eliminação do uso da violência são muitas vezes as mesmas que constituem as condições de possibilidade para a autorização e legitimação de seu uso (Kennedy, 2006; Walker, 2010). A articulação de uma agenda de intervenção humanitária e a redefinição das operações de paz, autorizadas e legitimadas pela ONU, podem gerar mais violência aliada à sua natureza civilizadora e imperial (Paris, 1997, 2002; Richmond, 2008; Duffield, 2010, 2014; Douzinas, 2007). Ademais, neste cenário, a convivência tensa entre diferentes partes da Carta da ONU – o princípio da não intervenção, presente no Artigo 2 da Carta, e a defesa dos direitos humanos ou a necessidade de enfrentar crises humanitárias – vem a ocupar lugar central na agenda internacional.

A geração dos mandatos para as operações de paz tornou-se uma grande contribuição da ONU para a promoção da paz e da segurança internacionais. As operações de paz tradicionais dependiam do consentimento das partes e estavam subscritas pelo Capítulo VI da Carta, ou seja, diretamente vinculadas aos mecanismos de resolução pacífica de disputas. Ainda hoje as operações de manutenção da paz envolvem o consentimento do Estado onde elas são alocadas e uma negociação com as partes envolvidas para a sua realização. As missões de observação são formadas por um pequeno contingente desarmado, colocado numa região após o estabelecimento de um cessar-fogo. Já as operações coercitivas (*peace enforcement*) usam a coerção da força para realização da missão, definem um inimigo, abandonando a neutralidade e imparcialidade da ONU e são legitimadas pelo Capítulo VII da Carta (Thakur, 2006).

O crescente espaço conferido ao humanitarismo na agenda internacional, o maior número de conflitos intraestatais e a crise de estruturas estatais foi crucial para o aumento do número e da complexidade das operações de paz a partir dos anos 1990. Especificamente, a integração entre atividades militares, diplomáticas, humanitárias, políticas e administrativas aumenta drasticamente a complexidade das operações. Assim, as operações de paz passaram a incluir desde mecanismos de resolução pacífica de conflitos como mediação e desarmamento até a reestruturação de Estados. O número de operações de paz aumentou significativamente, bem como o escopo das suas atividades e a quantidade de militares e civis envolvidos (Zanotti, 2011; Diehl e Balas, 2014). Além disso, a imposição de sanções tornou-se mais frequente, e foram criados tribunais para crimes de guerra, crimes contra a humanidade e genocídios.

A construção de instituições estatais e da sociedade civil é promovida através do envolvimento em atividades como a reestruturação de polícias, organização de eleições, gestação de novas ordens constitucionais, retirada de minas, assistência humanitária, monitorização no campo dos direitos humanos, repatriação de refugiados e criação de comissões de verdade e/ou reconciliação. A necessidade de ajuda humanitária e o desrespeito pelos direitos humanos tornam-se critérios importantes para a criação de operações de paz, sendo a segurança de indivíduos, então, objeto das mesmas. Vê-se que as operações de paz no período em questão aqui tornam-se parte central do aparato multilateral se diferenciando claramente da proposta original de controle do uso da violência por parte de Estados ou grupos em conflito. A produção de mecanismos de resolução de conflitos é outra forma de atuação da ONU no campo da segurança. Ao gerar normas que guiam a mediação de conflitos, os espaços sociais onde estes conflitos podem ser negociados e as formas de pressão para adequar o comportamento dos atores às normas e decisões coletivas, a Organização pode gerar previsibilidade, diminuição do uso da violência, além de amenizar perceções de ameaça.

No momento histórico em foco aqui, a mediação internacional[4] e projetos de transformação de conflitos também tornam-se mais relevantes para o sistema multilateral. Atividades de mediação em particular são realizadas por diversos atores, como organizações não governamentais, indivíduos com alta influência ou Estados. A ONU, em especial, exerce um papel central neste campo. Em 2006, foi criada uma Unidade de apoio à Mediação Internacional dentro do Departamento para Questões Políticas e, desde então, ela produz missões de mediação e regras de referência para essas atividades. Da mesma forma que operações de paz se tornaram mais complexas, envolvendo a reconstrução de comunidades políticas, assim também os projetos de resolução e transformação de conflitos da ONU foram complexificados e ampliados. Os processos de paz passaram a envolver negociações sobre a natureza dos Estados, sua relação com a sociedade e os regimes internacionais de direitos humanos dentre outros, também constituindo parte dos mecanismos de governança global (Richmond, 2001).

As restrições relativas ao desenvolvimento, produção, armazenamento, proliferação e uso de armas é uma esfera normativa crucial do Sistema da ONU desde meados do século XX. Essa é uma contribuição básica para a governação no campo da segurança, limitando a geração de dilemas de segurança, construindo confiança e protegendo princípios do direito humanitário e de direitos humanos. A verificação e monitoramento da aderência às regras produzidas pelos tratados e acordos para controle de armas e desarmamento são realizadas pelas agências da ONU através de missões especiais e redes

---

[4] Para este assunto veja o trabalho realizado pela ONU neste campo em https://peacemaker.un.org/mediation-support.

de monitorização[5]. Ademais, a formação e apoio aos países para que estes possam aderir às regras vigentes também é uma prioridade. Essas atividades também adquiriram novas características nos anos 1990 com crescente ênfase em mecanismos baseados na lógica da segurança humana (MacFarlane e Khong, 2006). O direito de seres humanos de estarem livres do medo colocaram armas antes pouco estudadas e discutidas no centro da agenda da ONU. Assim pequenas armas, minas terrestres e bombas cachos foram o foco de movimentos sociais e novos tratados no pós-Guerra Fria[6]. A construção de sociedades pacificadas livres destas armas compõe o quadro discutido aqui.

É justamente diante dessas transformações no campo das práticas e normas da segurança internacional que se torna possível a inclusão do tema da proteção de crianças em situação de conflitos armados nessa agenda específica. Diante de uma abordagem ambígua em relação à criança como não apenas aquele ser inerentemente vulnerável e em situação de risco, mas também como um potencial ameaça à paz e segurança dos Estados e da sociedade internacional, a violação dos direitos das crianças, amplamente denunciada pelo Relatório Machel, se torna um tema importante na agenda do Conselho de Segurança da ONU. Diferentemente de outras questões que impactam o bem-estar das crianças, como a fome generalizada em alguns lugares do mundo, o envolvimento de crianças em guerras – seja como vítima dos combates, seja como participante direto do conflito – ao ser percebido como um desafio à paz e à segurança internacionais em um sistema de segurança coletiva redefinido, se torna foco de atenção e de intervenções da ONU no âmbito das operações de paz que apresentam o escopo ampliado e nos processos multidimensionais de resolução e transformação de conflitos. Como será discutido na última seção do capítulo, este processo fica evidente a partir de 1998, quando ocorre o primeiro debate no Conselho de Segurança sobre a

---

[5] A Assembleia Geral, o Conselho de Segurança, a Conferência de Desarmamento, a Agência Internacional para a Energia Atómica, a Organização para a Proibição de Armas Químicas, a Comissão Preparatória para o Tratado de Proibição de Testes Nucleares, o Escritório das Nações Unidas para Drogas e Crime são os principais espaços sociais criados dentro do Sistema da ONU para lidar com temas de desarmamento e controle de armamentos.

[6] Convenção banindo minas pessoais ou Tratado de Otawa de 1997 e a Convenção sobre Bombas Cacho de 2008 devem ser mencionadas, além dos esforços de controlar pequenas armas através do Tratado sobre Comércio de Armas (Garcia, 2011).

situação de crianças em guerras, e, mais especificamente, em 1999, quando a primeira resolução temática do Conselho de Segurança é adotada.

Enfim, conclui-se que houve um deslocamento do dualismo doméstico/internacional na agenda de segurança. A redefinição do sistema de segurança coletiva, do escopo das operações de paz, a elaboração de projetos de transformação de conflito, mecanismos de controle de armamentos voltados para a proteção de indivíduos, a preocupação com instabilidade, o lugar crescente do indivíduo nas relações internacionais e, finalmente, a redefinição do próprio conceito de segurança permitiram uma mudança importante do papel da ONU na produção de regras e expectativas comuns na esfera da segurança a partir dos anos 1990.

Normas, discursos e práticas multilaterais no sistema Onusiano no campo de direitos humanos

Assim como no campo da segurança, o final da Guerra Fria representou um momento crucial para a agenda de direitos humanos na ONU. Nos anos 90, uma série de discussões, normas e atividades refletiram a priorização do indivíduo vis-à-vis os Estados nacionais. Desta forma, foram estabelecidos os conceitos de segurança humana e de desenvolvimento humano. Ambos foram elaborados na "Agenda para Paz", anunciada por Boutros Boutros-Ghali e pelo Programa das Nações Unidas para o Desenvolvimento (PNUD) em 1992. Outro marco central foi a adoção do relatório "Renovando as Nações Unidas: um programa para Reforma" pelo Secretário-geral Koffi Annan em 1997, estabelecendo uma perspetiva de direitos humanos para a ONU, a qual requer que todas as suas atividades incorporem uma perspetiva de direitos humanos, inclusive, as atividades vinculadas ao desenvolvimento, dando origem à perspetiva do direito ao desenvolvimento (*rights based approach to development*).

Os conceitos de segurança humana e desenvolvimento humano foram inovadores não apenas ao colocar os indivíduos como ponto focal das atividades da ONU, mas também ao criar uma série de normas e programas para implementá-los. A seção anterior discorreu sobre as atividades relacionadas à segurança. A perspetiva de direitos humanos para o desenvolvimento é um dos eixos para a implementação dos Objetivos de Desenvolvimento do Milénio (ODM), e o seu sucessor Objetivos de Desenvolvimentos Sustentáveis (ODS) (Weiss et al, 2013). A perspetiva do direito ao desenvolvimento substituiu em grande medida as perspetivas macroeconômicas de planeamento das atividades das agências de ajuda ao desenvolvimento da ONU e organizações da sociedade civil. A temática do desenvolvimento passou a focar a pobreza e grupos vulneráveis, e também permitiu resgatar a relevância de aspetos coletivos tais como direitos sociais, económicos e culturais.

Ambos os conceitos redefiniram as áreas temáticas da segurança e do desenvolvimento, estabelecendo um novo significado e horizontes normativos, interligando normas, instituições, pessoas e objetivos não mais direcionados para fontes de autoridade política pré-definidos, mas para atingir objetivos eficientes, com base nos meta-princípios da *accountability*, transparência, participação e estado-de-direito. Consequentemente, os conceitos de segurança humana e desenvolvimento humano compartilham uma relação paradoxal com os Estados. Isto é, por um lado, estes ainda são os principais atores responsáveis pela implementação de políticas públicas, por outro lado, são cada vez mais vistos como incapazes de implementar tais políticas (Hoffmann, 2017).

Historicamente a ONU tem tido um papel central na produção de normas e governação na área de direitos humanos (Alston, 1994), ainda que as relações com outras instituições tais como os tratados e tribunais regionais não sejam configuradas de maneira formalmente hierárquica, como é o caso da área de segurança. A produção de novos conceitos, como discutido acima, mostra sua contínua relevância. Quando criada, a ONU adotou uma perspetiva bem mais abrangente sobre direitos humanos do que a Liga das Nações[7], afirmando no preâmbulo da Carta de São Francisco "a fé nos direitos fundamentais do homem, da dignidade e no valor do ser humano, na igualdade de direitos dos homens e das mulheres". Existe uma divergência sobre a relevância deste compromisso desde seu enunciação. Os liberais vêm a inclusão da referência aos direitos humanos como um atenuador dos princípios de soberania e não-

---

[7] A Liga das Nações foi criada em 1919, ao final da Primeira Guerra Mundial, com o principal objetivo de manter e promover a paz.

-intervenção, fruto do projeto positivista do século XIX, e o destaque do indivíduo como objeto do direito internacional acima dos interesses dos Estados (Moyn, 2010).

Autores realistas e revisionistas argumentam, pelo contrário, que a inclusão da questão dos direitos humanos teria sido um gesto político para a população doméstica anglo-saxónica, mas que os Estados vencedores da guerra os viam como pouco relevantes, uma distração da agenda da ONU, que é essencialmente voltada à questão da segurança estatal segundo uma lógica pautada por dinâmicas de poder (Morgenthau, 1948). Esta última perspetiva explicaria o facto de a Declaração Universal dos Direitos Humanos de 1948 não ser um tratado e, portanto, não ter caráter vinculativo, assim como a baixa adesão dos Estados membros aos Pactos Internacionais de Direitos Civis e Políticos e de Direitos Económicos, Sociais e Culturais, ambos concluídos em 1966, mas só entraram em vigor em 1976 (Hoffmann e Ribeiro Hoffmann, 2017). Os Pactos fundamentaram duas conceções de cidadania a respeito do lugar do indivíduo e do coletivo que foi foco de disputa entre as duas formas de organização social e política durante a Guerra Fria, entre os blocos ocidental e soviético. Manteve-se a tensão dentro destes mecanismos de governação e a visão sobre uma ordem internacional baseada numa conceção linear de progresso.

Também é importante mencionar o papel dos atores da sociedade civil no sistema multilateral de direitos humanos da ONU, seja como participantes oficiais dos processos decisórios, como instituições implementadoras, ou vozes críticas. Não é possível analisar o papel da ONU no regime internacional de direitos humanos sem incluir o trabalho de ONGs, como a Amnistia Internacional, *Human Rights Watch* e *Oxfam*, além de milhares de pequenas ONG de abrangência local (Chadwick, 2014).

As principais instituições do sistema de ONU no campo dos direitos humanos são, hoje, o Conselho de Direitos Humanos (CDH), o Alto Comissariado para os Direitos Humanos (ACNUDH), os Tratados Internacionais e seus comités, bem como a figura dos Procedimentos Especiais. O Conselho de Direitos Humanos é o mais novo órgão. Criado em março de 2016, o Conselho substituiu a Comissão de Direitos Humanos de 1946, e é constituído por 47 Estados membros eleitos pela Assembleia Geral. O Conselho é o principal órgão deliberativo e uma de suas principais funções é criar Procedimentos

Especiais, que são mecanismos independentes de investigação para situações específicas, tais como os Relatores Especiais. O Alto Comissariado foi criado em 1993 na Conferência Mundial de Viena sobre os Direitos Humanos e é chefiado pelo Alto Comissário de Direitos Humanos. Ele centraliza as atividades da ONU na área de Direitos Humanos, funcionando como um fórum central para as diversas instituições que lidam com questões específicas. A principal distinção entre essas instituições refere-se ao facto de atuarem com base na Carta da ONU (*charter-based institutions*) tais como o Conselho, ou com base em Tratados Internacionais (*treaty-based institutions*).

Ao contrário das instituições que operam com base na Carta da ONU, as que operam com base em Tratados têm um caráter jurídico, e a sua principal função é monitorizar o cumprimento dos tratados correspondentes. Alguns exemplos são o Comité dos Direitos Económicos, Sociais e Culturais e o Comité de Direitos Humanos (que operam com base nos dois pactos anteriormente mencionados), o Comité para a eliminação da discriminação racial (Convenção para a eliminação de todas as formas de discriminação racial), o Comité para a eliminação da discriminação contra as mulheres (Convenção sobre a eliminação de todas as formas de discriminação contra as mulheres), o Comité contra a tortura (Convenção contra a tortura e outros tratamentos ou penas cruéis, desumanas ou degradantes), o Comité dos direitos da criança (Convenção sobre os direitos da criança) e o Comité sobre trabalhadores migrantes (Convenção internacional sobre a proteção dos direitos de todos os trabalhadores migrantes e membros de suas famílias). Em cada uma dessas áreas, as instituições da ONU produzem normas que estabelecem padrões de comportamento desejáveis aos indivíduos, Estados e aos demais atores da política internacional (Herz et al, 2015). A próxima seção analisa como tais instrumentos internacionais são aplicados e articulados no âmbito da governação da infância.

A proteção da criança: práticas multilaterais no campo da infância e a governação do futuro

Em 2019, serão celebradas as três décadas desde a adoção da Convenção das Nações Unidas sobre os Direitos da Criança (CDC), quando os direitos humanos das crianças começaram a figurar com mais destaque na formulação de políticas internacionais e a influenciar uma quantidade significativa de práticas sociais e políticas bem como a produção de conhecimento sobre a infância e as crianças. Como Pupavac (2002) afirma, a questão das crianças é considerada capaz de transcender divisões nacionais, políticas e sociais e de envolver pessoas em todo o mundo no combate a problemas sociais e na luta contra a desordem e o conflito. Assim, especialmente a partir da década de 1990, o regime internacional dos direitos das crianças torna-se um mecanismo não apenas para proteger e emancipar crianças em situações de opressão e violência, mas também para governar, regular e controlar crianças, autorizando formas "apropriadas" de infância, e, portanto, de processos específicos de formação, no futuro, de cidadãos.

Assim, como mencionado na introdução do capítulo, é justamente por meio da governação da infância através das instâncias multilaterais, em especial a ONU, que os direitos das crianças se tornam parte fundamental dos mecanismos, sistemas e instrumentos que produzem e reproduzem a estabilidade internacional. A partir da interseção entre as agendas de segurança internacional e direitos humanos, discutida nas duas seções anteriores, os direitos das crianças são articulados e compartilhados de forma a produzir uma versão universalizada da infância e da criança como sujeito e objeto da governação. Em particular nessa terceira parte, discutimos como essa noção de infância opera como um pilar importante na reprodução de uma ordem internacional fundamentada numa conceção de progresso linear. Tais práticas multilaterais que estabelecem os princípios que norteiam a proteção internacional da infância, baseadas numa plataforma de direitos, são permeadas por uma série de tensões e dilemas quando crianças ocupam espaços (públicos) considerados não apropriados para elas, como a guerra e o trabalho.

A partir de uma leitura histórica dos tratados internacionais que visam à proteção da criança, percebemos a construção de um regime global da infância, por meio do qual os Estados não possuem mais a autoridade soberana plena para decidir os espaços sociais que devem ser ocupados por jovens e crianças, nem seus direitos e deveres. Além disso, tal regime cria mecanismos internacionais, embora ainda fracos, de monitorização e responsabilização dos Estados. No que tange a participação de atores não estatais, destacamos como tal regime permite que ONGs e movimentos da sociedade civil também pressionem Estados e organizações internacionais para agirem no melhor interesse da criança e participarem das arenas de discussão e de formulação de políticas públicas (Grugel e Piper, 2007).

O tratamento específico da criança no âmbito internacional como detentores de direitos foi formalmente articulado pela primeira vez em 1924, quando a Liga das Nações adotou a Declaração de Genebra dos Direitos da Criança. Em cinco frases curtas, a Declaração de Genebra reivindica, principalmente, a provisão de assistência a fim de cumprir com as necessidades da criança, entendida com um ser inerentemente vulnerável e dependente. As disposições da Declaração de Genebra basearam-se, então, na ideia de que a "humanidade deve à criança o melhor de seus esforços", expressão essa que será repetida também na Convenção das Nações Unidas sobre os Direitos da Criança (CDC) de 1989.

Dessa forma, a declaração de 1924 inaugura uma série de documentos internacionais que contribuem para visão do século XX como o "Século da Criança":[8] Declaração Internacional dos Direitos da Criança (1959), Ano Internacional da Criança (1979) e a CDC (1989). Essas iniciativas mapearam o território da infância, articulado como um espaço de harmonia e paz, no qual as crianças poderiam ser cuidadas, viveriam em plena felicidade e se desenvolveriam para se tornar, no futuro, membros produtivos da sociedade (Cunningham, 2005). Embora a Declaração Universal dos Direitos Humanos (1948) faça referência à infância em dois momentos – (i) no contexto de necessidade de proteção especial (Art.25) e (ii) em relação ao direito à educação (Art.27) – a Assembleia Geral das Nações Unidas inclui a criança na agenda internacional de direitos humanos, especificamente no período pós-Segunda Guerra Mundial, ao aprovar a Declaração dos Direitos da Criança em 1959 (Simmons, 2009). Tal Declaração define os direitos da criança à proteção, educação, assistência médica, moradia e boa alimentação.

---

[8] O século XX foi cunhado pela primeira vez como o "século da criança" por Ellen Key (1909).

Nesse mesmo momento, quando a UNICEF, criado em 1946, completava quase 20 anos, o seu escopo de interesses foi ampliado a fim de lidar não apenas com a proteção da criança contra as formas de exploração e abuso, mas também com o desenvolvimento completo da criança, no qual a educação ocupa um lugar central. Por exemplo, ações direcionadas à formação de professores e à organização dos espaços escolares em Estados recém-independentes são intensificadas. Em 1965, a UNICEF recebe o Prémio Nobel da Paz pela "promoção da irmandade entre as nações". Em consonância com a preocupação da UNICEF com o pleno desenvolvimento da criança a fim de garantir a sua formação como um cidadão educado e produtivo, percebe-se, ao longo da década de 1970, uma atenção internacional aos papéis desempenhados pelas crianças na sociedade, além de um questionamento sobre a família como um espaço essencialmente bom e saudável para o amadurecimento da criança. A ideia de que o bem-estar das crianças seria responsabilidade da família é problematizada, abrindo espaço para os movimentos da sociedade civil centrados na criança como um sujeito de direitos. Em 1979, as Nações Unidas estabelecem o Ano Internacional da Criança no contexto das negociações entre Estados, ONGs e grupos de trabalho realizados na Comissão de Direitos Humanos da ONU, que resultariam mais tarde na CDC, adotada em 1989. Por meio de celebrações em todo o mundo, pessoas e organizações reafirmaram o compromisso com os direitos das crianças e saudaram a possibilidade de uma nova ordem internacional: "Reconhecendo a importância fundamental em todos os países, em desenvolvimento e industrializados, dos programas que beneficiam as crianças não apenas em função do bem-estar da criança, mas também como parte dos esforços mais amplos para acelerar o progresso social e económico" (ONU, 1979: parágrafo 2).

O vocabulário do Ano Internacional da Criança aponta para uma abordagem diferenciada da ONU e, especificamente, do UNICEF, na qual o desenvolvimento da criança e o desenvolvimento, entendido como o progresso linear, dos Estados e da sociedade internacional estão interligados. Em 1987, o UNICEF lança o relatório anual *Adjustment with a Human Face* por meio do qual convida os Estados e a sociedade civil em todo o mundo a refletir sobre como proteger as crianças e mulheres, grupo reconhecido como o mais vulnerável, dos efeitos malignos dos ajustes e reformas económicos adotados para reduzir a dívida nacional de certos Estados mais pobres. Isto é, o desenvolvimento da criança – ou a própria criança – é percebido como símbolo da promessa de um futuro internacional baseado na conceção linear de progresso (Herz et al, 2015).

É também nesse contexto que a ideia da criança como sujeito de direitos é fortalecida internacionalmente, influenciando os debates no âmbito do sistema da ONU. O símbolo da vitória do movimento em prol de uma abordagem de direitos humanos da criança é a adoção da Convenção da ONU dos Direitos da Criança em 1989. Pela primeira vez a criança é definida a partir do parâmetro etário, isto é, todo ser humano com menos de 18 anos de idade. Mais complexa que as declarações anteriores, o objetivo da CDC é a regulamentação da infância numa ampla gama de áreas que apresentavam desafios ao desenvolvimento pleno da criança: por exemplo, a participação em conflitos armados, os movimentos migratórios e o trabalho infantil. Nesse sentido, o documento define regras internacionais sobre o tratamento e proteção da criança ao mesmo tempo que afirma a criança como sujeito de direitos.

A partir da CDC, a década de 1990 é marcada, então, por uma série de esforços multilaterais em prol da criança. O primeiro evento é a *World Summit for Children*, quando é adotada a Declaração sobre Sobrevivência, Proteção e Desenvolvimento das Crianças, em 1990. Segundo tal Declaração: "As crianças do mundo são inocentes, vulneráveis e dependentes. Elas também são curiosas, ativas e cheias de esperança. Seu tempo deve ser de alegria e paz, de brincar, aprender e crescer. Seu futuro deve ser moldado em harmonia e cooperação. Suas vidas devem amadurecer, à medida que expandem as suas perspetivas e ganham novas experiências" (Art.2). Diante da atenção à infância e ao papel da criança como o futuro cidadão, a presença de crianças em espaços considerados de risco ao seu desenvolvimento entendido como "normal" ganha destaque na agenda da ONU e, mais especificamente do UNICEF. Percebe-se, portanto, uma sobreposição das políticas globais de proteção infantil e do regime internacional dos direitos humanos das crianças.

No entanto, é justamente no contexto das chamadas "novas guerras", acima mencionadas, e das tentativas de resolvê-las por meio de mecanismos internacionais, que as crianças assumem um lugar importante na agenda internacional ao unir as preocupações relativas tanto aos direitos humanos quanto à promoção da paz e segurança internacionais. O Relatório Machel "O Impacto do Conflito Armado nas crianças", apresentado na Assembleia Geral da ONU em 1996, é, nesse sentido, um marco fundamental. Ao longo do extenso documento, são descritas as experiências de crianças soldado, crianças refugiadas, órfãs e deslocadas internas. Graça Machel, autora do relatório, afirma estar diante de uma "crise fundamental na nossa civilização": "O impacto dos conflitos armados nas crianças deve ser uma preocupação de todos e é responsabilidade de cada um: Governos, organizações internacionais e sociedade civil" (Machel, 1996:73).

As crianças descritas no relatório Machel não são apenas vítimas vulneráveis dos conflitos armados, mas também são consideradas uma potencial ameaça à estabilidade de um determinado Estado ou até mesmo da sociedade internacional na medida em que a sua segurança está em risco e o seu desenvolvimento desvia daquele considerado "normal". Tal preocupação é bastante clara quando se refere à associação de crianças a grupos armados estatais ou irregulares. Diante da crescente divulgação, por meio da média e dos relatórios das organizações humanitárias, das atrocidades, tais como assassinatos, mutilações, abduções e estupros, cometidas contra as crianças e por elas mesmas no âmbito da guerra em Serra Leoa[9], percebe-se uma expansão do movimento internacional para a eliminação da participação de crianças em guerras (Macmillan, 2011). A ameaça, nesse sentido, não é apenas à vida das crianças-soldados, mas também à estabilidade internacional. Crianças armadas não colocam em risco somente o futuro cidadão a ser formado, mas também o Estado, onde elas são combatentes, e a sociedade internacional que percebe a possibilidade ameaçada de um futuro de progresso.

Diante de tal situação, compreendida em termos de uma emergência, a proliferação de respostas internacionais mostra a urgência dada ao fenómeno, tornando quase impossível pensar mecanismos de resolução de conflito que não abordem a proteção infantil e a prevenção do recrutamento militar de

---

[9] A Guerra Civil de Serra Leoa começou em 1991, quando a Frente Revolucionária Unida (FRU), liderada por Foday Sankoh, iniciou o combate para derrubar o governo central do país. Ao longo de 11 anos de guerra, uma série de violações dos direitos humanos foram cometidas, como massacres, amputações de membros e uso massivo de crianças soldado. A guerra foi declarada oficialmente como encerrada em 18 de janeiro de 2002.

crianças. Em especial, é crescente a inclusão de programas especiais de proteção às crianças nos mandatos de Operações de Paz, além da formação específica dos soldados sobre como lidar em caso de serem ameaçados por crianças soldado bem como abordar os grupos armados de forma a garantir a desmobilização segura de crianças. Os mecanismos de desarmamento e controlo de armamentos, por si só, são um tema crucial nos debates sobre como prevenir o recrutamento de crianças, uma vez que se acredita que uma das razões para o aumento do número de crianças no pós-Guerra Fria é tanto o avanço da indústria armamentista, que produz armas mais leves e fáceis de serem manuseadas (pequenas armas), quanto do tráfico de armas, que facilita o acesso dos grupos armados ao armamento.

Em especial, em 1998, acontece o primeiro debate público do Conselho de Segurança das Nações Unidas sobre os efeitos das guerras nas crianças, que inaugura uma série de práticas definidas no âmbito da agenda de segurança internacional, com o objetivo de coibir o recrutamento militar de crianças e prevenir a violação dos direitos das crianças em situações de conflito armado. Até ao momento de elaboração deste capítulo, o Conselho já adotou 13 resoluções específicas sobre o recrutamento e uso de crianças soldado (a última resolução foi adotada em 2015). De entre as resoluções, o marco central é a adoção da Resolução 1612 (2005), que estabelece um mecanismo de monitorização das cinco graves violações contra crianças no contexto de guerras, sendo o recrutamento militar de crianças uma delas, e cria um grupo de trabalho permanente específico sobre crianças e conflito armado no Conselho de Segurança.

Em suma, a partir da análise desses documentos internacionais, entendidos como mecanismos da governação da infância, no contexto multilateral onusiano, é possível perceber como a agenda de proteção infantil é construída desde 1924 e, dessa forma, articula uma ideia específica de criança como vulnerável e da infância como fase de transição e formação para a vida adulta. Essa conceção particular, somada às mudanças ocorridas no cenário internacional do pós-Guerra Fria, torna possível a articulação das crianças "em risco" como também um risco à ordem internacional. Assim, é possível perceber como as práticas de proteção infantil são articuladas exatamente na interseção das agendas de segurança e direitos humanos, cujas fronteiras são cada vez mais nebulosas.

Reflexões finais

Ao considerar a contribuição da ONU para a governação global no campo da segurança e dos direitos humanos, é possível identificar como a proteção infantil é ao mesmo tempo produto das mudanças ocorridas no pós-Guerra Fria e condição de possibilidade para a aproximação dessas agendas, que em seu início eram tratadas como espaços políticos completamente distintos. Especificamente, se voltarmos às quatro áreas de atuação da ONU na área de segurança, isto é, Negociações para a Resolução de Conflitos, Sistema de Segurança Coletivo, Operações de Paz e Mecanismos de Desarmamento e Controle de Armamentos, identificamos como a proteção infantil pode ser considerada tanto em relação à produção de regras quanto no que se refere à operacionalização das instituições.

Em particular, no que tange o sistema de segurança coletiva, é possível identificar o movimento que possibilita a aproximação das agendas de direitos humanos e segurança. O capítulo demonstra que o próprio conceito de segurança é ampliado na década de 1990, referindo-se não apenas à sobrevivência do Estado, mas também às ameaças contra indivíduos advindas de diferentes atores e processos e objetos de referência que vão do planeta ao indivíduo. O indivíduo, nesse sentido, passa a ocupar um lugar central na agenda internacional, permitindo uma mudança importante do papel da ONU na produção de práticas e instituições multilaterais na esfera da segurança a partir dos anos 1990.

Finalmente, é justamente nesse contexto que a preocupação com a criação de um futuro cidadão passa a adquirir centralidade no campo internacional, marcado pela produção do conceito de direitos humanos e sua associação com a universalidade da cidadania. Nesse sentido, a paz não equivale apenas à ausência de guerras entre Estados, mas também à promoção dos direitos humanos universais. Assim, é possível observar a partir das transformações no âmbito do sistema Onusiano no Pós-Guerra Fria, como a proteção da criança, que até recentemente era entendida como responsabilidade do âmbito privado, passa a ser articulada de forma mandatária na interseção das agendas internacionais de segurança e direitos humanos. Ademais, argumentamos aqui que a governação da infância, ao produzir tais regras e processos que autorizam certos espaços, tempos e direitos da criança, opera como um mecanismo fundamental para promoção da ordem internacional, pautada pela promessa de um futuro de progresso.

Referências bibliográficas

ALSTON, P. (1994) The UN's human rights record: from San Francisco to Vienna and beyond, *Human Rights Quarterly*, 16(2), pp. 375-390.

ANNAN, K. (2001) *We the Children: Meeting the promises of the World Summit for Children*. New York: UNICEF for the UN.

ASSEMBLEIA GERAL DAS NAÇÕES UNIDAS (2017) *Ano Internacional da Criança*, 18 outubro 1979, A/RES/34/4. Disponível em: <http://www.refworld.org/docid/3b00f1b462.html> [Acesso: 6 outubro 2017].

ASSEMBLEIA GERAL DAS NAÇÕES UNIDAS (2017) *Convenção dos Direitos da Criança*, 20 novembro 1989, United Nations, Treaty Series, vol. 1577, p. 3. Disponível em: <http://www.refworld.org/docid/3ae6b38f0.html> [Acesso: 21 setembro 2017].

ASSEMBLEIA GERAL DAS NAÇÕES UNIDAS (2017) *World Declaration on the Survival, Protection and Development of Children*, 30 September 1990. Disponível em: <http://www.unicef.org/wsc/declare.htm> [Acesso: 13 agosto 2017].

CLAUDE, I. L. (1958) Multilateralism–Diplomatic and otherwise. *International Organization*, 12(1), pp. 43-52.

DIEHL, P. F. e Balas, A. (2014) *Peace Operations*. Cambridge: Polity Press.

DOUZINAS, C. (2007) *Human Rights and Empire: The Political Philosophy of Cosmopolitanism*. Nova Iorque/Londres: Routledge.

DUFFIELD, M. (2001). *Global Governance and the New Wars: the Merging of Development and Security*. London: Zedbooks.

DUFFIELD, M. (2010) "The Development-Security Nexus in Historical Perspective: Governing the World of Peoples." In Sörensen, J. S. (org.) *Challenging the Aid Paradigm: Western Currents and Asian Alternatives*. Nova Iorque: Palgrave Macmillan, pp. 25-46.

DUFFIELD, M. (2014) *Global Governance and the New Wars: The Merging of Development and Security*. Londres e Nova Iorque: Zed Books.

FUNDO DAS NAÇÕES UNIDAS PARA A INFÂNCIA (2000) *The progress of Nations*. Nova Iorque: UNICEF.

GARCIA, D. (2011) *Disarmament diplomacy and human security: regimes, norms and moral progress in international relations*. Londres: Routledge.

GRUGEL, J. e Piper, N. (2007) *Critical perspectives on global governance: rights and regulation in governing regimes*. Nova Iorque: Routledge.

GUZZINI, S. (2013) *Power, Realism and Constructivism*. Londres e Nova Iorque: Routledge.

HERZ, J. H. (1950) Idealist Internationalism and the Security Dilemma. *World Politics*, 2(2), pp. 157-180.

HERZ, M., Ribeiro Hoffmann, A. e Tabak, J. (2015) *Organizações Internacionais. História e Práticas*, 2ª ed. Rio de Janeiro: Campus/ Elsevier.

HOFFMANN, F. e Ribeiro Hoffmann, A. (2017) "International Human Rights Institutions and Conflict Resolution". In Fuentes Julio, C. e Drummond. P. (org.) *Human Rights and Conflict Resolution: Bridging the Theoretical and Practical Divide*. 1ª ed., Nova Iorque: Routledge, pp. 75-94.

HOFFMANN, F. (2017) Twin Siblings: Fresh Perspectives on Law in Development (and Vice Versa). *Leiden Journal of International Law* 30(1), pp. 267-287.

HOLZGREFE, J. L. e Keohane, R. O. (org). (2003) *Humanitarian Intervention*. Cambridge: Cambridge University Press.

KALDOR, M. (2007) *New and Old Wars: Organized Violence in a Global Era*. Cambridge: Polity Press.

MACFARLANE, S. N. e Khong, Y. F. (2006) *Human Security and the UN*. Bloomington: Indiana University Press.

MACHEL, G. (1996) *Promotion and Protection of the Rights of Children: Impact of Armed Conflict on Children*. Relatório de Graça Machel, Perita do Secretário Geral das Nações Unidas, Nova York, A/50/60.

MACMILLAN, L. (2011) "Militarized Children and Sovereign Power". In Marshall Beier, J. (org) *The Militarization of Childhood: Thinking Beyond the Global South*. Nova Iorque: Palgrave Macmillan, pp. 61-76.

MORGENTHAU, H. (1948) *Politics Among Nations: The struggle for power and peace*. Nova Iorque: Alfred Kopf.

MOYN, S. (2010) *The Last Utopia: Human Rights in History*. Cambridge e Londres: The Belknap Press of Harvard University Press.

PUPAVAC, V. (2002) "The International Children's Rights Regime". In Chandler, D. (org) *Rethinking Human Rights: Critical Approaches to International Politics*. Nova Iorque: Palgrave Macmillan, pp. 57-75.

RICHMOND, O. (2008). *Peace in International Relations*. London and New York: Routledge

RICHMOND, O. (2001) A Genealogy of Peacemaking: The Creation and Re-Creation of Order. *Alternatives: Global, Local, Political* 26(3), pp. 317–48.

SIMMONS, B. (2009) *Mobilizing for Human Rights International: Law in Domestic Politics*. Nova Iorque: Cambridge University Press.

THAKUR, R. (2006) *The United Nations, Peace and Security*. Cambridge: Cambridge University Press.

WALKER, R. B. J. (2010). *After the Globe, Before the World*. Londres/Nova Iorque: Routledge.

WEISS, T., Forsythe, D., Coate, R. e Pease, K. (2013) *The United Nations and Changing World Politics*, 7ª Ed. Nova Iorque: Westview Press.

WEISS, T. (2012). *Humanitarian Intervention*. Cambridge: Cambridge Polity Press.

WHEELER, N. J. (2000) *Saving Strangers: Humanitarian Intervention in International Society*. Oxford: Oxford University Press.

ZANOTTI, L. (2011) *Governing Disorder: UN Peace Operations, International Security, and Democratization in the Post-Cold War Era*. University Park, Pennsylvania: The Pennsylvania State University Press.

CAPÍTULO 3

O MULTILATERALISMO E A PAZ LIBERAL

MULTILATERALISM AND THE LIBERAL PEACE

DANIELA NASCIMENTO

Faculdade de Economia e Centro de Estudos Sociais, Universidade de Coimbra, Portugal.
ORCID: https://orcid.org/0000-0001-9521-6047

LICÍNIA SIMÃO[1]

Faculdade de Economia e Centro de Estudos Sociais, Universidade de Coimbra, Portugal.
ORCID: https://orcid.org/0000-0001-5479-8925

RESUMO: O capítulo aborda as questões da promoção da paz e da segurança internacionais no âmbito da prática multilateral, com particular enfoque na Organização das Nações Unidas (ONU), enquanto catalisadora de um modelo de paz liberal. Partindo da análise da evolução da relação entre a paz liberal e a prática multilateral, procura-se identificar os desafios que se colocam, quer ao nível da definição dos mandatos de intervenção, quer da gestão das missões e da sua avaliação. A discussão do modelo de paz liberal e do tipo de intervenções que dele decorrem permite identificar as questões mais prementes da relação do multilateralismo com a agenda de intervencionismo global, nas suas diferentes modalidades. O argumento central deste capítulo sustenta que a agenda da paz liberal determina, quer o âmbito da decisão sobre onde intervir, quer o modo de o fazer. As duas dimensões refletem em grande medida as perceções da potência dominante, os EUA, no que toca às ameaças à paz e os meios de resposta a esta situação. Visam garantir a reprodução de um modelo que privilegia a estabilidade do centro do sistema internacional, externalizando a insegurança para as suas margens.

Palavras-chave: paz liberal, intervencionismo, missões de paz, multilateralismo, segurança

---

[1] Uma versão anterior deste capítulo foi apresentada no congresso da Associação Portuguesa de Ciência Política, de 18 a 20 de abril de 2018, em Braga. As autoras gostariam de reconhecer o apoio do projeto Marie Skłodowska-Curie Innovative Training Networks (ITN-ETN) do programa Horizonte 2020 investigação e inovação da União Europeia, com o projeto 'CASPIAN – Around the Caspian: a Doctoral Training for Future Experts in Development and Cooperation with Focus on the Caspian Region' (642709 – CASPIAN – H2020-MSCA-ITN-2014).

https://doi.org/10.14195/978-989-26-1750-3_3

ABSTRACT: This chapter addresses issues regarding the promotion of international peace and security within the framework of multilateralism, with a particular focus on the United Nations, as the main promoter of liberal peace. From an analysis of the evolution of the relation between liberal peace and multilateral practices, it identifies the challenges posed both at the level of intervention mandates and the management and evaluation of missions. The discussion of the liberal peace model and the type of interventions it entails and promotes allows for the identification of some of the most pressing questions regarding the relation between multilateralism and the broader global interventionist agenda, in its different modalities. The main argument put forward is that this liberal peace agenda determines both the decisions on where and how to intervene. Both dimensions reflect, to a great extent, the perceptions of the USA as the dominant power in what concerns the threats to peace and the means of response, aiming at guaranteeing the reproduction of a model that privileges the stability of the centre of the international system, thus externalising insecurity to its margins.

Keywords: liberal peace; interventionism; peace missions; multilateralism; security

Introdução

A ordem internacional pós Segunda Guerra Mundial fica marcada pela emergência de um conjunto muito vasto de arranjos institucionais regionais pensados para servirem de mecanismos de gestão dos principais desafios económicos, políticos e de segurança internacionais. Com o final da Guerra Fria, em 1991, esta dinâmica acentuou-se e assistimos à consolidação de um sistema de governação multilateral global centrado na ONU, pensado e criado para ser responsável pela gestão, entre outras, das questões de manutenção da paz e segurança globais (Parlamento Europeu, 2017). Neste contexto, a Organização das Nações Unidas (ONU) assumiu um papel central, nomeadamente através da consagração do princípio da segurança coletiva inscrito na Carta das Nações Unidas (CNU) e do mandato do Conselho de Segurança das Nações Unidas (CSNU) que lhe confere a prerrogativa de decisão sobre matérias relativas ao uso da força nas relações internacionais (Weiss *et al*, 2010; XX).[2] Com a vitória do liberalismo, enquanto modelo político e económico predominante, surge uma visão mais ampla da paz e da segurança, bem como de um papel renovado para ONU e demais organizações internacionais de âmbito regional na gestão das questões de conflitualidade internacional.

---

[2] Ver também a análise do capítulo 2 neste volume.

Refletindo sobre estas dinâmicas, as intervenções da década de 1990 demonstram a predominância de uma agenda liberal, quer na definição dos critérios de intervenção, quer na forma como esta se concretiza. Neste contexto, é de particular relevância a evolução levada a cabo no quadro de atuação da ONU, em particular no que diz respeito às missões de paz, as quais evoluem, tanto conceptualmente como na prática. Logo em 1992, com a *Agenda para a Paz*, é dado um passo essencial de clarificação das ligações múltiplas e complexas entre as diferentes fases de atuação internacional em situações de conflito e pós-conflito violento, desde a prevenção de conflitos até à construção e consolidação da paz (Tschirgi, 2003). Neste contexto, torna--se também cada vez mais clara a tensão forte entre, por um lado, a tentativa de regulação normativa do intervencionismo, colado a imperativos humanitários, como se procurou fazer com a figura da intervenção humanitária e posteriormente com o princípio da Responsabilidade de Proteger (R2P); e por outro lado, a decisão *ad hoc* das potências sobre os contextos onde a intervenção se justifica, com base nos seus interesses específicos. Embora as pressões da globalização económica tenham vindo a contribuir para uma maior necessidade de cooperação a nível global, a ordem internacional e a cooperação internacional multilateral acabaram por se tornar mais difíceis de manter e concretizar, em virtude das várias pressões de natureza unilateral e das novas formas de competição encabeçadas por potências internacionais como a Rússia ou a China (Council on Foreign Relations, 2016).[3]

O conceito de paz liberal reflete um conjunto de características liberais associadas às práticas de intervencionismo no contexto pós-Guerra Fria, onde se destacam a promoção da democracia, do estado de direito, dos direitos humanos, da economia de mercado livre e de práticas de desenvolvimento neoliberal (Richmond, 2006, p. 292; Barnett, 2006), vistas como condição para a construção de uma paz sustentável. A análise deste modelo e dos seus pressupostos permite, assim, identificar as questões mais prementes da relação do multilateralismo com a agenda de intervencionismo global e as suas modalidades. O modelo ortodoxo da paz liberal representa um discurso e uma prática focados essencialmente em objetivos de construção da paz, promoção

---

[3] Ver também capítulo um neste volume.

de instituições liberais, de certa forma sustentada na vontade da comunidade internacional[4] em promover um conjunto determinado de valores, normas e princípios liberais em contextos de pós-violência (Richmond, 2005, 2011; Roberts, 2011; Pugh *et al.*, 2008; Duffield, 2007; Paris, 2004). Tal como referem Oliver Richmond e Jason Franks (2011: XX, tradução das autoras),

> Apesar de pretender promover o equilíbrio e o multilateralismo, este modelo de paz liberal concebe a paz como algo institucional e intergovernamental, através do envolvimento de organizações internacionais e da criação de mecanismos de promoção da democracia, estado de direito, economia de mercado e direitos humanos.

O desenvolvimento e aplicação deste modelo tem suscitado novas e várias questões sobre a sustentabilidade da paz que é promovida por via deste tipo de ação multilateral, bem como sobre as relações que se estabelecem entre os atores envolvidos no processo (Duffield, 2001; Duffield, 2007; Paris, 2004). Assim, para a concretização deste conceito de paz mais amplo e abrangente, que é transversal a todas as dimensões da construção de Estados e da organização das sociedades, os diferentes atores internacionais têm recorrido a uma constelação mais complexa de relações que atravessam o multilateralismo clássico intergovernamental, mas incorporam hoje também atores não estatais. A promoção da paz e da segurança liga-se hoje, portanto, ao desenvolvimento e ao humanitarismo, criando tensões e contradições no que toca aos princípios, âmbitos e práticas destas áreas (Tschirgi et al, 2010: 3-4; International Peace Academy, 2004). Por outro lado, na tentativa de salvaguardar um modelo que tem beneficiado as potências que dominam muitos destes formatos multilaterais e que são os principais doadores de ajuda internacional, o discurso legitimador da paz liberal tem-se reinventado no sentido de

---

[4] Entendida, neste capítulo, como uma associação de indivíduos que refletem e partilham determinados princípios e valores, assim como um determinado consenso ou opinião sobre um qualquer assunto de relevância internacional. Distingue-se do conceito de 'sociedade internacional', entendida como uma sociedade de Estados que tem consciência de certos valores e interesses comuns, formando uma sociedade que definem como estando pautada por um conjunto de regras comuns nas relações uns com os outros e trabalhando com instituições comuns (Bull, 1977). Podemos dizer que uma comunidade é uma associação espontânea e natural, enquanto que a sociedade resulta da necessidade pragmática de associação ou convivência entre comunidades.

sublinhar a ideia da resiliência do outro e de desresponsabilização dos atores externos face às crises complexas do nosso tempo (Lemay-Hébert e Toupin, 2011; Lemay-Hébert et al, 2014).

Deste modo, e neste contexto, o argumento central deste capítulo sustenta que a agenda da paz liberal determina, quer o âmbito da decisão sobre onde intervir, quer o modo de o fazer. As duas dimensões visam garantir a reprodução de um modelo que privilegia a estabilidade do centro do sistema internacional, externalizando a insegurança para as suas margens, ao mesmo tempo que garante a supremacia do modelo concetual de paz e a manutenção de condições económicas e políticas favoráveis às potências liberais, nomeadamente aos Estados Unidos da América (EUA), Grã-Bretanha, França, entre outras.

O capítulo começa por abordar a evolução das práticas multilaterais na área da paz e segurança internacionais, focando-se na evolução dos debates e práticas em matéria de uso da força e contextualizando o aparecimento das missões multidimensionais que caracterizam o intervencionismo liberal do final do século XX e início do século XXI. Na secção seguinte, o capítulo aborda as diferentes dimensões da promoção do modelo de paz liberal e dos processos de intervenção, desde a decisão de intervir, até à definição dos modelos de intervenção, a gestão dos instrumentos internacionais e a monitorização e acompanhamento dos processos. Esta análise procura identificar o contributo que os formatos multilaterais dão em cada um destes momentos e abordagens do intervencionismo global, bem como os desafios que se colocam à sua relação com outros formatos mais restritos de governação global. Por fim, o capítulo procura problematizar e sistematizar os desafios que se colocam ao multilateralismo num contexto de reflexão crítica às práticas da paz liberal, bem como as oportunidades oferecidas por esta abordagem no reequilíbrio das relações internacionais em matérias relacionadas com a paz e segurança internacionais.

O multilateralismo no domínio da paz e segurança internacionais

Estimuladas pelos falhanços das décadas anteriores, nomeadamente pela incapacidade de fazer vingar a Sociedade das Nações (SDN), surgiram, com o final da II Guerra Mundial, novas expectativas em torno do multilateralismo como forma de garantia e manutenção da paz e segurança internacionais. Estas reforçam-se e concretizam-se com a assinatura da Carta das Nações Unidas no dia 26 de junho de 1945 e consequente criação da ONU a 24 de outubro do mesmo ano. De certa forma, o sistema onusiano é criado a partir de uma visão plural e descentralizada do sistema internacional (Weiss et al., 2010: xlvi).

A partir de então, a gestão das questões de paz e segurança internacionais passa a estar formalmente inserida num quadro de atuação multilateral, associado a um sistema de segurança coletiva centralizado no CSNU e a um princípio basilar de proibição geral do uso da força, tal como estabelecido no artigo 2.4 da CNU, o qual estabelece que os membros devem abster-se de recorrer à ameaça ou uso da força nas relações internacionais (ONU, 1945).

Neste quadro, a regulação do uso da força está, também, associada a duas exceções, ambas dependentes da negociação e decisão por parte CSNU: legítima defesa e ameaças à paz e segurança internacionais, atos de agressão ou violações da paz, tal como previsto no artigo 51 da CNU (ONU, 1945). De ressalvar que foram os EUA quem, historicamente, tomou a liderança do processo de institucionalização multilateral deste sistema de segurança coletiva e promoção da paz, o qual passa a ser visto como parte de um arranjo global mais alargado, associado a instituições multilaterais com vista à promoção das condições essenciais para a manutenção da paz internacional (Weiss et al., 2010: xlvi).

Neste contexto, os mecanismos e formatos de resposta a situações de conflito ou instabilidade internacional estavam diretamente associados a um quadro formal definido pela CNU, que contemplava duas grandes possibilidades. Por um lado, e com peso significativo na tomada de decisão, consagrou os mecanismos associados ao princípio de resolução pacífica de disputas internacionais e que incluíam uma multiplicidade de meios, de intensidade variável, que iam desde a negociação, a mediação, a arbitragem, investigação ou mesmo a solução judicial (em casos de disputa interestatal). Por outro lado, foi previsto um conjunto de instrumentos e possibilidades mais "musculadas", associadas ao capítulo VII da CNU, e ativáveis em caso de fracasso dos meios de resolução pacífica, incluindo a rutura das relações diplomáticas e das comunicações ou mesmo a aplicação de sanções económicas a Estados que se encontrassem numa situação contrária às regras internacionais estabelecidas (Diehl, 2008: 1; Ramsbotham et al., 2011; Malone, 2004; MacQueen, 1999).

No entanto, a realidade durante a Guerra-Fria assumiu contornos muito distintos do que estava previsto neste quadro formal e, apesar de todas as expectativas, as NU rapidamente se viram confrontadas com os obstáculos e limitações associados à confrontação entre os blocos Ocidental e de Leste, tornando as décadas seguintes um verdadeiro desafio em virtude dos múltiplos bloqueios e paralisações resultantes do direito de veto das duas superpotências com assento no CSNU, os EUA e a União das Repúblicas Socialistas Soviéticas (URSS), nos momentos-chave de decisão sobre matérias relacionadas com a gestão da paz e segurança internacionais (MacQueen, 1999; Malone, 2004).

Assim, o quadro real foi de inviabilidade prática do quadro formal previsto na CNU e de necessidade de se encontrarem alternativas a estes bloqueios. No caso dos EUA e da URSS, recorreram aos respetivos pactos de defesa coletiva, a Organização do Tratado do Atlântico Norte (OTAN) e o Pacto de Varsóvia; no caso dos restantes membros das NU, recorreram substancialmente ao princípio de legítima defesa inscrito na CNU. No caso das NU como um todo, originou-se um instrumento de intervenção coletiva não previsto na CNU e que resulta na definição e criação das forças de manutenção da paz (mais conhecidos por "capacetes azuis"), concebidas como missões colocadas no terreno com um mandato de interposição entre os beligerantes e funcionando como "forças-tampão" em contextos de conflito e disputa violenta (Lowe et al., 2008), mas atuando com consentimento dos Estados e obedecendo ao princípio da neutralidade.

No que diz respeito ao possível uso da força coletiva face a situações de instabilidade internacional, temos igualmente um cenário pouco aberto a soluções e ações que vão além da legítima defesa, mesmo em situações que configuravam violações flagrantes dos direitos humanos e liberdades fundamentais. Esta realidade foi particularmente visível em dois acontecimentos ocorridos no final da década de 1970, onde o princípio da legítima defesa foi ativado. O primeiro desses casos é o da intervenção militar do Vietname no Camboja, alegando a instabilidade e ameaça causadas pelo regime dos *Khmer*

Vermelhos à ordem e estabilidade interna vietnamitas, o que justificava plenamente o recurso à força para legítima defesa do território, e culminando na queda do regime liderado por Pol Pot. O segundo caso, corresponde à intervenção militar da Tanzânia no Uganda em 1978-79, que ocorre após ataques levados a cabo pelo regime liderado por Idi Amin ao território da Tanzânia e que, do mesmo modo que no caso anterior, era justificada pela instabilidade regional que provocava. Também neste caso, a intervenção culmina com a queda do regime de Idi Amin (Wheeler, 2000; MacQueen, 2004, 136; Sunga, 2008). O que se pretende sublinhar nestes dois casos é o facto de ambas as intervenções terem sido dirigidas a regimes ditatoriais brutais e sanguinários, responsáveis por violações sistemáticas dos direitos humanos e, portanto, considerados uma ameaça à paz, segurança e estabilidade regionais e internacionais, mas sem nunca recorrer a essa justificação para, por exemplo, se procurar obter autorização do CSNU para uma intervenção militar multilateral levada a cabo pelas NU.

Este torna-se o quadro de referência de atuação multilateral até ao final da década de 1980, com todas as suas especificidades e limitações, permitindo contornar algumas das dificuldades geopolíticas de cumprir o que estava previsto na CNU. Com o desanuviar da Guerra Fria, assiste-se a uma mudança quantitativa no que diz respeito à aprovação de missões de manutenção de paz das NU (*peacekeeping)*, com cerca de vinte novas operações a serem autorizadas pelo CSNU entre 1988 e 1993, um número muito superior às missões levadas a cabo durante os primeiros quarenta anos da organização (Weiss et al., xlviii; Daniel et al., 2008). Esta realidade obriga não só ao repensar dos mecanismos de resposta até aí utilizados, mas também, e sobretudo, à redefinição dos princípios que deveriam estar subjacentes a essas mesmas respostas internacionais multilaterais e que passavam a incluir o respeito e proteção dos direitos humanos, enquanto componente fundamental da responsabilidade soberana dos Estados.[5] De facto, uma das grandes mudanças operadas na passagem para a década de 1990 foi a crescente afirmação do indivíduo e

---

[5] O entendimento sobre o significado da soberania estatal tem evoluído de forma significativa desde o final da Guerra Fria. A ideia de soberania enquanto responsabilidade (Deng *et al*, 1996) permite atribuir obrigações de proteção dos direitos dos seus cidadãos aos Estados. Esta ideia irá evoluir para o princípio da Responsabilidade de Proteger (ICISS,

dos direitos humanos no plano internacional, questionando a centralidade da soberania estatal, ao mesmo tempo que se exige um papel mais ativo e atento por parte dos demais atores do sistema internacional, estatais e não estatais, na defesa e promoção desses mesmos direitos (Weiss, 2007).

A paz liberal 2.0: o caminho rumo à Responsabilidade de Proteger

Neste contexto de mudança, as respostas internacionais por parte do CSNU a situações de conflito interno passaram a colocar em causa o carácter absoluto dos princípios de inviolabilidade das fronteiras e não interferência nos assuntos internos em situações em que o Estado claramente falhava na sua responsabilidade de proteção dos direitos fundamentais da sua população (Weiss et al., 2010: I). Abre-se, assim, espaço para a concretização de inter-venções humanitárias, as quais correspondem a intervenções de cariz militar, levadas a cabo por atores externos no território soberano de um Estado com o objetivo de pôr fim a violações flagrantes e sistemáticas dos direitos humanos (Wheeler, 2000; Jayakumar, 2012).

Nesse sentido, e diferindo das intervenções militares em legítima defesa e, sobretudo, das operações de paz anteriormente privilegiadas como meios de ação internacional, as intervenções humanitárias assumem-se como ações multilaterais, dada a necessidade de aprovação e decisão coletiva da ação e partilha de custos a elas associados (Weiss et al., 2010: I). Um dos exemplos mais marcantes desta nova vaga de "intervencionismo humanitário" na vida das NU foi sem dúvida a intervenção militar na Somália em dezembro de 1992. O caos que caracterizava o país, após o derrube do regime liderado por Siad Barre em janeiro de 1991 (Menkhaus, 1998; Wheeler, 2000), justificou uma forte pressão e condenação por parte da opinião pública internacional, levando o CSNU a considerar que se justificava a imposição da força por parte das NU (Weiss et al., 2010: liv), autorizando o envio para o terreno da *Unified Task Force* (Unitaf), liderada pelos EUA. No entanto, a experiência de inter-

---

2001; SGNU, 2004) e eventualmente para a ideia de soberania como conferindo um dever de proteção (Feinstein e Slaughter, 2004). Ver também Etzioni (2006).

venção humanitária multilateral revelou-se particularmente traumática para os EUA e para as NU, com uma operação militar desastrosa e com elevados custos – inclusive humanos – para os EUA. Em virtude destes resultados, a intervenção humanitária na Somália torna-se rapidamente o exemplo de um paradoxo: aquela que foi a primeira experiência de arrojo em termos de disponibilidade multilateral para uso da força em defesa dos direitos humanos a nível internacional fica também para a história como a última intervenção humanitária em que este argumento é usado para justificar uma ação multilateral e avalizada pelo CSNU até 2011.

Com efeito, o fracasso da intervenção pesou significativamente no comportamento dos EUA no CSNU sempre que, de aí em diante, se discutiram situações de possível intervenção humanitária e levou as administrações norte-americanas a nunca mais colocar o interesse das NU à frente dos seus próprios interesses nacionais (Melvern 2000). O veto norte-americano verificou-se logo em 1992 aquando das discussões sobre medidas de resposta ao conflito na Bósnia-Herzegovina e depois em 1994 aquando do genocídio no Ruanda. Em nenhuma das situações, ambas configurando violações flagrantes e sistemáticas dos direitos humanos – uma limpeza étnica e um genocídio –, foi autorizada uma intervenção militar multilateral das NU. No caso do conflito na Bósnia, a ação autorizada cingiu-se à aprovação de uma missão de assistência humanitária e de um contingente de capacetes-azuis para o terreno, sem grande capacidade de intervenção direta no conflito e sem mandato para uso da força para proteção de civis[6]. No caso do Ruanda, nunca chegou a ser aprovado o envio de qualquer força multilateral para o terreno para resposta direta ao genocídio e proteção dos civis. A Missão das Nações Unidas para Assistência ao Ruanda (UNAMIR), já no terreno, obedecia ao mandato tradicional sendo, por isso, incapaz de prevenir e/ou responder a quaisquer ataques por partes das milícias e forças Hutus. Com o "fantasma" da Somália ainda bem presente na memória dos EUA e das NU e o receio da oposição da opinião pública interna (Barnett, 2002; Power, 2003; The White House, 1994), manteve-se o veto norte-americano a uma nova intervenção militar em

---

[6] Particularmente dramático e revelador da insuficiência da ação levada a cabo pelas NU, foi o massacre de Srebrenica em 1995 (Vujnovic, 2011; Rhode, 2012).

defesa dos direitos humanos num território sem grande interesse geoestratégico (Power 2003; The White House, 1994). O genocídio no Ruanda torna-se, assim, mais um exemplo do fracasso da comunidade internacional e do multilateralismo em prevenir e evitar uma nova catástrofe humanitária (Maritz, 2012), na medida em que claramente se secundariza a ideia de um imperativo moral e ético de agir coletivamente, independentemente dos bloqueios legais, em nome da manutenção de interesses mais individuais.

Foi preciso esperar até 1999 para voltarmos a ter os EUA empenhados em promover e apoiar o uso da força multilateral em nome da salvaguarda e proteção dos direitos humanos em resposta à política de limpeza étnica levada a cabo pela Sérvia contra a população albanesa no Kosovo. Nesta altura, e após o falhanço das tentativas de negociação política e diplomática do conflito – Rambouillet e Paris, em fevereiro e março de 1999 respetivamente –, Washington propõe uma resolução ao CSNU na qual se solicita a autorização para uma intervenção militar das NU, justificada por imperativos humanitários e classificando a situação de instabilidade e conflito no Kosovo como uma ameaça à paz e segurança internacionais em virtude dos efeitos desestabilizadores na região (Roberts, 1999). Contudo, desta vez foram a Rússia e a China a deixar claro que vetariam toda e qualquer resolução que implicasse o uso da força multilateral no Kosovo por este violar o princípio de soberania territorial da Sérvia, assim como quaisquer outras medidas ou ações que não obtivessem o prévio consentimento do governo sérvio (Roberts, 1999:104; Greenwood, 2002; Bellamy, 2009). Os EUA procuraram então contornar o bloqueio legal no seio do CSNU, sublinhando a necessidade e o imperativo moral de intervir e passando para a NATO a responsabilidade pela Operação Força Aliada, que tem início a 24 de março de 1999 (Henkin, 1999).

A tensão entre legitimidade e legalidade reveste-se de particular importância neste contexto e debate. Na intervenção no Kosovo, em 1999, a OTAN conduziu uma operação militar contra o território soberano de outro Estado sem a aprovação prévia do CSNU, mas tentando legitimar a intervenção e procurando obter amplo apoio internacional através da justificação humanitária (Roberts, 1999) e recorrendo àquilo a que muitos autores designam de "intervenção humanitária unilateral" (Wheeler, 2000: 8; Wheeler, 2001). O argumento usado a favor da intervenção neste caso ia no sentido de sublinhar que aquilo que pode ser considerado ilegal a nível do direito internacional pode e deve, em determinadas circunstâncias, ser considerado legítimo e justificado do ponto de vista moral e político (Weiss et al., 2010: lx; Greenwood, 2002). Independentemente da validade destes argumentos, o que resulta desta intervenção é o questionamento do papel das NU enquanto pilar fundamental da paz e segurança internacionais, sendo relegada para um plano de atuação posterior e uma vez terminada a intervenção militar. À entrada do século XXI, é de facto neste quadro de atuação que as NU assumiram preponderância, intervindo em lógicas de implementação de acordos já existentes ou na fase posterior de reconstrução de Estados, em grande medida promovendo uma certa visão da organização política, social e económica, assente no conceito de paz liberal como veremos na secção seguinte.

Os anos 2000 iniciam-se assim com um profundo sentimento de suspeição e ceticismo relativamente à figura da intervenção humanitária e ao caráter profundamente instrumentalizável a que esta havia sido sujeita. É neste clima de questionamento e de reflexão profunda sobre qual deveria ser o papel da comunidade internacional, e em particular das NU, que a Comissão Internacional sobre Intervenção e Soberania dos Estados (ICISS), liderada pelo Canadá, apresenta em 2001 um relatório onde consta aquele que seria o novo princípio regulador destas questões tão prementes a nível internacional: o princípio da Responsabilidade de Proteger (R2P) (Bellamy, 2005). Formalmente adotado pelas NU aquando da aprovação do Documento Final da Cimeira Mundial de 2005, este princípio torna-se referência por, pela primeira vez, estabelecer os fundamentos essenciais para a ação internacional em situações de ameaça à paz e segurança internacionais associados a violações dos direitos humanos. Mais especificamente, estabelece que, em primeira linha, a soberania implica responsabilidade e, nesse sentido, o Estado soberano é o principal responsável pela proteção e garantia dos direitos da sua população. Em segundo lugar, afirma que sempre que o Estado soberano não possa ou não queira garantir essa proteção e seja ele próprio o responsável pelas violações dos direitos humanos da sua população, o princípio da R2P deve sobrepor-se ao da não-intervenção e da soberania, ativando-se uma segunda "camada" de responsabilidade por parte da comunidade internacional. Esta responsabilidade pode traduzir-se em três dimensões de atuação: prevenção, reação (diplomática ou militar) e reconstrução, sendo que em matéria de reação, a decisão caberia novamente ao CSNU (ICISS, 2001; Bellamy, 2005: 35-36; Evans e Sahnoun, 2002).

A expectativa era a de que as tensões e dilemas associados às questões da legitimidade, legalidade e possível instrumentalização, suscitados pela anterior experiência de intervenção, ficariam definitivamente afastados dos cenários de intervenção daí em diante. Contudo, a evolução da realidade internacional rapidamente se encarrega de refrear estas expectativas. Desde logo, a Guerra Global contra o Terrorismo, acaba por afetar as tomadas de decisão em matéria de intervenções em situações de crise humanitária, já que as prioridades das potências e dos seus meios passam a ser outras, tal como ficou evidente com a intervenção militar norte-americana no Afeganistão em novembro de 2001[7], após os ataques terroristas de 11 de setembro de 2001, e com a intervenção militar norte-americana no Iraque em março de 2003, desta vez sem mandato das NU e em clara violação da legalidade internacional (Bellamy, 2005; Piiparinen, 2007). Tanto num caso como no outro, o envolvimento das NU acaba por cingir-se à fase posterior de apoio à reconstrução. Além disso, se dúvidas houvesse relativamente à natureza igualmente frágil e permeável da R2P, os acontecimentos ocorridos no Darfur em 2003, na sequência de uma crescente instabilidade naquele território sudanês, rapidamente as desvanecem. Perante imagens de massacres perpetrados contra a população Darfuri pelo próprio governo sudanês, apoiado em milícias por ele armadas, e múltiplos apelos internacionais que davam conta de um genocídio em curso, a China veta toda e qualquer ação multilateral que implicasse o uso da força contra o território soberano do seu importante aliado económico (Bellamy, 2005; Bellamy e Williams, 2006).

O multilateralismo onusiano é, assim, novamente desafiado na sua capacidade de se afirmar como mecanismo capaz de promover a paz e segurança internacionais e só em 2011 se volta a reafirmar a importância da R2P com a aprovação pelo CSNU da Resolução 1973. Esta marca a primeira vez

---

[7] A intervenção no Afeganistão foi autorizada pelo CSNU à luz do princípio da legítima defesa alegada pelos EUA em virtude da correlação estabelecida entre o apoio dado pelo regime Talibã à rede terrorista da Al-Qaeda, responsável pelos ataques em território norte-americano.

que o CSNU autoriza o uso da força para a proteção humana contra a vontade de um Estado em atividade, tendo contado com 10 votos a favor[8]e 5 abstenções[9](Pureza, 2012: 14), determinando o cessar-fogo e que "as autoridades líbias cumpram as suas obrigações com o direito internacional, incluindo o direito internacional humanitário, os direitos humanos e dos refugiados e tome todas as medidas para proteger civis e atender as suas necessidades básicas e para assegurar a rápida e desimpedida passagem da ajuda humanitária" (Pureza, 2012: 14). Com o desbloquear dos mecanismos de decisão por excelência nestas matérias, a Operação *Unified Protector* é formalmente autorizada e delegada na OTAN, sendo concluída em outubro de 2011 e culminando com a morte de Kadaffi e consequente queda do regime líbio.

Contrariamente ao estabelecido na R2P, a intervenção militar não foi seguida de uma intervenção com vista à reconstrução, deixando novamente aquém as responsabilidades internacionais das NU nesta matéria, e colocando dúvidas relativamente às reais motivações para a intervenção a partir do momento em que surge uma nova guerra civil, desta vez na Síria, igualmente com contornos de grande complexidade e ataques sistemáticos contra a população, perpetrados pelas forças do governo. Novamente voltamos a ter um CSNU bloqueado, desta vez pela Rússia, que tem em Bashar Al-Assad um importante aliado geoestratégico e umas NU que se limitam a esforços de gestão *ad hoc* das dinâmicas do conflito, que se prolonga e agudiza desde 2011. Paralelamente, outras crises como a da Birmânia com a perseguição e limpeza étnica levada a cabo pelo regime birmanês contra a minoria Rohingya ou da Venezuela, a braços com uma profunda crise política, económica, social e alimentar, mas onde não existe conflito armado, parecem não ter eco no CSNU, nem em outros fóruns multilaterais. Neste contexto, uma das questões que mais se tem colocado nas últimas décadas é a de saber se a pressão para um papel cada vez maior, mais interventivo e ativo das NU na gestão dos mais graves problemas internacionais levará a uma maior ou menor vontade dos Estados membros de conferir autoridade aos órgãos e agências da organização nesse sentido e, consequentemente, transferir os recursos necessários para o efeito (Weiss et

---

[8] Entre os quais Portugal.

[9] China, Rússia, Alemanha, Brasil e Índia

al., 2010: lxi; Evans e Sahnoun, 2002). Esta é igualmente uma questão que se replica no debate em torno do tipo de modelo de paz e segurança que as NU pretendem promover e nas dinâmicas que se geram em torno da promoção de um modelo de paz liberal, como discutiremos na seção seguinte.

O modelo de paz liberal e os desafios ao multilateralismo

A visão da paz liberal, enunciada em cima, tem implicações quer ao nível da definição das causas de insegurança no sistema internacional, onde a ausência destes elementos é a ameaça em si mesma, nomeadamente no caso de Estados falhados[10] (Paris, 2002), quer ao nível das respostas que a comunidade internacional deve dar, na ausência destes elementos (Jabri, 2010). Refletindo uma lógica de soberania enquanto responsabilidade, o intervencionismo global assente na paz liberal estabelece mecanismos cada vez mais amplos e abrangentes de construção de Estados e gestão de sociedades, procurando reconstruí-los à imagem do modelo liberal ocidental (Duffield, 2001; Pugh, 2005; Richmond e Mac Ginty, 2007; Dillon e Reid, 2009). Para isso, estabelece o que Michael Pugh (2004, p. 41, tradução das autoras) identifica como um "protetorado de *peacebuilding*", caracterizado por "Instituições financeiras internacionais, administradores das Nações Unidas, organizações não governamentais, agências intergovernamentais de ajuda, companhias privadas, forças externas de apoio à paz, equipas de monitores e forças policiais e juízes externos [que] tentam controlar o território, os recursos económicos e as políticas públicas".

Esta visão da paz e das responsabilidades da comunidade internacional em providenciar respostas sustentáveis aos conflitos violentos tem sido criticada a partir de dois ângulos (Chandler, 2010). Por um lado, denunciando a natureza auto interessada das potências que promovem esta visão específica de paz (e violência) e que pouco interesse têm nos impactos negativos que a imposição deste modelo liberal pode ter nas sociedades intervencionadas. Por outro

---

[10] Estados falhados são Estados cujo sistema político releva limitações sistemáticas na resposta aos desafios inerentes à soberania. Sobre o tema ver Call (2008) ou Rotberg (2003).

lado, é questionada a pretensa universalidade do modelo, que tem justificado a sua difusão através dos espaços multilaterais como a ONU e outras organizações de âmbito regional, como a União Europeia. Uma crítica mais profunda assume que este modelo de intervenção constitui um "império em negação" (Chandler, 2006), o qual assenta em relações de poder profundamente desiguais entre quem define os espaços geográficos e âmbito das intervenções e aqueles que a elas ficam sujeitos, mas sem que daí resultem particulares responsabilidades. Assim, e como vimos anteriormente, aliada à relutância dos órgãos de decisão multilateral em aplicar de forma sistemática e coerente uma política de defesa dos direitos humanos e de combate às suas violações massivas, está também uma leitura muito deficiente das responsabilidades das instituições internacionais nas missões de apoio à paz e de reconstrução em que estão envolvidas (Gheciu e Welsh 2009).

No que toca à conceptualização de um âmbito de atuação mais amplo para a construção da paz, os passos importantes dados pelas NU refletem esse imaginário liberal, no qual se procura reproduzir o modelo ocidental noutros espaços geográficos, políticos e culturais. Tal como vimos na secção anterior, a Agenda para a Paz apresentada pelo Secretário-geral das NU, Boutros-Ghali em 1992, procurou mover o debate em torno da construção da paz para além daqueles que tinham sido os limites impostos pelo contexto da Guerra Fria. O carácter inovador da proposta centrou-se na referência à construção da paz no pós-conflito. O *peacebuilding* surge, assim, como uma nova modalidade de atuação no quadro multilateral, visando um conjunto de ações para consolidação da paz e evitar o retorno do conflito violento. Inspirada pelo trabalho de Johan Galtung (1996), esta abordagem sublinha a importância de atuar na raiz dos conflitos e de desenvolver capacidades locais para a gestão da paz e da violência. A tradução desta visão para o contexto multilateral implicou a presença e coordenação de um número cada vez mais amplo e variado de atores. As atividades agora previstas no âmbito da construção da paz são variadas, incluindo o desarmamento, a reforma do setor de segurança, a reconstrução de infraestruturas, mas também outras áreas centrais ao modelo de paz liberal como a reforma do setor judicial, a organização de eleições e o apoio ao reforço da sociedade civil, sublinhadas no Relatório Brahimi de 2000 como componentes essenciais das operações das NU de *peacebuilding* (Brahimi, 2000). Sublinha-se, com estas missões, a importância de se desenvolverem as fundações para uma paz substantiva e positiva, que vá para além da ausência de violência.

O que se torna claro neste contexto é que se estabeleceu um nexo segurança-humanitarismo-desenvolvimento, quer em termos da sequência da atuação internacional, quer em termos da necessidade de assegurar a ausência de violência armada, através de políticas de desenvolvimento e de promoção de democracia e direitos humanos, nomeadamente na fase pós-conflito.[11] A conjugação destes três vetores consolida a visão da paz liberal, já que em cada um deles se promove uma forma particular de desenvolvimento, de paz e dos direitos humanos, que segue o modelo ocidental e onde é difícil incluir as particularidades de cada contexto e de comunidades específicas (Duffield, 2007). As críticas que foram desenvolvidas, apelando ao reforço da participação local (*local turn*), procuram realçar exatamente as distorções que a aplicação e promoção deste modelo cria, ao não ser feita em coordenação com as comunidades locais e sendo exportada de forma automática pelas instituições internacionais (Mac Ginty e Richmond, 2013; Randazzo, 2017).

Para além disso, os diferentes agentes envolvidos em cada uma destas áreas de atuação, tradicionalmente concetualizadas como distintas, enfrentam hoje dilemas importantes de coordenação e contaminação das suas atividades por lógicas de prevenção e gestão de conflitos, bem como de estabilização pós-conflito. Desenhar políticas de desenvolvimento a partir das necessidades específicas dos contextos de violência, implica uma politização e a definição de prioridades que poderão não ser as mais relevantes para objetivos de longo prazo. Por outro lado, solicitar aos atores humanitários que atuem em contextos muito voláteis, frequentemente em coordenação com forças militares e atores do desenvolvimento, pode minar os princípios fundamentais do humanitarismo clássico de humanidade, imparcialidade, neutralidade e independência.

---

[11] Em contextos de conflito prologado, a identificação de fases do ciclo de vida dos conflitos é particularmente difícil e contestada, exigindo uma visão integrada da atuação internacional que consiga, em primeira instância, lidar com as causas de violência.

Podemos ver, assim, que as atividades de construção da paz das NU se tornaram um processo complexo, envolvendo um conjunto muito amplo de atores, incluindo as estruturas multilaterais, como o ONU e as suas agências, mas também as organizações regionais como a União Europeia ou a União Africana, organizações não governamentais, entre outras (ver capítulo 6 deste volume, por exemplo). Para além destas, os Estados continuam a representar uma parte substancial destes processos, através da sua capacidade diplomática, incluindo no âmbito das instituições multilaterais como o Banco Mundial (BM) ou o Fundo Monetário Internacional (FMI), das suas políticas de apoio ao desenvolvimento, da alocação de recursos para os fundos multilaterais ou através da disponibilização de meios humanos e técnicos para a intervenção. A par destes atores, surge, no virar do milénio, uma abertura maior à participação do setor privado comercial e das organizações da sociedade civil, constituindo uma parceria importante para os atores e estruturas governamentais e interestatais (Berdal e Mousavizadeh, 2010). Outros atores também relevantes incluem as diásporas, as organizações religiosas e as comunidades epistémicas (Sandal 2017). No seu conjunto, estes atores constituem a comunidade internacional de base dos esforços de *peacebuilding*, atuando em diferentes modalidades, incluindo o apoio financeiro, apoio à implementação de projetos, assistência técnica, monitorização, pesquisa e a avaliação ou *lobby* e mobilização de apoio internacional.

Alguns dos desafios aqui enumerados têm sido particularmente visíveis no âmbito da Guerra Global contra o Terrorismo. A definição das prioridades de intervenção tem sido marcada pela agenda securitária da potência dominante, os EUA, tornando alguns países e crises invisíveis e tornando outros em verdadeiras experiências sociais internacionais de construção de Estados, como é o caso do Afeganistão ou a Bósnia. Ao nível da definição das modalidades de ação, a alocação de recursos e o perfil das missões refletiram, na última década e meia, uma preocupação com a segurança em vez do desenvolvimento e uma grande dependência em relação à subcontratação de tarefas a atores privados, incluindo na área da segurança (Avant, 2016). Hoje, os limites desta abordagem são cada vez mais claros e o modelo liberal encontra-se sob pressão, exposto nas suas contradições económicas, fruto das crises financeiras de 2008 e da difícil recuperação que se lhe seguiu. Mas as contradições do modelo liberal fazem-se sentir também ao nível político, nomeadamente com o aparecimento de movimentos antidemocráticos e populistas, quer no espaço da União Europeia, quer nos EUA. Face a este cenário, a legitimidade das potências ocidentais para definir os contextos e modos de atuação para a construção da paz torna-se mais contestada, incluindo por potências como a Rússia ou a China (Cunliffe e Kenkel 2016).

Deste contexto resultam várias dinâmicas de destabilização à escala global, onde a gestão multilateral da paz e da segurança encontra graves dificuldades. Por um lado, a relutância das grandes potências intervirem de forma coerente quando há violações massivas de direitos humanos tem permitido a permanência de conflitos de larga escala, como o que se vive na Síria desde 2011 bem como situações de violência continuada e destabilização regional, como as que continuam a ser criadas pelas ações do *Boko Haram*, no norte da Nigéria e na África meridional. Por outro lado, a ineficácia das potências do centro do sistema internacional em criar condições sustentáveis de paz, ou em manter a violência e a conflitualidade limitada à periferia do sistema, tem criado pressões adicionais sobre muitas sociedades, incluindo as ocidentais, como é visível no fenómeno das migrações. Perante estes dilemas, bem como outros que se adivinham no horizonte, fruto das alterações climáticas, os espaços multilaterais parecem os mais indicados para desenvolver um entendimento amplo sobre estas matérias, que ultrapasse o modelo da paz liberal e consiga dar voz à ecologia de saberes e resposta às diferentes necessidades.

Conclusões

Sublinhamos que as NU são essencialmente uma organização intergovernamental em que as decisões são tomadas pelos Estados nela representados. No que toca a decisões que impliquem o uso da força, de recursos económicos ou esforços diplomáticos mais significativos, significa, ainda, um enfoque particular nos membros permanentes e com assento e direito de veto no CSNU. Por muito que a CNU confira alguma autoridade e capacidade ao SGNU para que chame a atenção para alguns problemas e possíveis soluções, a verdade é que esta depende em grande medida da disponibilidade dos seus membros para delegar essa mesma autoridade (Weiss et al., 2010: lix), sem que tenha necessariamente grande poder de influência na tomada de decisão ou concretização da ação. Como ilustração dessa realidade, podemos referir os recorrentes e continuados apelos do atual SGNU António Guterres em relação à agudização da crise humanitária resultante da perseguição e massacre da minoria *Rohingya* na Birmânia, ou mesmo em relação à necessidade de colocar fim aos ataques sistemáticos à população, resultantes do conflito prolongado na Síria. Em ambos os casos, os apelos e discursos do SGNU não têm sido suficientes para que decisões mais fortes e assertivas sejam tomadas no quadro do CSNU.

Se ao nível da tomada de decisão, o modelo multilateral encontra limitações importantes de mobilização política e continua a refletir uma ação pouco coerente e sistemática, ao nível da operacionalização e gestão das missões que são colocadas no terreno, os desafios de coordenação são também evidentes. A ONU criou um sistema integrado de *peacebuiding* que tem procurado colocar a organização no centro dos esforços de coordenação da comunidade internacional, nomeadamente na sua relação com outras organizações regionais e diversos atores provados. Contudo, a ausência de meios próprios e a complexidade de atividades que são agora convocadas na construção da paz liberal, fragilizam o seu papel de liderança. Isso mesmo se tornou visível no contexto pós-11 de setembro, em que os entendimentos securitários dos EUA e as suas prioridades de política externa no combate ao terrorismo global acabaram por influenciar de forma significativa a alocação de meios e as prioridades de ação.

Assim, embora a vitalidade do modelo da paz liberal possa ser efetivamente menor, fruto de diferentes processos, não se adivinha um outro capaz de o substituir na conceção dos modelos de paz que possam ser operacionalizados nos espaços multilaterais predominantes. Efetivamente, a instrumentalização dos mecanismos multilaterais e os fracos resultados alcançados na prevenção, gestão e resolução de conflitos violentos revela o imperativo de uma abordagem mais integrada e, verdadeiramente, de todos.

Referências bibliográficas

AVANT, D. D. (2016) Pragmatic Networks and Transnational Governance of Private Military and Security Services. *International Studies Quarterly* 60(2), pp. 317-329.

BARNETT, M. (2002) *Eyewitness to a genocide: The United Nations and Rwanda.* London: Cornell University.

BARNETT, M. (2006) Building a Republican Peace: Stabilizing States after War. *International Security*, 30(4), pp. 87-112.

BELLAMY, A. J. (2005) Responsibility to Protect or Trojan Horse? The Crisis in Darfur and Humanitarian Intervention after Iraq. *Ethics & International Affairs*, 19(2), pp. 31–54.

BELLAMY, A. J. (2009) Kosovo and the Advent of Sovereignty as Responsibility. *Journal of Intervention and Statebuilding*, 3(2), pp.163-184.

BELLAMY, A.J. e Williams, P. D. (2006) The UN Security Council and the Question of Humanitarian Intervention in Darfur. *Journal of Military Ethics*, 5(2), pp. 144-160.

BERDAL, M. e Mousavizadeh, N. (2010) Investing for Peace: The Private Sector and the Challenges of Peacebuilding. *Survival*, 52(2), pp. 37-58.

BRAHIMI, L. (2000) *Report of the panel on United Nations peace operations*, disponível em http://www.un.org/peace/reports/peace_operations/

CALL, C. T. (2008). The Fallacy of the 'Failed State'. *Third World Quarterly*. 29(8): 1491-1507.

CUNLIFFE, P. e Kenkel, K. M. (2016) Rising powers and intervention: contested norms and shifts in global order. *Cambridge Review of International Affairs*, 29(3), pp. 807-811.

DANIEL, D. C.F.; Taft, P.; e Wiharta, A. S. (org.) (2008) *Peace Operations: Trends, Progress, and Prospects.* Washington D.C.: Georgetown University Press.

DENG, F. M.; Kimaro, S.; Lyons, T.; Rothchild, D.; e Zartman, I. W. (1996) *Sovereignty as Responsibility. Conflict Management in Africa.* Washington D.C.: Brookings Institution Press.

DIEHL, P. F. (2008) *Peace Operations.* Cambridge: Polity Press.

DILLON, M. e Reid, J. (2009) *The Liberal Way of War: Killing to Make Life Live.* Londres: Routledge.

DUFFIELD, M. (2001) *Global Governance and the New Wars: The Merging of Development and Security.* Londres: Zed Books

DUFFIELD, M. (2007) *Development, Security and Unending War: Governing the World of Peoples*. Cambridge: Polity Press.

ETZIONI, A. (2006) Sovereignty as Responsibility. *Orbis*, 50(1), pp. 71-85.

EVANS, G. e Sahnoun, M. (2002) Responsability to Protect. *Foreign Affairs*, 81(6), pp. 99-110.

FEINSTEIN, L. e Slaughter, A. (2004) The Duty to Protect. *Foreign Affairs*,83(1), disponível em https://www.foreignaffairs.com/articles/2004-01-01/duty-prevent.

GALTUNG, J. (1996) *Peace by Peaceful Means. Peace and Conflict, Development and Civilization*. Londres: Sage.

GHECIU, A. e Welsh, J. (2009) The Imperative to Rebuild: Assessing the Normative Case for Postconflict Reconstruction. *Ethics & International Affairs*, 23(2), pp. 121-146.

GREENWOOD, C. (2002) "Humanitarian intervention: the case of Kosovo". In Koskenniemi, M. e Petman, J. (org) *2002 Finnish yearbook of international law, Volume 13*. Helsínquia: Kluwer Law, pp. 141-175.

HENKIN, L. (1999) Kosovo and the 'Law' of Humanitarian Intervention. *The American Journal of International Law*, 93(4), pp. 824-828.

ICISS (2001) *The Responsibility to Protect. Report of the International Commission on Intervention and State Sovereignty*. Otava: International Development Research Centre.

INTERNATIONAL PEACE ACADEMY (2004) *The Security-Development Nexus: Conflict, Peace and Development in the 21st Century*. IPA Report, disponível em https://www.ipinst.org/wp-content/uploads/publications/security_dev_nexus.pdf

JABRI, V. (2010) "War, Government, Politics: A Critical Response to the Hegemony of the Liberal Peace". In Richmond, O. (org.) *Palgrave Advances in Peacebuilding. Critical Developments and Approaches*. Londres: Palgrave Macmillan, pp. 41-57.

JAYAKUMAR, K. (2012) Humanitarian intervention: a legal analysis. *E-International Relations*, disponível em http://www.e-ir.info/2012/02/06/humanitarian-intervention-a-legal-analysis/

LEMAY-HÉBERT, N. e Toupin, S. (2011) *Peacebuilding: A broad review of approaches, policies and practices*, Background Paper, *Paix Durable Peacebuilding*, disponível em http://peacebuild.ca/Peacebuilding%20Approaches%20-%20Lemay%20Hebert%20and%20Toupin.pdf

LEMAY-HÉBERT, N.; Onuf, N.; Rakic, V.; e Bojanic (org.) (2014) *The Semantics of Statebuilding: Language, Meanings and Sovereignty*. Londres: Routledge.

LOWE, V.; Roberts, A.; Welsh, J.; e Zaum, D. (org.) (2008) *The United Nations Security Council and War: The evolution of thought and practice since 1945*. Oxford: Oxford University Press

MAC GINTY, R. e Richmond O.P. (2013) The Local Turn in Peace Building: a critical agenda for peace. *Third World Quarterly*, 34(5), pp. 763-783.

MACQUEEN, N. (1999) *The United Nations Since 1945: Peacekeeping and the Cold War*, Londres: Longman.

MACQUEEN, N. (2004) A intervenção das Nações Unidas e a crise do Estado africano. *R.I. Relações Internacionais*, 4(dezembro), pp. 127-145.

MALONE, D. M. (org.) (2004) *The UN Security Council: From the Cold War to the 21st Century*. Boulder: Lynne Rienner.

MARITZ, D. (2012) Rwandan genocide: failure of the international community?. *-E-International* Relations (7 de abril), disponível em http://www.e-ir.info/2012/04/07/rwandan-genocide-failure-of-the-international-community/

MELVERN, L. (2000) *A people betrayed: The role of the west in Rwanda's genocide*. Londres: Zed Books.

MENKHAUS, K. (1998) Somalia: political order in a stateless society. *Current History* 97(619), pp. 220-224.

ONU (1945) *Carta das Nações Unidas*. Nova Iorque: Organização das Nações Unidas.

PARIS, R. (2002) International peacebuilding and the 'mission civilisatrice'. *Review of International Studies*, 28(4), pp. 637-656.

PARIS, R. (2004) *At War's End: Building Peace after Civil Conflict*. Nova Iorque: Cambridge University Press.

PIIPARINEN, T. (2007) The Lessons of Darfur for the Future of Humanitarian Intervention. *Global Governance: A Review of Multilateralism and International Organizations,* 13(3), pp. 365-390.

POWER, S. (2003) *A Problem from Hell: America and the age of genocide*. Londres: Flamingo.

PUGH, M. (2005) The Political Economy of Peacebuilding: A Critical Theory Perspective. *International Journal of Peace Studies*, 10(2), pp. 23-42.

PUGH, M.; Cooper, N.; Turner, M. (org.) (2008). *Whose Peace? Critical Perspectives on the Political Economy of Peacebuilding*. Londres: Palgrave.

PUREZA, J. M. (2012) As ambiguidades da responsabilidade de proteger: o caso da Líbia. *Carta Internacional*, 7(1), pp. 3-19

Ramsbotham, O.; Woodhouse, T.; Miall, H. (2011) *Contemporary Conflict Resolution* (3.ª edição). Cambridge: Polity Press.

RANDAZZO, E. (2017). *Beyond Liberal Peacebuilding: A Critical Exploration of the Local Turn*. Londres: Routledge.

RHODE, D. (2012) *Endgame: The betrayal and fall of Srebrenica, Europe's worst massacre since World War II*. Londres: Penguin Books.

RICHMOND, O. P. (2005) *The Transformation of Peace*. Basingstoke: Palgrave Macmillan.

RICHMOND, O. P. (2006) The problem of Peace: understanding the 'liberal peace'. *Conflict, Security & Development*, 6(3), pp. 291-314.

RICHMOND, O. P. e Franks, J. (2011) *Liberal Peace Transitions: Between Statebuilding and Peacebuilding*. Edinburgo: Edinburgh University Press.

RICHMOND, O. P. e Mac Ginty, R. (org.) (2007) The Liberal Peace and Post-War Reconstruction (Número especial). *Global Society*, 21(4).

ROBERTS, D. (2011) *Liberal Peacebuilding and Global Governance: Beyond the Metropolis*. Londres: Routledge.

ROBERTS, A. (1999). NATO's 'Humanitarian War' over Kosovo. *Survival*, 41(3), pp. 102-123.

ROTBERG, R. I. (org.) (2003) *When States Fail. Causes and Consequences*. New Jersey: Princeton University Press.

SANDAL, N. (2017) *Religious Leaders and Conflict Transformation: Northern Ireland and Beyond*. Cambridge: Cambridge University Press.

SGNU (1992). *An agenda for peace*: preventive diplomacy, peacemaking and peace-keeping. Resolução A/47/277 – S/24111.

SGNU (2004). *A more secure world: Our shared responsibility*. Report of the High-level Panel on Threats, Challenges and Change.

SGNU (2005), *World Summit Outcome: resolution/adopted by the General Assembly*, 24 outubro 2005, A/RES/60/1, disponível em: http://www.refworld.org/docid/44168a910.html

SUNGA, L. (2008) Is humanitarian intervention legal?, *E-International Relations*, disponível em http://www.e-ir.info/2008/10/13/is-humanitarian-intervention-legal/

THE WHITE HOUSE (1994) *Presidential Decision Directive/NSC-2*, disponível em http://www.fas.org/irp/offdocs/pdd/pdd-25.pdf.

TSCHIRGI, N. (2003) Peacebuilding as the link between Security and Development: Is the Window of Opportunity Closing?. *International Peace Academy, Studies in Security and Development*, dezembro Nova Iorque.

TSCHIRGI, N.; Lund, M. S.; Mancini, F. (2010) "The Security-Development Nexus". In Tschirgi, N.; Lund, M. S.; Mancini, F. (org) *Security & Development: Searching for Critical Connections*, Boulder/Londres: Lynne Rienner Publishers, pp. 1-16.

VUJNOVIC, M. (2011) The blame game. *The Journal of International Communication*,15(2), pp. 28-44.

WEISS, T. G.; Forsythe, D. P.; Coate, R. A.; Pease, K.K. (2010) *The United Nations and Changing World Politics*. Boulder: Westview Press

WEISS, T.G. (2007) *Humanitarian Intervention: ideas in action*. Cambridge: Polity Press.

WHEELER, N. J. (2000) *Saving strangers: Humanitarian intervention in international society*. Oxford: Oxford University Press.

WHEELER, N.J. (2001) Humanitarian Intervention After Kosovo: Emergent Norm, Moral Duty or the Coming Anarchy?. *International Affairs*, 77(1), pp. 113–128.

CAPÍTULO 4
UMA RELAÇÃO COMPLEXA: O MULTILATERALISMO E A POLÍTICA EXTERNA NORTE-AMERICANA NO SÉCULO XXI

A COMPLEX RELATIONSHIP: MULTILATERALISM AND US FOREIGN POLICY IN THE 21ST CENTURY

LUÍS DA VINHA
Valley City State University (Valley City, ND), EUA.
ORCID: https://orcid.org/0000-0002-7222-5095

RESUMO: A eleição de Donald Trump foi um choque para a comunidade internacional. A sua eleição representou o culminar de um movimento de crescente desconfiança e desencanto com o envolvimento norte-americano nas instituições internacionais. No seu primeiro ano à frente da presidência norte-americana, Trump rejeitou um conjunto de acordos multilaterais em nome da (re)imposição da soberania nacional. Embora as políticas de Trump tenham provocado ampla condenação internacional, estas não representam um impulso singular na política externa norte-americana. Os EUA tiveram um papel primordial na construção da ordem liberal, desenhando e constituindo um conjunto de instituições internacionais. Contudo, os EUA sempre mantiveram uma relação complexa com estas mesmas instituições. Este capítulo analisa a relação dos EUA com as instituições internacionais salientando as dinâmicas de cooperação e tensão, nomeadamente desde o final da Guerra Fria. O capítulo salienta, em particular, o contexto político doméstico e a forma como este condiciona a ação internacional dos EUA. O atual momento político apresenta desafios acrescidos para os EUA, pois o sistema internacional encontra-se em fluxo e os EUA já não dispõem de um estatuto hegemónico. Neste sentido, o capítulo também reflete sobre os desafios futuros que os EUA enfrentam e as alternativas políticas disponíveis para os governantes americanos.

Palavras-chave: liderança internacional, multilateralismo, política externa americana, polarização política, unilateralismo

ABSTRACT: The election of Donald Trump stunned the international community. His election represented the culmination of America's growing distrust and disenchantment with international institutions. In his first year at the helm of the US presidency, Trump rejected a set of multilateral agreements in the name of (re)imposing America's national sovereignty. Although Trump's policies have led to widespread international disapproval, they

https://doi.org/10.14195/978-989-26-1750-3_5

do not represent a unique posture in US foreign policy. The US played a key role in building the post-war liberal order by designing and building a set of international institutions. However, the US has always maintained a complex relationship with these same institutions. This chapter analyses America's relationship with international institutions, highlighting the dynamics of cooperation and tension, particularly since the end of the Cold War. The chapter emphasises how America's unique domestic political context constrains its international behaviour. Moreover, the current structural shift in the international system presents major challenges to the US since it no longer holds a hegemonic status. In this sense, the chapter also reflects on the future challenges facing the US and the political alternatives available to US policy-makers.

Key-words: global leadership, multilateralism, political polarisation, unilateralism, US foreign policy

Introdução

A vitória de Donald Trump nas eleições presidenciais dos Estados Unidos da América (EUA) tomou o mundo de surpresa e constituiu um choque para a comunidade internacional.[1] A eleição representou o culminar de um movimento de crescente desconfiança e desencanto com o envolvimento norte-americano nas instituições internacionais e com o multilateralismo (Boon, 2017; Brands, 2017). Ao longo da campanha eleitoral, Trump rejeitou muitos dos pressupostos fundamentais que alicerçaram a política externa norte-americana ao longo de sete décadas. Em particular, Trump (2016) denunciou a globalização e as instituições internacionais que a sustentam, bem como os "dirigentes políticos que veneram o globalismo mais do que o Americanismo". Prometeu uma política externa assente numa agenda de "America First" que entende que "o mundo não é uma "comunidade global", mas sim uma arena onde as nações, atores e empresas não-governamentais interagem e competem para ter vantagem" (McMaster e Cohn, 2017).

Após a sua eleição, Trump (2017a) reforçou o elemento nacionalista do seu projeto político, declarando na sua inauguração que "procuraremos amizade e boa vontade com as nações do mundo – mas fazemo-lo com o entendimento

---

[1] Utilizamos o conceito de "comunidade internacional" neste capítulo para referir a um conjunto de Estados que partilham o reconhecimento da sua coexistência num regime político internacional (ver Abi-Saab, 1998; Kritsiotis, 2002).

de que de todas as nações têm o direito de colocar os seus próprios interesses em primeiro lugar". Consequentemente, a sua administração retirou os EUA do Acordo de Associação Transpacífico (TPP) e iniciou um processo de revisão da participação americana em vários acordos multilaterais – e.g., no Tratado Norte-Americano de Livre Comércio (NAFTA), no Acordo de Paris sobre as alterações climáticas, na Organização Mundial do Comércio (OMC) e no Plano de Ação Conjunto Global (JCPOA) relativo ao programa nuclear iraniano. De forma semelhante, nos primeiros meses da sua presidência, Trump também disputou o papel dos EUA na Organização do Tratado do Atlântico Norte (OTAN), questionando até o compromisso americano com o princípio de defesa coletiva consagrado no artigo 5º do Tratado fundador da Aliança.

A visão da administração Trump sobre as relações internacionais foi codificada na Estratégia de Segurança Nacional publicada no final de 2017 (Trump, 2017b). Numa secção intitulada "Um Mundo Competitivo", o documento determina que os EUA estão em competição política, económica e militar com a Rússia e a China. Mais significativamente, esta visão implica a rejeição de um dos pilares tradicionais da política externa norte-americana. Segundo o documento de orientação estratégica:

> Esta competição exige que os Estados Unidos repensem as políticas das últimas duas décadas – políticas baseadas no pressuposto de que o envolvimento com rivais e a sua inclusão nas instituições internacionais e no comércio global os transformariam em atores benignos e parceiros de confiança. Na sua maior parte, esta premissa revelou ser falsa. (2017b: 3)

Por conseguinte, no lugar da cooperação internacional e do compromisso multilateral, a estratégia da administração Trump propõe um reforço da soberania nacional, designadamente nas esferas da defesa nacional (i.e., na proteção das fronteiras), da política económica e da ação militar. De forma semelhante, o *National Trade Policy Agenda for 2017* preconiza uma alteração na política comercial internacional dos EUA, nomeadamente reservando o direito de ignorar as regras estabelecidas pela OMC caso estas restrinjam a sua capacidade para prosseguir políticas consideradas ser do interesse nacional (Donnan, 2017).

Vários observadores alertam para o perigo que a administração Trump acarreta para o futuro da liderança global dos EUA e para a própria ordem liberal internacional (Ikenberry, 2017; Patrick, 2017). Segundo esta perspetiva, Trump representa um líder singular e radicalmente diferente dos presidentes precedentes. Nas palavras de Walter Russell Mead (2017: 2), "pela primeira vez em 70 anos, o povo americano elegeu um presidente que despreza as políticas, ideias e instituições que alicerçaram a política externa americana desde o pós-guerra".

Contudo, este capítulo argumenta que Trump não é um fenómeno verdadeiramente revolucionário no que concerne à sua visão do papel dos EUA no sistema internacional. Pelo contrário, Trump incorpora um sentimento prístino que tem inspirado muitos americanos ao longo dos últimos dois séculos e que tem ganho ênfase nas últimas décadas devido a duas dinâmicas distintas: 1) mudanças na estrutura do sistema internacional e 2) crescente polarização doméstica devido à estrutura institucional do sistema político norte-americano. Tendo em conta estas dinâmicas, a análise que se segue procura ilustrar como é que os EUA têm encarado e respondido aos desafios internacionais, com especial enfoque no período desde o término da Guerra Fria. Desta forma, começamos por apresentar uma descrição heurística do papel dos EUA na construção da ordem liberal internacional. De seguida analisamos as principais dinâmicas subjacentes à política externa norte-americana desde o final da Guerra Fria, com especial enfoque na forma como a política doméstica condiciona a política externa. Por fim, terminamos com uma conclusão que reflete sobre os desafios que a governação doméstica coloca ao multilateralismo americano no futuro.

Os EUA e a Construção da Ordem Liberal Internacional

Na sua análise da disseminação e consolidação do multilateralismo ao longo do último século, Ruggie (1992: 568) afirma que "quando olhamos mais de perto para a situação pós-Segunda Guerra Mundial, por exemplo, descobrimos que foi menos o facto da *hegemonia* americana que explica a explosão de acordos multilaterais do que o facto da hegemonia *americana*".

Por outras palavras, os EUA construíram e lideraram uma ordem internacional à sua imagem e que se sustentava num conjunto de organizações e instituições multilaterais.

Já existiam formas de multilateralismo antes do século XX. Contudo, era raro manifestarem-se através de organizações formais. Após a Primeira Guerra Mundial assistiu-se ao advento e desenvolvimento de um sistema institucional internacional que passou progressivamente a intermediar e regular as interações entre os diferentes Estados (Kennedy, 1987). Os EUA foram os principais arquitetos e promotores deste novo sistema que se caracterizava pela ênfase num conjunto de princípios liberais que alicerçavam a cooperação interestatal. Mais concretamente, a ordem internacional liberal construída pelos EUA assentava nos seguintes pilares (Ikenberry, 2017):

- internacionalismo – i.e., a convicção de que a melhor maneira para os EUA atingirem os seus objetivos políticos, económicos e de segurança é através do envolvimento ativo com outros Estados;
- comércio livre – i.e., empenho para tentar garantir a abertura do mercado global mediante o estabelecimento de um sistema aberto de trocas comerciais entre Estados;
- multilateralismo – i.e., compromisso e apoio a um vasto conjunto de regras e instituições multilaterais;
- multiculturalismo – i.e., crença num conjunto de ideias e valores cosmopolitas;
- democracia – i.e., confiança nos ideais normativos dos regimes democráticos.

A primeira tentativa para edificar a ordem liberal surgiu no final da Primeira Grande Guerra. O Presidente Woodrow Wilson utilizou o seu discurso no Congresso em 1918 para apresentar o seu programa de catorze pontos para alcançar um acordo que finalizasse o conflito. Entre as suas múltiplas propostas, Wilson salientava a necessidade de formar uma associação geral de nações que pudesse criar as condições para os Estados colaborarem na manutenção da paz global. O fulcro da sua proposta era a constituição de um sistema de segurança coletiva de associação universal. Na sua essência,

97

Wilson procurava instituir um sistema de equilíbrio de poder assente na regulação institucionalizada da segurança. Por outras palavras, a segurança coletiva assume que os "estados concordam em obedecer a certas normas e regras para manter a estabilidade e, quando necessário, se unir para impedir a agressão" (Kupchan e Kupchan, 1995: 52). O seu projeto materializou-se através da criação da Sociedade das Nações em 1920. A Sociedade fornecia vários mecanismos de resolução de disputas entre os Estados membros, designadamente através da mediação de litígios, da redução dos armamentos nacionais e da ameaça de sanções coletivas.

Apesar da sua ambição e da ênfase no direito internacional, a Sociedade das Nações carecia de um conjunto formal de compromissos legais que vinculassem os seus Estados membros. De facto, para Wilson, a Sociedade das Nações servia, antes de mais, uma função de socialização dos Estados através da promoção da integridade moral dos seus líderes e da pressão da opinião pública global (Pedersen, 2007). Ao privilegiar a autonomia soberana dos Estados, Wilson procurou aliciar as grandes potências para participarem na nova organização de segurança coletiva. Contudo, como refere Ikenberry (2009: 75), a ausência de uma conjunto de "instituições políticas juridicamente vinculativas e profundamente transformadoras" levou ao fracasso efetivo da Sociedade das Nações.[2] Embora a Sociedade das Nações não se tenha consagrado como o garante da paz mundial, como Wilson tanto ambicionava, tendo sido finalmente dissolvida em 1946, a sua implantação serviu de ensaio para a primeira experiência de internacionalismo sustentada e consequente ao nível mundial (Pedersen, 2007).

A Segunda Guerra Mundial confrontou os EUA novamente com o dilema do seu papel na ordem internacional. Porém, desta vez os decisores norte--americanos assumiram a liderança na construção do novo sistema internacional. Mesmo antes do conflito terminar, os EUA procuravam instituir um sistema de comércio livre e de cooperação entre as grandes potências que evitasse os problemas de recolhimento político e económicos verificados

---

[2] Independente dos objetivos de Wilson, o Senado americano rejeitou o Tratado de Versalhes em novembro de 1919, hipotecando qualquer participação norte-americana na Sociedade das Nações.

na década de 1930. Apesar do seu poder predominante e da fundação da Organização das Nações Unidas (ONU) em 1945, os americanos optaram igualmente por criar um conjunto de instituições multilaterais para atingir os seus objetivos (Ikenberry, 2003; 2009; Ruggie, 1992). Em termos de segurança, os EUA fundaram a OTAN (1949) como uma aliança política e militar assente no princípio de defesa coletiva. Ao nível económico, os EUA promoveram os Acordos de Bretton Woods (1944) e o Acordo Geral sobre Tarifas e Comércio (GATT) (1947). O sistema de Bretton Woods procurava regular as relações comerciais e financeiras entre os Estados através da criação do Banco Internacional para a Reconstrução e Desenvolvimento (BIRD) – que posteriormente veio a integrar o Banco Mundial – e do Fundo Monetário Internacional (FMI). Por sua vez, cabia ao GATT harmonizar as políticas aduaneiras entre os seus Estados membros, designadamente mediante a liberalização das trocas comerciais.

Esta propensão cooperativa espelhava as orientações estratégicas sugeridas nos estudos elaborados pelos novos serviços de análise e aconselhamento político como, por exemplo do Conselho de Segurança Nacional (NSC). Mais concretamente, ao reavaliar a estratégia de segurança nacional no encetamento da Guerra Fria, o NSC-68 salientou a necessidade de os EUA optarem por uma política internacionalista:

A nossa posição como centro de poder do mundo livre coloca uma pesada responsabilidade de liderança sobre os Estados Unidos. Devemos organizar e mobilizar as energias e os recursos do mundo livre à volta de um programa positivo para a paz que frustrará o projeto de dominação global do Kremlin, criando uma situação no mundo livre ao qual o Kremlin será obrigado a ajustar-se. Sem este esforço cooperativo, liderado pelos Estados Unidos, teremos de recuar gradualmente sob pressão até descobrirmos um dia que sacrificámos uma posição de interesse vital. (US National Security Council, 1950: 63)

Em contraste com o sistema proposto por Wilson no início do século XX, o novo enquadramento multilateral concebido pelos EUA após a Segunda Guerra Mundial assentava num sistema mais institucionalizado e hierarquizado no qual as grandes potências assumiam um papel determinante na condução do sistema internacional (Ikenberry, 2009). Em particular, os EUA assumiram progressivamente a função de liderança da ordem liberal internacional. Embora o sistema fosse teoricamente multilateral, os EUA reservaram para si um papel de exceção. Por um lado, os EUA eram seletivos na sua forma de envolvimento regional. Enquanto se comprometeram com uma aliança multilateral na Europa de forma a salvaguardar os seus interesses económicos e de segurança, no Leste Asiático os americanos priorizaram acordos bilaterais para atingirem os seus objetivos. Não obstante algumas propostas para criar uma estrutura semelhante à OTAN na Ásia, a ideia nunca se materializou devido aos EUA terem maior poder e menos interesses materiais na região pelo que "consideraram menos necessário abandonar a sua autonomia política em troca de cooperação institucional" (Ikenberry, 2003: 536).

Por outro lado, os americanos revelaram-se evasivos no que concerne ao seu comprometimento com o sistema multilateral. De acordo com Skidmore (2005), uma política externa multilateral impõe dois compromissos essenciais por parte do Estado: investimento na criação e sustentação das instituições de coordenação internacional e o cumprimento das regras, normas, princípios e processos de decisão destas instituições em conformidade com os restantes Estados membros. Ao longo da Guerra Fria, os EUA envolveram-se ativamente na criação e consolidação de um vasto conjunto de instituições internacionais. Todavia, ao longo do mesmo período, os EUA regularmente ignoraram e infringiram as regras e os procedimentos institucionais. Como o mesmo autor afirma, "a ordem institucional patrocinada pelos EUA foi criada para vincular o comportamento de outros Estados, mas não o seu próprio comportamento" (Skidmore, 2005: 209).

Desta forma, os decisores políticos americanos assumiram um privilégio especial ao agir fora do enquadramento institucional da ordem liberal que ajudaram a construir. Durante a Guerra Fria, os EUA utilizaram essa prerrogativa inúmeras vezes para impor uma representação desigual nos órgãos de decisão das instituições multilaterais, para rejeitar regras e obrigações consagradas em tratados e convenções internacionais e para utilizar a força militar de forma unilateral. Os aliados dos EUA anuíram a esta situação, criando um "convénio institucional" na ordem liberal que efetivamente legitimava a liderança norte-

-americana. A ameaça soviética permitia que os EUA se excedem-se no seu comportamento e negligenciassem alguns dos seus compromissos multilaterais. Os aliados norte-americanos, por sua vez, aceitavam este comportamento devido a garantia de proteção militar dos EUA (Kagan, 2004).

O término da Guerra Fria e a subsequente dissolução da União Soviética quebraram este convénio. A ausência de uma ameaça ideológica e existencial tangível criou um dilema significativo para os membros da ordem liberal. Para os EUA, a questão mais importante era como equilibrar a sua liderança de uma ordem liberal global assente em instituições e organizações multilaterais com os seus interesses nacionais mais imediatos. Para os aliados norte-americanos a questão era como garantir que os EUA mantivessem o seu compromisso multilateral sem estes continuarem a desempenhar um papel de subalternidade política. Em última instância, o fim da competição bipolar entre os EUA e a União Soviética tem suscitado um debate amplo em torno da legitimidade da liderança americana da ordem liberal internacional (Ikenberry, 2009; Kagan, 2004; Lake, 2018). Com efeito, desde o final da Guerra Fria, a política externa americana tem revelado uma relação altamente complexa com as instituições e organizações multilaterais.

A Política Externa Americana no Pós-Guerra Fria

Como foi referido acima, o multilateralismo implica, numa perspetiva liberal das relações internacionais, que os Estados aceitam restringir a sua liberdade de ação numa determinada área de atuação. Esta limitação voluntária da sua soberania resulta do facto de um Estado concluir que os benefícios alcançados através da coordenação política excedem os custos da perda de autonomia (Ikenberry, 2003). Nas décadas do pós-guerra, os EUA agiram à margem das normas e das instituições da ordem liberal internacional em muitas ocasiões. Contudo, o conceito de segurança nacional americano obrigou a que cedessem alguma da sua soberania. Mais concretamente, a estratégia global dos EUA exigia "que se empreendesse ativamente em moldar o ambiente internacional – coordenando agências, gerando recursos, construindo alianças e estabelecendo as fundações" (Ikenberry, 2009: 77).

Vários investigadores e comentadores acreditavam que, apesar do fim da Guerra Fria, a crescente interdependência económica e política ao nível internacional podia reforçar as instituições globais e o multilateralismo (Ikenberry, 2003). Ruggie revelava ainda maior otimismo. Na sua análise, o fim da URSS deslegitimava o socialismo e, consequentemente, qualquer contestação credível ao modelo liberal. Desta forma, o predomínio do modelo neoliberal implicava que a ordem liberal internacional podia sair reforçada mesmo sem a liderança dos EUA (Ruggie, 1992).

Contudo, o fim da Guerra Fria gerou um ambiente internacional mais complexo, obrigando os EUA a repensarem a sua relação com as instituições e organizações multilaterais. Sem um adversário identificável e na ausência de uma ameaça concreta à segurança nacional, os decisores americanos tiveram que reequacionar o seu papel no novo contexto internacional. Na componente da segurança, o compromisso com a Aliança Atlântica manteve--se, registando-se até uma expansão da organização. Contudo, na vertente económica, os benefícios da colaboração foram prontamente reavaliados. Os acordos comerciais, que anteriormente eram compreendidos como mecanismos de integração económica *e* geopolítica, eram agora avaliados mais pelo seu valor mercantil do que pela sua utilidade política. Como a Representante do Comércio da administração Clinton esclareceu, com o fim da Guerra Fria, "os acordos comerciais devem perdurar ou perecer devido aos seus méritos. Eles não têm mais uma componente de segurança. Se não obtivermos reciprocidade, não teremos um comércio mais livre" (Barshefsky citado em Lewis, 1996).

A crescente apetência por um comportamento mais unilateral manifestava--se de várias formas ao longo da última década do século XX. A relação norte-americana com a ONU é particularmente ilustrativa. Por exemplo, em protesto por algumas das políticas da organização, o Congresso não autorizou em múltiplas ocasiões a transferência da contribuição financeira norte-americana para o orçamento da ONU. Após a aprovação da Lei Helms-Biden em 1999, os EUA regularizaram a sua situação financeira na ONU mas na condição desta encetar um conjunto de reformas institucionais, limitar os aumentos dos seus orçamentos anuais e diminuir a quota dos EUA no orçamento da organização, nomeadamente na prestação dedicada às operações de manutenção da paz (Bond, 2003).[3] De forma semelhante, em sinal de protesto, os EUA retiraram-se da Organização das Nações Unidas para o Desenvolvimento Industrial (UNIDO) em 1997 e alguns anos mais tarde os seus representantes abandonaram a Conferência Mundial de Combate ao Racismo realizada na África do Sul (Skidmore, 2005).

Esta mesma dinâmica estava patente na crescente rejeição norte-americana de vários tratados multilaterais – e.g., o Tratado de Ottawa (Convenção sobre a Proibição do Uso, Armazenamento, Produção e Transferência de Minas Antipessoal e sobre a sua Destruição) e o Protocolo de Quioto. Igualmente, na sua política de apoio ao desenvolvimento, os EUA têm continuamente optado por privilegiar as relações bilaterais em vez de canalizar as verbas através dos meios multilaterais como, por exemplo, os programas de assistência financeira da Organização para a Cooperação e Desenvolvimento Económico (OCDE) (Skidmore, 2005).

Na primeira década do século XXI, a administração Bush acentuou a ambiguidade americana relativamente às políticas multilaterais. Em particular, a intervenção militar no Iraque consolidou a imagem de que os EUA tinham definitivamente abraçado uma política externa assente na ação unilateral (ver Daalder e Lindsay, 2003; Dumbrell, 2002; Harvey, 2004). Para além da dimensão militar, o enquadramento do conflito como parte da "guerra global contra o terrorismo" também levou a administração Bush a rejeitar os preceitos estabelecidos nas Convenções de Genebra e na Convenção Contra Tortura e

---

[3] O término da Guerra Fria gerou um debate aceso no Congresso norte-americano sobre a contribuição financeira dos EUA para a ONU. Vários congressistas, particularmente Republicanos, argumentavam que os EUA suportavam uma quota excessiva do orçamento e exigiam reduções nas suas compartipações. Igualmente, vários congressistas, liderados pelo Senador Jesse Helms, criticavam a ONU pela sua ineficácia e corrupção. Helms utilizou o seu poder enquanto presidente da Comissão de Relações Externas para bloquear a transferência de verbas para ONU gerando um conflito institucional no qual os EUA acumularam uma dívida de mais de um bilião de dólares na ONU. A situação levou o secretário-geral da organização, Boutros-Ghali, a ameaçar a suspensão da participação norte-americana na ONU. De forma a ultrapassar este impasse, os Senadores Jessi Helms (Republicano) e Joe Biden (Democrata) elaboraram e promoveram a Lei Helms-Biden (i.e., United Nations Reform Act) que foi aprovada no Congresso em 1999. A lei reflete o compromisso conseguido entre os dois principais partidos para pagarem a dívida sob a condição da ONU reformar o seu sistema de participação orçamental (Murphy, 2004).

Outros Tratamentos ou Penas Cruéis, Desumanos ou Degradantes referentes ao tratamento de terroristas e "combatentes inimigos" detidos durante o tempo de guerra (Skidmore, 2005).

Contudo, a administração Bush procurou ativamente a aprovação do Conselho de Segurança da Nações Unidas (CSNU) para intervir no Iraque. Como destaca Recchia (2016), nas discussões internas, vários membros da administração salientaram a necessidade de assegurar a aprovação da ONU de forma a legitimar a intervenção militar. Embora os EUA não conseguissem convencer a comunidade internacional a anuir à sua vontade, a administração Bush invocou a resolução do CSNU 1441 para justificar a intervenção militar.

Por sua vez, a administração Obama prometeu retomar uma política externa multilateral quando chegou à Casa Branca. Numa clara refutação das políticas da administração anterior, Obama (2008) anunciou que tinha chegado a "hora de uma nova era de cooperação internacional". A frustração pública com o envolvimento americano em dois conflitos militares, designadamente com os elevados custos que estes acarretaram, a par com a vitória Democrata nas eleições para o Congresso e a experiência e influência de Obama e do seu vice-presidente, Joe Biden, junto do Senado sustentavam a expectativa de um regresso do multilateralismo (Peake et al, 2012). A administração Obama tentou codificar esta postura colaborativa na sua primeira Estratégia de Segurança Nacional: "Precisamos de criar e aproveitar um novo conjunto de instrumentos, alianças e instituições que proporcionem uma divisão do trabalho com base na eficácia, competência e confiabilidade a longo prazo. Isto requer uma maior coordenação entre as Nações Unidas, as organizações regionais, as instituições financeiras internacionais, as agências especializadas e outros atores que estejam melhor posicionados ou equipados para gerir certas ameaças e desafios" (Obama, 2010: 46).

De facto, em contraste com a presidência de Bush, a administração Obama favoreceu mais regularmente a diplomacia multilateral e empenhou-se ativamente na promoção de um conjunto de iniciativas internacionais. Por exemplo, na tentativa de minimizar os efeitos nocivos das alterações climáticas, a administração aderiu ao Acordo de Paris, estabelecendo metas voluntárias para redução de emissões. Em termos económicos, a administração promoveu a criação da TPP, na tentativa de criar o maior acordo regional da história e de contrabalançar a ascensão chinesa na Ásia. De forma semelhante, a administração enquadrou a sua intervenção militar na Líbia dentro do contexto das resoluções 1970 e 1973 do CSNU.

Todavia, quando necessário, a administração Obama também assumiu uma postura unilateral, como por exemplo na utilização de *drones* no Médio Oriente e na Ásia Central, bem como para efetuar intervenções militares limitadas contra grupos terroristas (Kelly, 2012; Lasher e Rinehart, 2016). De forma semelhante, alguns comentadores salientam que Obama refreou o seu ímpeto multilateral ao não advogar ativamente no Congresso pela aprovação de um conjunto de tratados internacionais (Peake, 2017). Por sua vez, Skidmore (2012) questiona o multilateralismo de Obama ao destacar a sua falta de empenho em promover reformas em várias instituições internacionais. Esta ambiguidade levou vários analistas a caracterizarem a política externa da administração Obama como "multilateralismo híbrido" (Mansbach e Taylor, 2017), "multilateralismo pragmático" (Froman, 2016), ou "unilateralismo brando" (Gardner, 2015).

Homolar (2015: 102) sugere que o multilateralismo americano "é um processo dinâmico que se altera ao longo do tempo". Por outras palavras, ao longo das últimas décadas a política externa norte-americana tem frequentemente alternado entre o multilateralismo, o bilateralismo e o unilateralismo. Vários argumentos têm sido apresentados para justificar este comportamento. Contudo, as teorias realistas e neorealistas têm prevalecido. Segundo estas escolas de pensamento, o recurso ao multilateralismo ocorre quando um Estado não possui o poder necessário para impor a sua vontade. Segundo as escolas realistas, a natureza anárquica do sistema internacional e o raciocínio estratégico dos Estados sobre a sua sobrevivência cria uma situação de competição permanente pela segurança. Embora os Estados possam cooperar, a sua preocupação perene com o equilíbrio do poder entre Estados e a desconfiança de que outros possam agir de forma insidiosa impedem uma colaboração sincera e sustentada. Desta forma, como sugere Mearsheimer (1995: 13), os Estados podem agir através de instituições multilaterais, mas só porque estes "acreditam que essas regras refletem os cálculos de interesse próprio baseados principalmente na distribuição internacional do poder". De acordo com este raciocínio, com o advento de uma estrutura internacional unipolar, o Estado hegemónico – i.e., os EUA – terá naturalmente maior apetência para agir de forma unilateral.

As teses fundadas nas variáveis estruturais têm recebido bastante aceitação nos meios políticos e académicos. Todavia, estas não explicam adequadamente as numerosas ocasiões em que os EUA prosseguiram, desde o término da Guerra Fria, uma política externa multilateral. Por exemplo, não obstante a sua preponderância política e militar, os EUA promoveram a criação da OMC, do NAFTA e da Cooperação Económica da Ásia-Pacífico (APEC). De forma semelhante, os EUA enquadraram várias operações militares no contexto de intervenções multilaterais – e.g., Iraque (1990), Bósnia (1994), Haiti (1994), Kosovo (1999), Libéria (2003), e Líbia (2011). Mesmo antes da invasão do Iraque em 2003, a administração Bush procurou, sem sucesso, a aprovação do CSNU. Noutras ocasiões, a ausência de apoio multilateral condicionou o comportamento americano ao desincentivar qualquer ação militar como, por exemplo, no Darfur (2005-2006) e na Síria (2013) (Recchia, 2015).

A Política Doméstica e o Multilateralismo Norte-Americano

Se as explicações estruturais se revelam insatisfatórias, torna-se necessário compreender como é que a política doméstica condiciona a política externa dos EUA. Vários estudos, abaixo mencionados, têm salientado como a organização do sistema político americano inibe o multilateralismo. Na tentativa de criar um sistema que acautelasse contra a concentração de poderes, os autores da constituição norte-americana acabaram por criar um sistema propício ao conflito político. Ao atribuir múltiplos mecanismos de veto aos diferentes ramos de poder, a constituição estabeleceu os instrumentos necessários para que qualquer um dos ramos – i.e., executivo, legislativo e judicial – possam bloquear a ação política dos restantes. Porém, para além dos atores formais estabelecidos pela constituição, a permeabilidade do sistema político norte-americano também permite que um vasto conjunto de atores informais exerçam um nível de influência desproporcional nas decisões políticas.

Num estudo recente sobre a participação americana em tratados multilaterais, Thimm (2016) salienta a dificuldade que os presidentes enfrentam em ultrapassar os múltiplos atores com poder de veto no sistema político. De acordo com o autor, "as caraterísticas singulares do sistema político americano – em particular o poder do Senado dos EUA para ratificar tratados – cria um número excecionalmente elevado de atores com poder de veto nos processos associados aos tratados" (Thimm, 2016: 2). Por conseguinte, os EUA ratificam, e consequentemente participam, num número de tratados internacionais significativamente inferior ao dos outros Estados democráticos.

Importa destacar que os estudos de opinião pública revelam que a maioria dos norte-americanos favorece a cooperação internacional (Better World Campaign, 2017). De forma semelhante, os decisores políticos de ambos os principais partidos americanos acreditam que os EUA devem colaborar com outros Estados (Busby et al, 2012). Todavia, os dois partidos divergem no que concerne a adesão formal a tratados. Para os Republicanos o risco de os tratados potencialmente subjugarem a soberania nacional cria entraves importantes à sua aprovação. Por sua vez, os Democratas encontram-se mais divididos na questão da perda de soberania, mas salientam a importância dos tratados em legitimar a política externa norte-americana (Busby et al, 2012).

A crescente polarização política nas décadas recentes tem agravado esta situação. A divergência política entre Republicanos e Democratas não é insólita. Todavia, como Pildes (2011: 276) esclarece, "desde do final do século XIX que não assistíamos a um nível de conflito tão intenso e a uma rutura de tal maneira radical entre os dois principais partidos". Esta polarização tem alimentado a crescente divergência entre os dois principais partidos no Congresso. De acordo com Theriault (2006: 498), "mais de um terço da polarização na Câmara e no Senado resulta da adaptação dos membros aos polos ideológicos". Este desencontro é particularmente significativo no que concerne à política externa e tem-se alargado desde a rutura do consenso bipartidário no final da Guerra Fria (Colgan e Keohane, 2017; Schultz, 2017).

Devido a esta divergência, os EUA não têm aderido formalmente a vários tratados multilaterais. Embora seja raro o Congresso rejeitar um tratado, a situação tem levado a que diversos presidentes tenham hesitado em submeter tratados para aprovação no Senado (Kaye, 2013; Peake, 2017). Em particular, desde o final da Guerra Fria, os presidentes têm cada vez mais decidido que não vale a pena dispensar o seu capital político para prosseguir a aprovação dos diferentes tratados (Skidmore, 2005). Mesmo quando decidem submeter um tratado ao Congresso, a estrutura e os procedimentos do Senado podem prolongar a decisão durante longos períodos ou até obstar a sua discussão e votação final (Lyman, 2002; Peake at al, 2012).

Do mesmo modo, a polarização política tem condicionado o envolvimento norte-americano na participação de operações militares, nomeadamente em situações na qual o risco para a segurança nacional não é imediatamente tangível, como por exemplo nas intervenções de índole humanitária. Recchia (2016) argumenta que nestes casos os diferentes executivos procuram apoio e aprovação multilateral de forma a garantirem que os EUA possam partilhar os custos das operações e consequentemente obter o apoio do Congresso. Mais concretamente, "enquanto os legisladores permanecem ambivalentes em relação às instituições multilaterais, estes normalmente valorizam a partilha multilateral de responsabilidades, facilitada pela aprovação das organizações internacionais, nas intervenções militares – especialmente para intervenções que se acreditam que venham a ser onerosas e prolongadas" (Recchia, 2016: 94).

De forma a superar estes constrangimentos institucionais, os presidentes norte-americanos têm adotado alternativas que lhes permitem participar em iniciativas internacionais sem precisar de obter o consentimento de outros atores domésticos. A título de exemplo, os presidentes têm recorrido à utilização de acordos executivos para colaborarem com outros Estados nas mais diversas áreas de atuação. Devido ao facto de os acordos executivos não necessitarem da aprovação do Congresso, os presidentes recorrem cada vez mais à sua utilização. De acordo com Peake et al (2012; ver também Schultz, 2017), desde o final da Segunda Guerra Mundial, somente 6% dos acordos internacionais celebrados pelos EUA foram constituídos por tratados.

A participação norte-americana no Acordo de Paris (2015) resulta de um acordo executivo firmado por Obama e demonstra como os EUA podem participar em iniciativas multilaterais sem necessitar da aprovação dos restantes órgãos políticos domésticos. Igualmente, os presidentes têm contornado a resistência doméstica e prosseguido com a colaboração internacional de outras formas. Por exemplo, embora o Senado tenha rejeitado o Tratado de Proibição Total de Testes Nucleares (CTBT) em 1999, os presidentes Bush e Obama mantiveram os EUA envolvidos no processo através do financiamento da rede global de monitorização estabelecida pelo tratado e da participação nas reuniões anuais com os Estados signatários. Do mesmo modo, não obstante a resistência do Congresso ao Tribunal Penal Internacional (TPI), a administração Obama apoiou as iniciativas do tribunal ao financiar recompensas por informação relacionada com fugitivos do TPI e até colaborando na extradição de indivíduos procurados, como por exemplo no caso do general congolês Bosco Ntaganda. Segundo Kaye (2013), esta forma de "multilateralismo dissimulado" satisfaz ambas as partes, pois permite ao Senado satisfazer sua base anti-internacionalista e ao presidente prosseguir a sua agenda de política externa.

Conclusão: Desafios para a Política Externa Norte-Americana no Século XXI

No século XX, os EUA criaram e lideraram uma ordem internacional que assentava nos ideais e princípios do internacionalismo liberal. Subjacente a este modelo estava a convicção que os Estados partilham um forte interesse na construção de um sistema internacional que favorece a colaboração e a igualdade (Ikenberry, 2009). Durante a Guerra Fria a ameaça soviética permitiu que os EUA mantivessem uma relação variável com os seus aliados e as instituições internacionais. Por norma, os EUA participavam num conjunto alargado de instituições multilaterais. Contudo, quando conveniente, os decisores norte-americanos optavam por seguir políticas mais unilaterais. O fim da Guarra Fria quebrou este "convénio institucional" e tem se verificado um crescente afinco pelo unilateralismo na condução da política externa americana. Este fenómeno tem suscitado um debate animado sobre o futuro da ordem liberal.

Embora se discutisse ao longo de várias décadas o declínio do poder americano e o fim da sua liderança da ordem internacional, o consenso é que esta sucessão resultaria da ascensão de outra(s) potência(s). Todavia, nos tempos mais recentes vários comentadores têm vindo a assumir que o fim da liderança dos EUA pode dever-se a fatores internos. Mais concretamente, há cada vez mais analistas que sustentam que "os desafios cruciais da política externa atual surgem menos dos problemas entre os países do que da sua política doméstica" (Colgan e Keohane, 2017: 36). A crescente polarização política e o enquadramento institucional americano favorecem o *status quo* e dificultam uma maior cooperação internacional e comprometimento multilateral.

A eleição presidencial de Trump tem suscitado apreensão quanto ao futuro da ordem liberal internacional. Contudo, vários comentadores revelam otimismo quanto à resiliência da ordem liberal e acreditam que Trump representa uma anomalia transitória (Sullivan, 2018). Para alguns autores, Trump e os seus apoiantes anti-globalistas estão unidos na desconfiança das instituições internacionais, mas não têm um projeto de política externa alternativo para substituir a ordem existente (Mead, 2017). O mesmo sentimento de otimismo inspirava os comentadores que criticavam as políticas mais unilaterais da administração Bush. Na sua avaliação das políticas neoconservadoras do início de século XXI, Ikenberry (2004) antecipava que o seu legado seria diminuto, pois os danos que causaram à reputação internacional dos EUA levariam naturalmente a um regresso do multilateralismo.

Contudo, estas conjeturas não se materializaram. De facto, Trump representa o culminar de um crescente sentimento populista e nacionalista e apresenta-se como um monumental desafio ao derradeiro consenso bipartidário em torno da liderança norte-americana da ordem global. A situação é particularmente preocupante porque Trump capitalizou nos fracassos e nas frustrações face ao multilateralismo. Enquanto a ordem liberal internacional contribuiu para evitar o regresso da beligerância entre as grandes potências e para catalisar níveis de crescimento económico sem precedentes, a sua expansão não foi acompanhada por políticas de redistribuição e equidade e, portanto, contribuiu para a quebra do contrato social nos países ocidentais (Colgan e Keohane, 2017; Stiglitz, 2017).

Em última análise, a eleição de Trump significa que existem vantagens políticas em abraçar uma agenda que rejeita a liderança norte-americana da ordem global (Lissner e Rapp-Hooper, 2018). A continuação da polarização política nos EUA vai reforçar esta dinâmica e continuar a dificultar a liderança global. Em particular, vai inibir o apoio bipartidário para iniciativas internacionais (designadamente para o uso da força militar ou conclusão de tratados multilaterais) e aumentar a relutância de aliados e adversários cooperarem com os EUA e estabelecerem compromissos de longa duração (Schultz, 2017).

A continuação destas tendências vai consolidar o afastamento americano das instituições multilaterais, reforçando simultaneamente a ação unilateral e a utilização de mecanismos informais de colaboração internacional. Todavia, nenhuma destas situações salvaguarda os interesses estratégicos dos EUA a longo prazo. Por um lado, o unilateralismo acarreta elevados custos, pois os EUA já não dispõem do poder para rearticular as regras da ordem internacional sozinhos (Stiglitz, 2017). Mais preocupante ainda, iniciativas unilaterais podem gerar tentativas de contrabalançar o poder americano (Ikenberry, 2003). Mesmo na ausência de um contrapeso político, o excessivo recurso a ações unilaterais enfraquece os EUA ao negar-lhe a legitimidade internacional que advém do apoio dos seus aliados (Kagan, 2004). Por sua vez, os mecanismos de "multilateralismo dissimulado" não garantem políticas sustentadas pois podem ser alterados e revogados sem grandes esforços (Kaye, 2013).

Porém, há formas de reformar a ordem liberal internacional e o papel que os EUA possam nela desempenhar. Colgan e Keohane (2017) sugerem um conjunto de princípios que podem orientar a renovação do sistema internacional e da liderança americana: 1) implementação de políticas que ajudem a partilhar os benefícios da globalização por toda a sociedade, 2) reequilibrar a cooperação internacional com os interesses nacionais e 3) criação de uma narrativa nacional que contraste a identidade liberal norte-americana com os regimes autoritários e iliberais. Todavia, como os próprios autores reconhecem, antes de se encetar uma reforma da ordem liberal, os americanos têm primeiro de resolver as divergências internas e criar uma identidade social a que todos os cidadãos possam subscrever. Só então, resolvidas as atuais contradições internas, os EUA podem criar um sistema que possa inspirar a comunidade internacional a enfrentar conjuntamente os desafios globais que o século XXI aguarda.

Referências bibliográficas

ABI-SAAB, G. (1998) Whither the International Community?, *European Journal of International Law*, 9(2), pp. 248-2.

BETTER WORLD CAMPAIGN (2017) New Poll Finds 88 Percent of Americans Support Active Engagement at the United Nations. Acedido a 25 de abril de 2018, em https://betterworldcampaign.org/news-room/press-releases/new-poll-finds-88-percent-of-americans-support-active-engagement-at-the-united-nations/.

BOND, A. (2003) US Funding of the United Nations: Arrears Payments as an Indicator of Multilateralism. *Berkley Journal of International Law*, 21(3), pp. 703-714.

BOON, K. (2017) President Trump and the Future of Multilateralism. *Emory International Law Review*, 31, pp. 1075-1081.

BRANDS, H. (2017) US Grand Strategy in an Age of Nationalism: Fortress America and its Alternatives. *The Washington Quarterly*, 40(1), pp. 73-94.

BUSBY, J.; Monten, J. e Inboden, W. (2012) American Foreign Policy Is Already Post-Partisan: Why Politics Does Stop at the Water's Edge. *Foreign Affairs*. Acedido a 15 de novembro de 2017, em https://www.foreignaffairs.com/articles/united-states/2012-05-30/american-foreign-policy-already-post-partisan.

COLGAN, J. e Keohane, R. (2017) The Liberal Order Is Rigged: Fix It Now or Watch It Wither. *Foreign Affairs*, 96(3), pp. 36-44.

DAALDER, I. e Lindsay, J. (2003) *America Unbound: The Bush Revolution in Foreign Policy*. Washington, DC: Brookings Institution Press.

DONNAN, S. (2017) Trump Has WTO Rulings in Sights, Leaked Report Shows. *Financial Times*. Acedido a 15 de Novembro de 2017, em https://www.ft.com/content/60b30712-fe0f-11e6-96f8-3700c5664d30.

DUMBRELL, J. (2002) Unilateralism and "America First"? President George W. Bush's Foreign Policy. *Political Science Quarterly*, 73(3), pp. 279-287.

FROMAN, M. (2016) *Pragmatic Multilateralism: Remarks by United States Trade Representative Michael Froman at the Graduate Institute in Geneva*. Acedido a 14 de abril de 2018, em https://geneva.usmission.gov/2016/10/17/pragmatic-multilaterism-remarks-by-ustr-michael-froman-at-the-graduate-institute-in--geneva/.

GARDNER, M. (2015) Channeling Unilateralism. *Harvard International Law Journal*, 56(2), pp. 297-351.

HARVEY, F. (2004) Addicted to Security: Globalized Terrorism and the Inevitability of American Unilateralism. *International Journal*, 59(1), pp. 27-57.

HOMOLAR, D. (2015) "Multilateralism in Crisis? The Character of US International Engagement under Obama". In Broome, A.; Clegg, L. e Rethel, L. (org.) *Global Governance in Crisis*. New York, Nova Iorque: Routledge, pp. 101-120.

IKENBERRY, G. J. (2003) Is American Multilateralism in Decline? *Perspectives on Politics*, 1(3), pp. 533-550.

IKENBERRY, G. J. (2004) The End of the Neo-Conservative Moment. *Survival*, 46(1), pp. 7-22.

IKENBERRY, G. J. (2009) Liberal Internationalism 3.0: America and the Dilemmas of Liberal World Order. *Perspectives on Politics*, 7(1), pp. 71-87.

IKENBERRY, G. J. (2017) The Plot Against American Foreign Policy. *Foreign Affairs*, 96(3), pp. 2-9.

KAGAN, R. (2004) America's Crisis of Legitimacy. *Foreign Affairs*, 83(2), pp. 65-87.

KAYE, D. (2013) Stealth Multilateralism: U.S. Foreign Policy Without Treaties – or the Senate. *Foreign Affairs*, 92(5), pp. 113-124.

KENNEDY, D. (1987) The Move to Institutions. *Cardozo Law Review*, 8(5), pp. 841-988.

KRITSIOTIS, D. (2002) Imagining the International Community. *European Journal of International Law*, 13(4), pp. 961-992.

KUPCHAN, C. e Kupchan, C. (1995) The Promise of Collective Security. *International Security*, 20(1), pp. 52-61.

LAKE, D. (2018) International Legitimacy Lost? Rule and Resistance When America Is First. *Perspectives on Politics*, 16(1), pp. 6-21.

LASHER, K. e Rinehart, C. (2016) The Shadowboxer: The Obama Administration and Foreign Policy Grand Strategy. *Politics & Policy*, 44(5), pp. 850-888.

LEWIS, P. (1996). Is the US Souring on Free Trade? *The New York Times*. Acedido a 18 de aril de 2018, em https://www.nytimes.com/1996/06/25/business/is-the-us-souring -on-free-trade.html.

LISSNER, R. F. e Rapp-Hooper, M. (2018) The Day After Trump: American Strategy for a New International Order. *The Washington Quarterly*, 41(1), pp. 7-25.

LYMAN, P. (2002) "The Growing Influence of Domestic Factors". In Patrick, S. e Forman, S. (org.) *Multilateralism and US Foreign Policy: Ambivalent Engagement*. Boulder, CO: Lynne Reiner Publishers, pp. 75-97.

MANSBACH, R. e Taylor, K. (2017) *Challenges for America in the Middle East*. Thousand Oaks, CA: Sage Publications.

MCMASTER, H. R. e Cohn, G. (2017) America First Doesn't Mean America Alone. *The Wall Street Journal*. Acedido a 30 de maio de 2017, em https://www.wsj.com/articles/america-first-doesnt-mean-america-alone-1496187426.

MEAD, W. R. (2017) The Jacksonian Revolt. *Foreign Affairs*, 96(2), pp. 2-7.

MEARSHEIMER, J. (1995) The False Promise of International Institutions. *International Security*, 19(3), pp. 5-49.

MURPHY, J. (2004) *The United States and the Rule of Law in International Affairs*. Cambridge: Cambridge University Press.

OBAMA, B. (2008). *Full Text: Obama's Foreign Policy Speech*. Acedido em 10 de abril de 2018, em https://www.theguardian.com/world/2008/jul/16/uselections2008. barackobama.

OBAMA, B. (2010). *National Security Strategy of the United States of America*. Washington, DC: White House.

PATRICK, S. (2017) Trump and World Order: The Return of Self-Help. *Foreign Affairs*, 96(2), pp. 52-57.

PEAKE, J. (2017) The Domestic Politics of US Treaty Ratification: Bilateral Treaties from 1949 to 2012. *Foreign Policy Analysis*, 13(4), pp. 832–853.

PEAKE, J., Krutz, G. & Hughes, T. (2012) President Obama, the Senate, and the Polarized Politics of Treaty Making. *Social Science Quarterly*, 93(5), pp. 1295-1315.

PEDERSEN, S. (2007) Back to the League of Nations. *The American Historical Review*, 112(4), pp. 1091-1117.

PILDES, R. (2011) Why the Center Does Not Hold: The Causes of Hyperpolarized Democracy in America. *California Law Review*, 99(2), pp. 273-334.

RECCHIA, S. (2015) The Legacy of Srebrenica, America's Generals, and Multilateral Humanitarian Intervention. *War on the Rocks*. Acedido a 10 de abril de 2018, em https://warontherocks.com/2015/07/the-legacy-of-srebrenica-americas-generals--and-multilateral-humanitarian-intervention/

RECCHIA, S. (2016) Why Seek International Organisation Approval Under Unipolarity? Averting Issue Linkage Vs. Appeasing Congress. *International Relations*, 30(1), pp. 78-101.

RUGGIE, J. G. (1992) Multilateralism: The Anatomy of an Institution. *International Organization*, 46(3), pp. 561-598.

SCHULTZ, K. (2017) Perils of Polarization for US Foreign Policy. *The Washington Quarterly*, 40(4), pp. 7-28.

SKIDMORE, D. (2005) Understanding the Unilateralist Turn in US Foreign Policy. *Foreign Policy Analysis*, 1(2), pp. 207-228.

SKIDMORE, D. (2012) The Obama Presidency and US Foreign Policy: Where's the Multilateralism? *International Studies Perspectives*, 13(1), pp. 43-64.

STIGLITZ, J. (2017) *Globalization and Its Discontents Revisited: Anti-Globalization in the Era*. Nova Iorque: W. W. Norton & Company.

SULLIVAN J. (2018) The World After Trump: How the System Can Endure. *Foreign Affairs*, 97(2), pp. 10-19.

THERIAULT, S. (2006). Party Polarization in the US Congress: Member Replacement and Member Adaptation. *Party Politics*, 14 (4), 483-503.

THIMM, J. (2016) *The United States and Multilateral Treaties: A Policy Puzzle*. Boulder, CO: First Forum Press.

TRUMP, D. (2016a). *Full Transcript: Donald Trump's Jobs Plan Speech*. Acedido em 2 de fevereiro de 2017, em https://www.politico.com/story/2016/06/full-transcript -trump-job-plan-speech-224891.

TRUMP, D. (2017a). *The Inaugural Address*. Acedido em 2 de fevereiro de 2017, em https://www.whitehouse.gov/briefings-statements/the-inaugural-address/.

TRUMP, D. (2017b). *National Security Strategy of the United States of America*. Washington, DC: White House.

US NATIONAL SECURITY COUNCIL (1950). *NSC 68: United States Objectives and Programs for National Security*. Acedido em 15 de abril de 2018, em https://www. trumanlibrary.org/whistlestop/study_collections/coldwar/documents/pdf/10-1.pdf.

CAPÍTULO 5

AS RELAÇÕES UNIÃO EUROPEIA-RÚSSIA: UMA PRÁTICA DE MULTILATERALISMO MULTINÍVEL

EU-RUSSIA RELATIONS: A MULTI-LEVEL
PRACTICE OF MULTILATERALISM

SANDRA FERNANDES

Universidade do Minho e Centro de Investigação em Ciência Política (CICP), Portugal.

ResearcherID: O-1155-2013

ORCID: http://orcid.org/0000-0002-3994-6915

RESUMO: Este capítulo tem por objetivo analisar a ação externa da União Europeia (UE) e a sua produção de formas multilaterais de interação, em particular nas relações com a Rússia. Bruxelas almeja, desde 2003, a um "multilateralismo efetivo", como forma de interação com terceiros, de modo a promover a governação global, os seus valores e das Nações Unidas. Argumenta-se que coexistem três níveis distintos de multilateralismo onde ocorrem tensões explicativas do modelo de relacionamento UE-Rússia que se apresenta como multilateral. (1) O quadro de cooperação institucional existente entre a UE e a Rússia é único, incluindo nas suas dimensões intergovernamentais, e produz resultados próprios não alcançados noutros formatos. (2) O nível nacional interfere com o anterior na medida em que os Estados membros pesam, formal e informalmente, nas dinâmicas internas da UE e porque o nível multilateral pode estar indisponível para certas agendas. (3) Os dois atores atuam num quadro mais global, pertencendo a organizações internacionais (ONU, OSCE, Conselho da Europa, OMC) que prescrevem comportamentos e fornecem regimes enquadradores da própria relação UE-Rússia.

Palavras-chave: União Europeia, Rússia, multilateralismo multinível.

ABSTRACT: The chapter analyses the external action of the European Union (EU) and its production of multilateral forms of interaction, particularly in relations with Russia. Since 2003, Brussels has pursued "effective multilateralism" as a way of interacting with third parties in order to promote global governance under its values and those of the United Nations. We argue that three distinct levels of multilateralism coexist and that they explain the tensions of this multilateral relationship. (1) The existing institutional cooperation framework between the EU and Russia is unique, including its intergovernmental dimensions, and produces results that are not realised in other formats. (2) The national level interferes with the former, insofar as Member States weigh heavily, both formally and informally, in the internal dynamics of the EU and because the multilateral level may be unavailable to certain

https://doi.org/10.14195/978-989-26-1750-3_6

agendas. (3) The two actors interact in a more global framework, participating in several international organisations (UN, OSCE, Council of Europe, WTO) that prescribe behaviours and provide frameworks for the EU-Russia relationship itself.

Keywords: European Union, Russia, multilevel multilateralism.

Introdução

As relações entre os dois maiores vizinhos europeus estão, hoje, marcadas pela suspensão do seu diálogo político ao mais alto nível e por sanções recíprocas, no rescaldo da anexação da Crimeia pela Federação Russa, em março de 2014. Agendas preexistentes, como a negociação da isenção de vistos ou um novo acordo de cooperação entre a União Europeia (UE) e a Rússia, enfrentam uma impossibilidade decorrente da condenação das ações de Moscovo na Ucrânia e do conflito em curso neste país da sua vizinhança partilhada (Comissão Europeia, 2018a).

A suspensão do diálogo político é sustentada nas conclusões do Conselho da UE de março de 2016 que postula a posição da União em cinco pontos[1] (Conselho da União Europeia, 2016). Pela primeira vez desde o fim da Guerra Fria, os Estados membros apresentam uma frente unida e coesa face à Rússia.[2] Este facto corrige, de forma inédita, uma crítica recorrente à forma como os europeus têm lidado com o Kremlin, a qual se reporta à prioridade das suas relações bilaterais com a Rússia para servir interesses nacionais, em detrimento de uma abordagem comunitária.

Este capítulo tem por objetivo tipificar a natureza multilateral das relações da UE com a Rússia e os seus efeitos na qualidade cooperativa dessas relações. A análise parte do pressuposto que as relações da União com terceiros não podem ser reduzidas a uma mera interação bilateral, dada a natureza

---

[1] Os princípios são mencionados abaixo e incluem: implementação do acordo de Minsk; reforço das relações com os parceiros orientais da UE e outros países vizinhos, em especial na Ásia Central; reforçar a resiliência da UE; necessidade de um envolvimento seletivo com a Rússia em questões de interesse para a UE; necessidade de criar contactos entre pessoas e apoiar a sociedade civil russa.

[2] Após a guerra russo-georgiana de agosto de 2008, a UE também apresentou um momento de coesão face à Rússia, embora tenha sido mais curto e com efeitos a nível retórico.

desta organização internacional.[3] Por um lado, Bruxelas subscreve uma doutrina de "multilateralismo efetivo", nas suas relações externas (ver capítulo 7). Por outro lado, o funcionamento da União a este nível configura uma prática interna complexa em que atores supranacionais e atores estatais influenciam os resultados, dependendo do poder formal e informal dos vários agentes intra-UE. Não é nosso objetivo analisar a natureza da ação externa da União (Bouchard et al, 2014), mas evidenciar as principais dinâmicas explicativas da sua governação das relações com o seu maior vizinho, fora do quadro da política de alargamento.

Para o efeito, retomamos as principais tensões entre multilateralismo e bilateralismo[4], nomeadamente o facto de, em algumas questões e em contextos específicos, os atores favorecem o nível nacional para alcançar os objetivos de política externa. Os Estados membros da UE e a Rússia participam do jogo multilateral, sendo que as posições e as ações nacionais e bilaterais influenciam também as relações UE-Rússia enquanto tal.[5] Esta influência poderá reforçar ou enfraquecer a agenda multilateral e as políticas da UE em relação à Rússia. Por um lado, isso depende das preferências nacionais serem convergentes, ou não, com a agenda da UE. Por outro lado, depende da possibilidade de agir a nível da União em oposição às ações individuais dos Estados membros.[6]

Questionamos, portanto, que tipo de multilateralismo emerge da prática do relacionamento com Moscovo, tendo em consideração três elementos definidores: a produção de uma ação externa supranacional pela UE, a presença das influências nacionais e o multilateralismo global. Esta análise contribui

---

[3] O termo "organização internacional" não é consensualmente aplicado à UE que é muitas vezes tida como um "objeto politicamente não identificado". Tratando-se de um processo de integração, com características supranacionais e federais, surgiu um corpo teórico específico para analisar a União (Johnes et al 2012, Nugent 2017).

[4] Ver capítulo 1.

[5] A possibilidade de optar por ações nacionais coexiste com o facto de a União também ser um ator do jogo multilateral. Por exemplo, o Presidente do Conselho Europeu pode dirigir-se à Assembleia Geral das Nações Unidas. No âmbito da OMC, tanto a UE como os seus Estados membros fazem parte desta organização, sendo que a Comissão Europeia representa a União nas conferências ministeriais e outros órgãos.

[6] Embora as preferências russas para lidar, ora com Bruxelas ora com as capitais dos Estados membros, para promover os seus interesses, sejam também influentes na definição de relações com a União, o capítulo delimita-se à análise das dinâmicas referentes à UE.

para esclarecer o estádio atual degradado das relações EU-Rússia e as perspetivas de este tipo de multilateralismo vir a ser um instrumento relevante face às necessidades de cooperação.

Na primeira parte, exploramos o quadro formal das relações UE-Rússia. Neste primeiro nível, que tipificamos como "multilateralismo interativo", a capacidade da UE enquanto organização que evidencia dinâmicas multilaterais prevalece sobre as preferências nacionais. Aplicamos a perspetiva teórica institucional liberal (ver capítulo 1), segundo a qual a cooperação institucionalizada (aqui multilateral) promove as perspetivas de paz fruto da repetição dos jogos interativos, das perspetivas de médio e longo prazo e da criação de confiança entre os atores. Esta parte explora a aproximação que o multilateralismo criou entre Bruxelas e Moscovo.

Na segunda parte, analisamos as agendas em que a influência do nível nacional é mais visível. Não analisamos as relações bilaterais da Rússia com cada Estado membro mas a forma como o bilateralismo é uma parte integrante de algumas dimensões da relação UE-Rússia. Este "multilateralismo seletivo" é hipoteticamente um reforço, ou não, da relação, dependendo da convergência dos interesses multilaterais e nacionais.

Na última parte, consideramos as características do "multilateralismo global", atendendo ao facto de tanto a UE como a Rússia fazerem parte de outros quadros normativos multilaterais que prescrevem um conjunto de normas e valores. Neste nível de análise, atendemos, em particular, à agenda normativa da União enquanto ator global[7] e à procura de reciprocidade.

O multilateralismo interativo: resultados tangíveis que superaram crises

A UE e a Rússia geraram, desde o fim da Guerra Fria, uma parceria estratégica, baseada institucionalmente no Acordo de Parceria e Cooperação de 1997 e nos documentos estratégicos recíprocos de 1999. A expressão mais visível desta parceria reside no diálogo político através das cimeiras de alto nível

---

[7] Sobre a UE enquanto ator normativo, ver o trabalho fundador de Ian Manners (2002).

bianuais, instituídas desde 1998, que proporcionaram o desenvolvimento qualitativo das disposições previstas nos quadros institucionais criados. Assim, a evolução é mais assinalável nos domínios económicos e comerciais, sendo mais tardia a criação de um diálogo político de segurança e defesa a partir de 2000.[8]

Com a iminência do quinto alargamento da UE de maio de 2004, Bruxelas salientou a necessidade de uma verdadeira relação estratégica com a Rússia que produzisse efeitos práticos para além dos grandes discursos políticos. Em 2003, a Comissão Europeia clarificou a sua visão política para a UE alargada, através do conceito *"Wider Europe"* e da sua decorrente Política Europeia de Vizinhança (PEV) (Schumacher et al., 2018). Moscovo foi convidado para ser um Estado parceiro neste novo enquadramento, tendo recusado e procurado uma relação estratégica em pé de igualdade com Bruxelas.[9] Desde 2003, a cooperação entre os dois atores tomou a forma *ad hoc* de "quatro espaços comuns", os quais constituíram um ponto de viragem na institucionalização das relações entre Bruxelas e Moscovo na véspera do alargamento da UE. Eles são os seguintes: um espaço económico comum, um espaço comum de liberdade, segurança e justiça, um espaço comum de cooperação no domínio da segurança externa; e um espaço comum de investigação e ensino, incluindo a cultura (Ministério dos Negócios Estrangeiros da Federação Russa, 2003).

A Federação Russa tornou-se, desde o alargamento de 2004, o maior vizinho direto da União. A base do relacionamento entre a UE e a Rússia é enunciada em todo o quadro de cooperação existente e consiste na partilha dos princípios e valores comuns seguintes: o Estado de Direito, a boa governação, o respeito pelos Direitos humanos, a promoção de uma boa relação de vizinhança e os princípios de uma economia de mercado e de desenvolvimento sustentável (Comissão Europeia, 2004). Do mesmo modo, a UE colocou uma condicionalidade política prévia ao desenvolvimento da PEV com os outros

---

[8] Os documentos oficiais que pautam a relação EU-Rússia podem ser consultados no site do Serviço Europeu de Ação Externa (SEAE), em https://eeas.europa.eu/delegations/russia_en.

[9] Entrevistas realizadas junto de oficiais e académicos em Moscovo, em setembro e outubro de 2007.

países do antigo espaço soviético, desde a sua fase de criação: ela dependeria da partilha efetiva de valores entre a UE e os Estados parceiros.

No entanto, Bruxelas carece do instrumento da condicionalidade com a Rússia, o que dificulta a criação de convergência com o Kremlin (Tocci, 2008) e coloca a relação estratégica no longo prazo. Os problemas a resolver têm surgido e têm posto à prova o quadro de cooperação de uma relação altamente sensível, entre atores que precisam de construir uma confiança mútua, inexistente em 1991. Podemos traçar as dificuldades inerentes a esta relação, as quais se têm cristalizado nos países do ex-espaço soviético e, em particular na Ucrânia e na Geórgia. Um dos casos que criou uma primeira crise reveladora das dificuldades acima mencionadas foi a contestação dos resultados eleitorais nas presidenciais ucranianas, de novembro de 2004, conhecida como "Revolução Laranja". O desentendimento russo-europeu teve um alcance simbólico acrescido uma vez que a décima quarta Cimeira UE-Rússia, de 25 de novembro, em Haia, teve lugar no dia seguinte à comunicação dos resultados eleitorais contestados. A agenda do encontro era especialmente importante num contexto de dinamização da parceria estratégica, encetada sobretudo desde 2003. Previa-se a adoção de roteiros de implementação para concretizar os quatro espaços comuns criados na Cimeira de S. Petersburgo em maio de 2003, acima referidos.

Face à situação de tensão decorrente da revolução laranja, a adoção de objetivos e de ações para os concretizar ficou adiada para a Cimeira de maio de 2005, atrasando assim a tarefa de clarificar os limites até onde os parceiros queriam levar a relação. Por parte da UE, existia a vontade de introduzir uma novidade, relativamente ao espaço comum de segurança externa, que consistia em colocar a "vizinhança comum" com a Rússia (Bielorrússia, Moldávia, Geórgia) como prioridade geográfica (Ferrero-Waldner, 2004). Moreau Defarges (2004) clarifica esta intenção de Bruxelas: "o problema é que a UE precisa de estar rodeada de países democráticos e pacíficos e isso coloca a questão de saber o que vai acontecer com a Rússia". O encontro de 2005 não trouxe os avanços esperados nos roteiros e ficou-se pelas declarações políticas e as congratulações pelas realizações anteriores (Conselho da União Europeia, 2004).

Apesar da divergência acerca da crise na Ucrânia, que paralisou as negociações, não se verificaram ruturas diplomáticas na Cimeira. A linguagem de cortesia prevaleceu e Putin optou por ser menos provocador, comparativamente às suas intervenções anteriores. O obstáculo principal à aprovação dos roteiros foi a noção de "vizinhança comum", cara à UE, e a sua operacionalização. "A Rússia vê com suspeição o ímpeto da UE de identificar países como a Ucrânia como um vizinho comum, sobre quem ambos os lados [UE e Rússia] partilham algum nível de responsabilidade" (Dombey e Ostrovsky, 2004). Tanto Bruxelas como o Kremlin evitaram, em 2005, uma confrontação direta relativamente à situação em Kiev. Os interesses eram diferenciados, sendo que, para a UE se tratava de um desafio de estabilização da sua fronteira externa no âmbito da *Wider Europe*, através do apoio à democratização de um Novo Estado Independente, enquanto que para Moscovo, esta era uma situação de grande impacto na sensibilidade soberana russa, naquilo que considera ser o seu *"Near Abroad"*.[10] A divergência de abordagens às eleições ucranianas pode ser sintetizada nos conceitos de "zona de influência" para o Kremlin *versus* "política de vizinhança" para Bruxelas, à qual Moscovo começou a reagir negativamente. Esta suscetibilidade russa traduz-se na prática em prerrogativas soberanas, especialmente visíveis na sua política para o Cáucaso até então, em que as guerras para conter a independência na Chechénia foram conduzidas como assuntos da esfera interna e sem aceitar escrutínio sobre o uso da violência contra a população desta República. Aqui reside o ponto principal de fricção com a UE e o Ocidente porque o Kremlin não respeita inteiramente os princípios e os valores comuns assumidos. Esta discrepância ficou consumada com a intervenção armada na Geórgia, em agosto de 2008 e com a anexação da Crimeia em março de 2014, a qual configura para a UE uma alteração ilegal de fronteiras estatais.

O problema central da relação que a primeira crise ucraniana evidenciou é o défice de partilha efetiva de princípios e valores comuns, o que não diminuiu a necessidade de cooperação UE-Rússia para resolver a tensão. Esta cooperação não teve a forma de uma ação conjunta positiva mas houve moderação na confrontação direta, apesar de afirmarem em várias sedes os seus

---

[10] O "Near Abroad" corresponde aos catorze Novos Estados Independentes que integravam coercivamente a ex-URSS. Esta zona de interesse vital, ou pelo menos de esfera de influência, é fundamental na perceção das ameaças por parte de Moscovo (Nazet, 2007; Sakwa, 2017)

apoios diferenciados aos dois candidatos presidenciais. Isso permitiu uma resolução interna do problema, com a realização de um novo escrutínio em dezembro de 2005.[11] Simonov (2004) sublinhava a falta de compreensão da UE em relação à Rússia, e afirmava, relativamente à Cimeira, que "é justamente o quinto espaço comum que ultimamente se encontra em redução progressiva. Este espaço é o da confiança". Por seu lado, a UE enfrentava um problema de desilusão relativamente à Rússia: "[a] deriva autoritária de Putin ao nível interno deixou a Europa sem o argumento da 'partilha de valores'" (Sousa, 2004).

Em termos concretos, a relação multilateral produziu resultados mais visíveis nas áreas económicas e comerciais com diálogos sectoriais em mais de quarenta áreas, incluindo por exemplo um mecanismo de alerta precoce para a energia. São também assinaláveis elementos mais pontuais de cooperação na área de defesa com uma participação russa numa missão da UE em África, na Eufor Chad/RCA em 2008, ou na coordenação na luta contra a pirataria marítima no Corno de África. No domínio educacional e cultural, são exemplos o financiamento conjunto do Instituto de Estudos Europeus em Moscovo e as mobilidades de estudante ao abrigo do programa Erasmus+. Em matéria de justiça e segurança interna, foi fomentada cooperação com a Europol e a Frontex (Comissão Europeia 2009; Fernandes, 2012; Serviço Europeu de Ação Externa, 2018). Todos os resultados emergiram de quadros institucionais, que incluem as cimeiras de alto nível, órgãos técnicos e programas de cooperação.

O "multilateralismo seletivo": os Estados membros em ação

Evidenciamos, acima, os alcances da cooperação UE-Rússia que decorrem do seu quadro específico de cooperação, os quais são gerados no âmbito da interação multilateral. A análise desta secção incorpora a influência do nível nacional no relacionamento. Consideramos, nomeadamente, a influência das preferências dos Estados membros no contexto da UE, em termos de atitu-

---

[11] O principal desafio para a Ucrânia consistiu em fortalecer as suas perspetivas de integração nas instituições ocidentais.

des e políticas em relação à Rússia. Propomos, assim, uma abordagem que contemple a influência concomitante da UE e dos níveis nacionais, tendo em consideração que a União é sempre parte em questões específicas que estão a ser abordadas, embora possa não ter uma influência direta nelas. Tendo em consideração as interdependências existentes, as questões energéticas e comerciais são os domínios abaixo explorados.

A interdependência entre a UE e a Rússia é ilustrada pelos dados seguintes. A comparabilidade é possível no período 1999-2005 pela publicação de um estudo estatístico único, produzido pela Eurostat e a Rosstat. Em média, a taxa de exportações da Rússia para a UE entre 1999 e 2005 cresceu 23,8%, em comparação com 4,9% para as exportações para os EUA. Relativamente às importações, a taxa foi de 19,4%, em comparação com os EUA com 8,8%. Em termos absolutos, a UE foi o primeiro parceiro comercial da Rússia, durante este período, muito acima do comércio com os Estados Unidos que ficam muito atrás no ranking dos vinte maiores parceiros comerciais. A Rússia é o terceiro maior parceiro comercial da UE. O comércio com a China apresentou taxas crescentes tanto nas importações como nas exportações. Em 2005, a taxa de crescimento rondava os 6,4% na Rússia, contra 1,7% para a UE. No mesmo ano, os Estados membros importavam 32% de crude da Rússia e 42% de gás (Eurostat e Rosstat, 2007: 198-199).

Desde então, em particular desde 2012, a relação comercial tem vindo a decrescer, mas mantendo a União, tal como no período anterior desde 1999, a sua posição de primeiro parceiro comercial da Rússia e maior investidor direto estrangeiro. Sublinha-se que esta característica perdura apesar do atual contexto de sanções. A Federação Russa desceu para quarto maior parceiro comercial da UE, sendo ainda prevalecentes as importações de petróleo e gás russos (Comissão Europeia, 2018b). Apesar desta mudança ser explicada pela adesão da Rússia à Organização Mundial do Comércio (OMC) em 2012, a suspensão das negociações para um novo acordo de enquadramento das relações comerciais e de investimento, em março de 2014, também explica a tendência decrescente. Globalmente, o não cumprimento da Rússia das regras da OMC fez surgir disputas (ver abaixo).

As relações energéticas são particularmente ilustrativas da interação entre o nível bilateral e multilateral. O facto de a UE não ter uma política integrada em matéria de energia coloca entraves na gestão da questão a nível multilateral, em oposição às relações bilaterais dos Estados membros com Moscovo. Os dois atores adotaram abordagens divergentes desde 2006 (Delcour e Verluise, 2009). A União prossegue o objetivo de um setor energético controlado pelo mercado e transparente, enquanto a Rússia quer proteger um setor estratégico para o desenvolvimento da Federação. Individualmente, alguns Estados membros preferiram garantir os seus abastecimentos e reduzir as relações entre a Rússia e a Comissão Europeia a meras questões técnicas, apoiando assim os objetivos da Rússia. O gasoduto Nordstream, um consórcio germano-russo, concluído em 2012, e o South Stream inacabado visam contornar os países que atualmente abrigam as condutas de gás da Rússia para a Europa, na Bielorrússia e na Ucrânia. A forte interdependência energética na Europa é uma preocupação para todos os Estados europeus (Dannreuther, 2016; Judge et al., 2016).

Desde o alargamento de 2004, os novos Estados membros que outrora estavam sob domínio soviético trouxeram atitudes mais exigentes no relacionamento com a Rússia, nomeadamente no respeito pelos princípios e valores comuns (Leonard e Popescu, 2007). Nesta perspetiva, estes últimos não devem ser subalternizados na prossecução dos interesses estratégicos da UE e dos seus Estados membros. Assim, a visão que Bruxelas tinha até então da Rússia como estando numa relação com objetivos estratégicos, sendo que os objetivos de aproximação normativa eram mais difusos a longo prazo, passou a não ser dominante na agenda multilateral. O período de limbo na relação, de 2006 a 2008, é paradigmático desta alteração quando a Polónia, e mais tarde a Lituânia, usaram o seu poder de veto no Conselho de Ministros da UE a fim de chamar a atenção para os problemas no seu relacionamento bilateral com o Kremlin (Rettman, 2007). Em 2006, era expectável que os Estados membros mandatassem a Comissão Europeia para negociar um novo acordo de cooperação com a Rússia. O APC finalizaria a sua vigência de 10 anos no ano seguinte, sendo que é renovado anualmente se nenhuma das partes o revogar. O novo acordo era tido como importante para dotar os parceiros de um novo enquadramento que refletisse o aprofundamento e o alargamento da sua agenda de cooperação, para além da estrutura *ad hoc* enquadrada pelos quatro espaços comuns, acima referidos.

Segundo um oficial lituano[12], a solidariedade aumentou dentro da União mas é um processo lento porque a União tem de se adaptar a novos interesses. Ele considera que leva tempo para tornar um problema nacional num problema da UE. No entanto, o trabalho da Comissão é considerado valioso desde que os Estados membros possam pressioná-la. A Polónia estava na vanguarda dos países que bloquearam quaisquer negociações, exigindo que as suas disputas comerciais com Moscovo fossem resolvidas. Roth (2009) reconhece que esse tipo de disputas bilaterais já existia nos anos 1990 e que existem com outros países como a China ou a Turquia. No entanto, ele sublinha que, no caso russo, elas são especialmente relevantes por duas razões. Em primeiro lugar, as políticas da UE em relação à Rússia são um dos temas mais controversos das suas relações externas. Em segundo lugar, Moscovo tem usado essas questões em sua vantagem de várias maneiras.

Embora a Polónia tenha tido vários desacordos políticos sérios com a Rússia, analisamos aqui a disputa sobre importações agrícolas que começou em 2005 por ter desencadeado o argumento da solidariedade da UE perante a Rússia, acima mencionado. As questões veterinárias e fitossanitárias são recorrentes entre a União e Moscovo porque não há um acordo que regule este campo, apesar dos memorandos assinados sobre certificados harmonizados (Comissão Europeia, 2008, 2009). Neste caso, o Serviço Federal Russo de Vigilância Veterinária e Fitossanitária (*Rosselkhoznadzor*) proibiu a importação de carne e vegetais da Polónia.

Este embargo russo transformou-se de um problema bilateral num problema UE-Rússia em 2006. No início desse ano, o primeiro ministro polaco tentou resolver a disputa enviando cartas para Moscovo, sem respostas. Na primavera de 2006, o embaixador polaco abordou o Comissário europeu para o comércio, Mandelson, para resolver o problema. A Direção Geral para o Comércio da Comissão Europeia não tratou da questão por não ser comunitária. A Polónia invocou o artigo 101 do APC sobre a solução de conflitos comerciais e tentou resolver o problema por esse meio, ainda assim, sem conseguir ação por parte da Comissão.[13] Como consequência, Varsóvia deci-

---

[12] Entrevista realizada em Bruxelas, em julho de 2007.
[13] Entrevista junto de um oficial polaco, em Bruxelas, em junho de 2007.

diu vincular a questão ao mandato para a negociação de um novo acordo de cooperação, colocando um veto ao lançamento das negociações. Foi, então, um movimento político para obter a atenção e apoio da UE. Para a Polónia, a questão comercial não era importante enquanto tal mas sim a atitude de toda a UE em relação à Rússia (e à política de "reinar e dividir" de Moscovo em relação a Bruxelas). A questão comercial foi desencadeada pela ausência de um acordo veterinário entre a União e a Rússia e vários embargos ocorreram em consequência. Após vários meses a tentar afastar o problema do nível da UE, a Comissão abordou a questão no outono de 2006.

Um representante polaco[14] considerou, na altura, que a forma como a UE funciona e como poderá criar solidariedade entre os Estados membros são dois instrumentos que a União estava a utilizar cada vez mais em relação à Rússia. Ele considerou que a Rússia estava mais interessada em relações bilaterais com os Estados membros que o contrário porque as relações bilaterais são menos regulamentadas do que as relações com a UE. Assim, em pleno período de estagnação nas relações UE-Rússia, o tema da solidariedade surgiu na cimeira de Samara 2007. O desfecho do veto polaco evidenciou como as questões bilaterais podem reforçar o nível multilateral. O limbo de 2006 a 2008 resultou numa mudança de atitude da União perante a Rússia, reforçada posteriormente pela interpretação dos Estados membros da anexação da Crimeia. Os novos Estados membros têm uma memória histórica difícil em relação à Rússia, informada pelos tempos soviéticos e percecionam a política externa russa muitas vezes como agressiva e contraproducente, especialmente depois da anexação da Crimeia.[15] De 2006 a 2008, ficaram claros os apelos à UE pela solidariedade em lidar com suas disputas bilaterais com Moscovo.

No entanto, a solidariedade da UE é difícil porque a ação externa da UE não é totalmente uma competência comunitária, existindo por exemplo competências exclusivas na área comercial, ao contrário da Política Externa e de Segurança Comum (PESC). Os novos Estados membros argumentaram que usaram o seu poder de veto para captar a atenção e construir solidariedade.

---

[14] Idem.

[15] Entrevistas realizadas pela autora em Bruxelas, junto de representantes dos novos Estados membros, em 2007, 2012 e 2017, e entrevistas realizadas em Vilnius, Riga e Tallinn em 2017 e 2018.

Na altura, as reivindicações polacas começaram a parecer mais legítimas porque a Estónia e a Lituânia passaram também por um ponto alto de tensões com Moscovo, que implicaram cortes de abastecimento de petróleo, problemas no tráfico transfronteiriço e a remoção de um monumento soviético em Tallinn (não obstante, o contexto das negociações internas da UE sobre o tratado reformador ter contribuído para marginalizar as posições polacas). Na cimeira de Samara em maio de 2007, foi então a primeira vez que a UE (através da voz do Presidente da Comissão Europeia) defendeu a solidariedade interna para apoiar a Polónia, a Lituânia e a Estónia nos seus problemas com a Rússia.

As sanções adotadas por Bruxelas desde 2014 são também um exemplo da evolução de uma maior coesão da União ao nível multilateral, com o apoio de todos os Estados membros. As medidas restritivas são adotadas por unanimidade no âmbito da PESC. As sanções perante Moscovo são, assim, comumente vistas como uma medida excecional porque configuram o funcionamento do nível multilateral acima dos interesses nacionais dos Estados membros.[16] Em condenação do envolvimento russo no conflito ucraniano e da anexação da Crimeia, Bruxelas tem renovado a lista de sanções desde março de 2014, para além da suspensão de negociações-chave tais como a liberalização de vistos e o novo acordo de cooperação. As medidas restritivas poderão ser levantadas quando o Kremlin aplicar o estipulado nos Acordos de Minsk.

Desde março 2016, os cinco princípios orientadores da relação são: implementação do acordo de Minsk como condição essencial para qualquer mudança substancial na posição da UE em relação à Rússia; reforço das relações com os parceiros orientais da UE e outros países vizinhos, em especial na Ásia Central; reforçar a resiliência da UE (por exemplo, segurança energética, ameaças híbridas ou comunicação estratégica); necessidade de um envolvimento seletivo com a Rússia em questões de interesse para a UE; necessidade de criar contactos entre pessoas e apoiar a sociedade civil russa (Comissão Europeia, 2018a).

---

[16] Informação recolhida junto de funcionários da UE, em Bruxelas, em novembro de 2017 e junto do antigo Embaixador da UE junto da Rússia, em Riga, em março de 2018.

A necessidade estratégica da relação é, portanto, mútua, de natureza mais económica para a Rússia e mais política (segurança internacional) e energética para a UE. Face ao aprofundamento da UE e ao alargamento de maio de 2004, esta necessidade estratégica da relação com Moscovo aumentou. O diálogo político e as iniciativas da UE, sobretudo através da Comissão Europeia, assumiram esta necessidade e o "episódio ucraniano" de 2004 veio já sublinhar os limites de um relacionamento que oscila entre oportunidades e desafios, que se colocam a uma relação com uma margem considerável remanescente para uma maior aproximação. As tensões nacionais e bilaterais neste quadro têm potencial para tanto reforçar como incapacitar o jogo multilateral, como é exemplo a gestão das questões energéticas. Desde 2014, a influência do nível nacional mostrou-se um reforço do quadro multilateral da relação, visível com uma política única de sanções e na suspensão global das agendas de cooperação, contrariamente ao apelo à solidariedade perante Moscovo que havia sido avançado entre 2006 e 2008 de forma mais negativa.

O "multilateralismo global": a ampliação do problema de convergência

Esta secção considera o contexto global do multilateralismo, ou seja, as principais organizações internacionais que são relevantes para a agenda UE-Rússia e como participam nela. Evidenciamos, acima, que uma das tendências mais visíveis nas relações UE-Rússia está relacionada com a projeção de valores e princípios comuns da UE, que devem ser a base das suas relações externas. A condicionalidade que aplica na sua política de alargamento é um expoente máximo da sua política externa normativa. A viabilidade de um compromisso normativo para a UE como um ator global e os vários significados do conceito não serão discutidos neste capítulo (Manners, 2002, 2008). Abordamos, antes, os efeitos desse pressuposto nas suas relações com a Rússia. Argumenta-se aqui que a relação de princípios que a União desejaria que vigorasse na sua relação com a Rússia tem eco nas outras instâncias multilaterais.

Os objetivos normativos da ação externa da UE foram esclarecidos na Estratégia Europeia de Segurança, de 2003, e na Estratégia Global da UE para a Política Externa e de Segurança, de 2016[17]. Esses objetivos de política externa também são convergentes com os objetivos do diálogo institucionalizado com a Rússia, declarados em todos os documentos orientadores da relação e que remetem para o texto enquadrador da Carta das NU, em particular os Capítulos 1, 5 e 7 (Nações Unidas, 1945). O ponto principal de fricção com a UE e o Ocidente dá-se porque o Kremlin não respeita os princípios e os valores comuns assumidos nos quadros institucionalizados de cooperação. Na relação com a UE, o poderio russo põe em cheque a aplicação de condicionalidade nas suas relações externas, um dos pilares da atuação de Bruxelas (em particular na política de alargamento e na PEV) que consiste em condicionar as relações com os vizinhos e os países candidatos ao respeito pelas normas europeias, acima referidas.

A legitimidade das ações dos parceiros é, portanto, avaliada em função deste crivo. O respeito russo pelos compromissos assumidos noutras organizações internacionais (ONU, Conselho da Europa, OSCE, OMC) também contribui para criar uma ponderação normativa na relação com Moscovo. No entanto, esta característica não tem propiciado a convergência política esperada, uma vez que Moscovo tem reagido negativamente às críticas, vendo-as como lições indevidas. A questão da falta de convergência de normas entre os dois atores produziu abundante literatura (Makarychev, 2008; Tocci, 2008; Casier e DeBardeleben, 2018). Destacamos aqui duas áreas em que este problema é mais visível: em matéria de estado de direito e direitos humanos e em termos de reciprocidade, em particular nas relações comerciais.

A necessidade de reciprocidade é um tema recorrente nos argumentos russos, face aos europeus, sobretudo no diálogo energético (igualdade de acesso aos mercados e contratos de exploração). Do lado da União, a questão da reciprocidade no processo de implementação aparece como uma preocupação central. Isto é especialmente percetível na posição dos novos Estados membros relativamente à observância de valores e princípios comuns, como o Estado de direito, a democracia e os direitos humanos. A reciprocidade também afeta as relações comerciais, no sentido em que a União espera uma relação mais previsível e estável neste domínio (Fernandes, 2012). O facto

---

[17] ver capítulo UE-África, neste volume, para análise detalhada dos documentos.

de as disputas comerciais entre os novos Estados membros e a Rússia escalarem para o nível político multilateral intra-UE reforçou este desiderato (ver acima). Globalmente, a reciprocidade é um elemento fundamental da cooperação multilateral, pois pressupõe a existência de uma reciprocidade difusa e, portanto, de uma redefinição dos interesses (ver capítulo 1). Nesta matéria, o catálogo de queixas é longo e conhece ecos sonantes no âmbito da OMC e das disputas aí dirimidas (Comissão Europeia, 2018).

Observamos que a Federação Russa tem usado essas arenas multilaterais para descartar assuntos difíceis ou compromissos vinculantes da agenda UE-Rússia e despolitizar os itens de cooperação. Por exemplo, apesar de existir um diálogo institucional sobre direitos humanos, o mesmo nunca teve lugar em Moscovo, tendo reunido apenas em Bruxelas. Sobre "assuntos humanos globais", o embaixador russo junto da UE considera que os fóruns mais apropriados são o Conselho de Direitos Humanos das Nações Unidas e o Conselho da Europa. No entanto, a situação em países terceiros não é discutida com Bruxelas porque não seria "adequado" (Chizov, 2008). O diplomata referia-se ao respeito pela soberania estadual.

De forma comparável, as questões com as quais a Rússia tem de lidar noutros fóruns mostram que Moscovo não está disponível para ter as suas políticas internas escrutinadas em qualquer relação multilateral, nem no relacionamento com a União, nem com outras organizações internacionais. O facto de a Rússia ser um Estado membro das Nações Unidas, do Conselho da Europa e da OSCE criou um compromisso normativo com estas organizações. As críticas aqui apresentadas contra a Rússia surgiram neste contexto, colocando em evidência o entendimento ocidental de que Moscovo deixou de respeitar os compromissos originais destas organizações. Assim, estas diferentes instituições têm sido "caixas de ressonância" do problema da convergência política com o Kremlin e não influenciaram a Rússia no sentido de um entendimento comum sobre um sistema de valores depositado nestas organizações internacionais. Um oficial letão[18] entende que o problema com a Rússia é que "não sabemos o que esperar, ou seja, quais são as regras do jogo". Emersen et

---

[18] Entrevista conduzida em Bruxelas, em junho de 2007.

al (2001: 1-2) já destacavam em 2001 que os fóruns multilaterais são irritantes para Moscovo porque o país está constantemente sob críticas.

A análise das relações entre a UE e a Rússia conduzida pela Comissão Europeia no rescaldo da guerra russo-georgiana de agosto de 2008 é particularmente elucidativa da forma como os diferentes fóruns multilaterais têm sido um eco do fosso normativo nas relações UE-Rússia (Comissão Europeia, 2008a). A Comissão refere regularmente, ao longo deste documento, as organizações que são depositárias dos valores que sustentam a sua relação com a Rússia. No geral, uma séria preocupação é manifestada com o não cumprimento desse *acquis* normativo por parte da Rússia. A revisão reconhece que "a Rússia é um ator geopolítico chave, cujo envolvimento construtivo em assuntos internacionais é uma pré-condição necessária para uma comunidade internacional efetiva" (Comissão Europeia, 2008a: 3). O facto de a última secção do documento, com o título "Cooperação em organizações internacionais e em organizações e iniciativas regionais", ser dedicada a organizações internacionais é um sinal da importância do multilateralismo sistémico para a União (Comissão Europeia, 2008a: 16-17). Entre os onze pontos deste texto, quatro deles dizem respeito à adesão à OMC e transmitem a ideia de que a adesão transformaria a Rússia num parceiro confiável e integraria o país "no sistema de comércio internacional baseado em regras" (Comissão Europeia, 2008a: 16).

No domínio energético, a Comissão Europeia (2008a: 3) sente que "ainda é necessário muito trabalho para construir uma verdadeira parceria energética baseada nos princípios do Tratado da Carta da Energia e, nomeadamente, 'transparência, reciprocidade e não discriminação'". A instituição (Comissão Europeia, 2008a: 7) reconhece que "a interpretação da reciprocidade que deve caracterizar a interdependência difere amplamente". Como consequência, "a dependência da UE em relação à Rússia como fornecedor permanecerá forte e poderá ser uma fonte de preocupação". Sobre os direitos humanos, a revisão considera que "existe uma sensação geral de que existe uma lacuna crescente no que diz respeito a compromissos comuns no Conselho da Europa e na OSCE" (Comissão Europeia, 2008b: 3) e que "existe alguma lacuna entre declarações e expressões de intenção e realidade no terreno" (Comissão Europeia, 2008b: 8).

Na perspetiva russa, a noção de "democracia" é relativa, em oposição a uma abordagem universal (Trofimov, 2007). Por exemplo, no que se refere à adesão da Rússia ao Conselho da Europa em 1996, Massias (2007: 115-116) sublinha que a perceção russa é de que os seus desenvolvimentos internos não devem ser compreendidos como retrocessos democráticos mas como a subordinação dos valores democráticos aos interesses nacionais. Nesta lógica, os russos recusam intromissões externas em assuntos domésticos. O resultado é um crescente desentendimento e irritação do lado russo e uma suspeita de que a organização é usada por alguns países para exercer pressão política. O autor compara essas tensões com o que acontece nas relações entre a UE e a Rússia. Massias (2007: 118) conclui sobre a existência de duas conceções diferentes de democracia e seus princípios que impedem a credibilidade do Conselho da Europa. Essa divergência produz um dilema entre, por um lado, a necessidade de não excluir a Rússia e, por outro, a consideração de desrespeito dos direitos humanos e princípios democráticos.

Da mesma forma, os compromissos relativos à OSCE são percebidos pelo Kremlin como sendo relativos e sujeitos a mudanças. Nesta organização, as críticas mútuas materializaram-se principalmente sobre o papel do Gabinete das Instituições Democráticas e Direitos Humanos (ODHIR) e o Tratado sobre Forças Convencionais na Europa (CFE). A Rússia de Putin é criticada pelas suas tentativas de limitar o escopo de ação da organização. O argumento russo é que a OSCE é muito politizada e aplica padrões duplos (Jégo, 2007) e o país tem se tornado cada vez mais crítico das missões de observação da OSCE conduzidas pelo ODHIR desde a Revolução Laranja na Ucrânia em 2004 (Belton, 2007). Como resultado, o ODHIR não pôde observar as eleições legislativas de 2007 e as presidenciais de 2008 na Rússia, pela primeira vez desde o colapso da União Soviética. Os russos culparam a organização por esse facto, alegando obstáculos técnicos na emissão de vistos para o pessoal da missão (The Associated Press, 2007). Desde então, a monitorização eleitoral voltou a acontecer mas com narrativas conflituantes das observações conduzidas pela Rússia.

O longo processo de adesão da Rússia à OMC atrasou a participação russa num conjunto de regulamentações de mercado aberto. As negociações da Rússia para a sua adesão à OMC foram concluídas com a UE em 2004 mas a Rússia apenas concluiu o processo em agosto de 2012. A adesão à OMC constituiria um passo essencial para a criação de um mercado integrado entre a UE e a Rússia, com base na convergência regulamentar. O incumprimento das disposições do APC em matéria de relações comerciais e económicas era a principal preocupação para a UE. Tratar dos obstáculos às relações comerciais tem sido um elemento central da cooperação UE-Rússia, que o nível sistémico de multilateralismo, vulgo OMC, não tem conseguido resolver.

Nesse contexto, as partes precisavam de resolver vários problemas. As questões mais importantes são as taxas de exportação de madeira, preços duplos de energia e tarifas ferroviárias e aéreas. É o caso da abolição dos pagamentos pelo sobrevoo da Sibéria, acordada em novembro de 2006. Foi por Moscovo não ter assinado e implementado o acordo que a adesão da Rússia à OMC foi interrompida, assim como a cooperação no setor de aviação. O sistema russo de tarifas para transporte ferroviário de mercadorias e transporte também interfere com as regras da OMC porque discrimina entre destinos domésticos e internacionais. A UE procurou eliminar este sistema de taxas discriminatórias para cargas ferroviárias.

A política comercial russa tem vindo a utilizar cada vez mais os direitos de exportação de madeira e outras matérias-primas. Isto não está de acordo, como nos exemplos anteriores, com o acordo UE-Rússia de 2004 para a adesão da Rússia à OMC, nomeadamente no que diz respeito à não discriminação, e com a própria pertença à OMC. São diretamente afetados os fluxos comerciais, nomeadamente para as indústrias da UE dependentes das importações de madeira da Federação da Rússia que não conseguem fazer face aos aumentos dos preços. As questões sanitárias e fitossanitárias também afetam negativamente as exportações da UE de produtos animais e vegetais para a Rússia. O contexto da adesão da Rússia à OMC também é importante neste caso porque a UE procura a conformidade russa com as normas internacionais e o princípio da proporcionalidade e justificação científica para a aplicação de medidas sanitárias e fitossanitárias.

A proteção e aplicação dos direitos de propriedade intelectual é outra preocupação crucial para a União e prende-se também com a adesão da Rússia à OMC. No final do terceiro mandato de Putin, em 2008, uma nova lei restringiu o investimento estrangeiro em setores estratégicos (Presidente da Federação Russa, 2008). O diploma levantou preocupações junto da Comissão Europeia e, no contexto do diálogo sobre investimento, prosseguiu a clarificação dos novos regulamentos a serem impostos aos investidores da União, sob pena de criar discriminação. Desde o segundo mandato do Presidente Putin, a UE almejava principalmente progressos em matéria de energia e a adesão à OMC. Para Bruxelas, isso transformaria a Rússia numa parceira privilegiada e ligaria a Rússia a regimes internacionais específicos. No entanto, a falta de reciprocidade tem continuado. As questões sanitárias e fitossanitárias ilustram a estratégia russa que consiste em deslocar o locus de um problema UE-Rússia para outro fórum multilateral no nível sistémico. Não obstante, o fórum designado (OMC) também não tem traz as soluções esperadas.

Conclusão

Os três níveis de multilateralismo que operam na relação EU-Rússia contribuem para explicar uma relação paradoxal em que o diálogo político institucionalizado, alargado e aprofundado, não produziu os efeitos esperados em termos de convergência. Assim, tantos os alcances como as limitações desta forma de relacionamento podem ser explicados pela natureza multilateral específica deste relacionamento.

Num primeiro nível (multilateralismo interativo), o quadro de cooperação multilateral permitiu a instauração de cooperação em quatro áreas que incluem economia e comércio, justiça e assuntos internos, segurança externa e educação e cultura. Disto são exemplos expressivos a liberalização de vistos e a harmonização regulamentar. No entanto, num segundo nível (multilateralismo seletivo), em áreas em que a União não tem competências supranacionais, certos Estados membros e a Rússia utilizam a via bilateral para avançar as suas preferências. Disto é exemplo a relação em matéria energética. No entanto, o nível nacional e as relações bilaterais com os novos Estados membros também criaram uma maior atenção da União para a dimensão normativa da relação, moderando a prossecução de puros interesses estratégicos. Assim, desde 2007, o lema da solidariedade interna face à Rússia tem progredido e foi consolidado na posição unânime dos Estados membros em condenar Moscovo pela sua intervenção na Ucrânia desde 2014.

Num terceiro nível, o facto de a União e a Rússia subscreveram princípios e valores consagrados noutras organizações internacionais e serem membros das mesmas também influencia o seu relacionamento. Neste contexto, o "multilateralismo global" surge como uma caixa-de-ressonância das dificuldades em criar convergência em torno de princípios e valores, a qual afeta tanto a área do respeito pelos valores políticos do estado de direito e da democracia como a aplicação do princípio de reciprocidade nas relações comerciais. Os efeitos têm sido contraproducentes, uma vez que o Kremlin não aceita, liminarmente, aquilo que perceciona como lições de moral da UE e de outras organizações.

A desejabilidade de uma relação privilegiada entre a Rússia e a UE foi, portanto, encetada em 1997, com a criação e evolução de um quadro multilateral único que é influenciado pelas dinâmicas bilaterais e globais. No entanto, a anexação da Crimeia em 2014 veio confirmar a ineficiência deste modelo multinível em criar uma cooperação duradoura com Moscovo, estando em suspenso as principais áreas de interesse comum, tais como o regime de vistos e um novo acordo de cooperação. Do lado da União, o modelo demonstrou ser resistente aos apelos nacionais e consolidou uma postura coesa face à Rússia, inexistente até 2007.

A redistribuição de poderes a nível global e a perda de posições dominantes por atores tradicionalmente influentes coloca desafios sérios tanto às lideranças europeias como russa. A contribuição de especialistas russos para o relatório do "Grupo de Valdai" é ilustrativa desta situação. O relatório responsabiliza as duas partes pela estagnação do relacionamento e lança um apelo urgente para a criação de uma "União da Europa" (Karaganov et al., 2010). Esta "União" surgiria a partir de uma cooperação mais orientada para os resultados, sendo isto uma condição para que as partes se tornem o terceiro maior ator mundial, após os Estados Unidos e a China. A não ser que se envolvam em conjunto nessa tarefa, Bruxelas e Moscovo perderiam posição de poder (2010, 18). A atual crise europeia sobrepõe-se, assim, a desafios pré-existentes acerca do lugar da UE no mundo, da consolidação de uma política externa coesa e coerente para além dos domínios económicos e comerciais, e de uma relativa autonomia estratégica face aos EUA. As tarefas vindouras prendem-se não só com o modelo interno do projeto europeu mas também com a relevância do seu modelo multilateral na sua vizinhança e num mundo globalizado em rápida mutação.

Referências bibliográficas

BELTON, C. (2007) Watchdog cancels plans to monitor Russian poll. *Financial Times* (November 16).

BOUCHARD, C.; Peterson, J. e Tocci, N. (2014) *Multilateralism in the XXIst Century. Europe's quest for effectiveness*. Londres: Routledge.

CASIER, T. e DeBardeleben, J. (org). (2018) *EU-Russia relations in crisis: understanding diverging perceptions*. Londres: Routledge.

CHIZOV, V. (2008) *Speech at the Tenth Meeting European of the Union-Russia Parliamentary Cooperation Committee*, 24 de junho, Bruxelas: Parlamento Europeu.

CONSELHO DA UNIÃO EUROPEIA (2016) Foreign Affairs Council, 14/03/2016. Main results. http://www.consilium.europa.eu/en/meetings/fac/2016/03/14/ (acedido em abril de 2018).

CONSELHO DA UNIÃO EUROPEIA (2004) 14th EU-Russia Summit. Joint Press Release. The Hague, 25 de novembro.

DANNREUTHER, R. (2016) EU-Russia Energy Relations in Context. *Geopolitics*, 21(4), pp. 913-921.

DELCOUR, L. e Verluise, P. (2009) Regards croisés sur les relations Union européenne--Russie: la dépendance énergétique. *IRIS, Actualités de la Russie et de la CEI*, 12, janeiro.

DOMBEY, D.e Ostrovsky, A. (2004) Ukraine poll divides EU and Russia. *Financial Times*, 26 de novembro.

SERVIÇO EUROPEU DE AÇÃO EXTERNA. 2018. *The European Union and the Russian Federation*. https://eeas.europa.eu/headquarters/headquarters-homepage/35939/european-union-and-russian-federation_en (acedido em abril de 2018).

EMERSON, M. et al (2001) *The Elephant and the Bear. The European Union, Russia and their Near Abroads*. Bruxelas: Center for European Policy Studies.

COMISSÃO EUROPEIA (2004). *Communication from the Commission on the European Neighbourhood Policy Strategy Paper, COM(2004) 373 final*. Bruxelas, 12 de maio.

COMISSÃO EUROPEIA (2008a) *Commission Staff Document accompanying the Communication from the Commission to the Council. Review of EU-Russia relations pursuant to the Extraordinary European Council of September 1, 2008. SEC(2008) 2786*. Bruxelas, 5 de novembro.

COMISSÃO EUROPEIA (2008b) *Communication from the Commission to the Council. Review of EU-Russia relations. COM (2008) 740 final*. Bruxelas, 5 de novembro.

COMISSÃO EUROPEIA (2009) *EU-Russia Common Spaces. Progress Report 2008*. Bruxelas, março.

COMISSÃO EUROPEIA (2018) *Russia*. http://ec.europa.eu/trade/policy/countries-and-regions/countries/russia/ (acedido em abril de 2018).

EUROSTAT and ROSSTAT (2007) *The European Union and Russia. Statistical Comparison 1995-2005*. Eurostat Statistical Books and Rosstat.

FERNANDES, S. (2012) *Multilateralism and European Union-Russia relations: the praxis of a competitive cooperation*. Villeneuve d'Ascq: ANRT.

FERRERO-WALDNER, B. (2004) *EU-Russia Summit. The Hague, 25 November 2004. EU/Russia: The four 'common spaces'*. http://europa.eu/rapid/press-release_IP-04-1394_en.htm (acedido em abril de 2018).

JUDGE, A.; Maltby, T. e Sharples, J. D. (2006) Challenging Reductionism in Analyses of EU-Russia Energy Relations. *Geopolitics*, 21(4), pp. 751-762.

KARAGANOV, S.; Bordachev, T.; Ivanov, I.; Lukyanov, F. e Entin, M. (2010) Towards an 'Alliance of Europe'. Analytical Report by the Russian Group of the Valdai International Discussion Club. *St. Petersberg, Kizhi-Valaam*, Moscovo, 31 de agosto a 7 de setembro. http://karaganov.ru/content/images/uploaded/4b4ec04c237e760f08085 56999573c53.pdf (acedido em agosto de 2018).

LEONARD, M. e Popescu, N. (2007) A Power Audit of EU-Russia Relations. *ECFR Policy Paper*, 7 de novembro.

MAKARYCHEV, A. (2008) *Russia and the European Union: Spaces, Identities, Discourses*. Nizhny Novgorod: INTAS Programme, Nizhny Novgorod University.

MANNERS, I. (2008) The normative ethics of the European Union. *International Affairs*, 84(1), pp. 45-60.

MANNERS, I. (2002) Normative Power Europe: A Contradiction in Terms?. *Journal of Common Market Studies*, 40(2), pp. 235-258.

MASSIAS, J. P. (2007) "Russia and the Council of Europe: Ten Years Wasted?". In Gomart, T. e Kastueva-Jean, T. (org.) *Understanding Russia and the New Independent* States, Paris: IFRI, pp. 103-119.

MINISTÉRIO dos Negócios Estrangeiros da Federação Russa (2003) *EU-Russia Summit*. http://www.mid.ru/en/foreign_policy/news/-/asset_publisher/cKNonkJE02Bw/content/id/518934 (acedido em abril de 2018).

NAZET, M. (2007) *La Russie et ses marges: nouvel empire?* Paris: Ellipses.

PRESIDENTE DA FEDERAÇÃO RUSSA (2008) *Federal Law ⊠ 57-FZ of April 29, 2008 "Procedures for Foreign Investments in the Business Entities of Strategic Importance For Russian National Defence And State Security"* (non-official translation). http://www.wipo.int/wipolex/en/text.jsp?file_id=188843 (acedido em abril de 2018).

RETTMAN, A. (2007) Veto problem on EU-Russia treaty getting bigger. *EU Observer*, 26 de fevereiro.

ROTH, M. (2009) Bilateral Disputes Between EU Member States and Russia. *CEPS Working Document*, 319, agosto.

SAKWA, R. (2017) *Russia Against the Rest: The Post-Cold War Crisis of World Order*. Cambridge: Cambridge University Press.

SCHUMACHER, T.; Marchetti, A. e Demmelhuber, T. (org). (2018) *The Routledge Handbook on the European Neighbourhood Policy*. Londres: Routledge.

TOCCI, N. (org.) (2008). *Who is a Normative Foreign Policy Actor?* Bruxelas: Centre for European Policy Studies.

TROFIMOV, K. (2007) The EU and Russia – Uncomfortable neighbours or strategic partners?. *Union of European Federalists "Speak up Europe-debate"*, 27 de junho. Bruxelas: Parlamento Europeu.

CAPÍTULO 6

A LIDERANÇA CHINESA DA NOVA ORDEM ECONÓMICA ASIÁTICA: IMPACTO NA GOVERNAÇÃO FINANCEIRA GLOBAL

THE CHINESE-LED NEW ASIAN ECONOMIC ORDER AND ITS IMPACT ON GLOBAL FINANCIAL GOVERNANCE

LUÍS MAH

Instituto Superior de Economia e Gestão, Universidade de Lisboa.
ResearcherID: B-2177-2015
ORCID: http://orcid.org/0000-0002-9400-0348

RESUMO: Este capítulo analisa de forma crítica a emergência da Nova Ordem Económica Asiática (NOEA) liderada pela China e as suas implicações na governação financeira global. Desde a crise financeira asiática em 1997, a Ásia Oriental tem assistido a grandes transformações políticas, económicas e sociais e está destinada nas próximas décadas a centrar em si o crescimento e dinamismo económicos globais. Para além da crescente integração comercial regional, em torno de acordos bilaterais e multilaterais, tem-se assistido a uma progressiva integração financeira. Em apenas duas décadas, a China tornou-se no principal parceiro comercial dos países da Ásia Oriental substituindo os EUA e a União Europeia e promete tornar-se no principal investidor na região. Com a sua Iniciativa Faixa e Rota (IFR) e o lançamento do Banco Asiático de Investimento em Infraestruturas (BAII), a internacionalização do Renminbi (RMB) e a pressão renovada para uma Parceria Económica Compreensiva Regional (PECR), Pequim, através do que se apelida de *Estadismo Financeiro*, lidera a construção desta NOEA e parece interessada em transformar o status quo da atual governação financeira global vigente desenhada pelos EUA e Europa no final da Segunda Guerra Mundial.

Palavras-chave: China, NOEA, governação financeira regional, governação financeira global, Estadismo Financeiro.

ABSTRACT: This chapter critically analyses the emergence of the New Asian Economic Order (NAEO) led by China and its implications on global financial governance. Since the Asian financial crisis in 1997, East Asia has witnessed great political, economic and social transformations and in the coming decades it is destined to be at the centre of global economic growth and dynamism. Beyond the growing regional trade integration, through

https://doi.org/10.14195/978-989-26-1750-3_7

bilateral and multilateral agreements, there has also been increasing financial integration. In only two decades, China has become the main trade partner of East Asian countries replacing the United States of America and European Union and it promises to be the main investor in the region. With its Belt and Road Initiative (BRI), the launching of the Asian Bank for Infrastructure Investment (ABII), the internationalization of the Renminbi (RMB) and the renewed pressure for a Regional Comprehensive Economic Partnership (RCEP), Beijing, through so-called Financial Statecraft, leads the creation of this NAEO and it seems to be interested in transforming the status quo of the current global financial governance designed by the US and Europe at the end of the World War II.

Keywords: China, NAEO, Regional Financial Governance, Global Financial Governance, Financial Statecraft

Introdução

A arquitetura económica e financeira global tem sido dominada pelas instituições financeiras internacionais criadas na conferência de Bretton Woods, em 1944. O Banco Mundial (BM) e o Fundo Monetário Internacional (FMI), em conjunto com uma série de bancos de desenvolvimento regionais (BDR) que emergiram desde então. O Banco de Desenvolvimento Interamericano (1959), o Banco de Desenvolvimento Africano (1964) e o Banco de Desenvolvimento Asiático (1966) têm vindo a definir as regras do jogo financeiro global. A maioria do poder de voto no BM e FMI continua a refletir a distribuição de poder político e económico que resulta do final da Segunda Guerra Mundial, dando aos Estados Unidos da América (EUA) e aos países da Europa ocidental uma influência central na cooperação multilateral e, portanto, na definição de políticas financeiras e económicas globais. Os BDR criados posteriormente emergiram como uma primeira tentativa dos países em desenvolvimento, membros destas instituições, se fazerem ouvir na arquitetura existente. No entanto, são os EUA, a Europa e o Japão que continuam a controlar o capital suficiente nestes bancos, para terem poder de veto ou influenciar fortemente as suas decisões chave (Germain, 2014).

O peso da Ásia, e em particular da China e da Índia, na economia mundial é cada vez maior e, se as previsões se mantiverem, esta situação levanta a questão sobre o futuro desta governação financeira vigente. De acordo com as estimativas do Banco de Desenvolvimento Asiático até 2050, a Ásia representará mais de 50% da economia global (Banco Asiático de Desenvolvimento, 2011). Depois de ter dominado a economia global até meados do século XIX e ter perdido essa posição para a Europa e os EUA (Maddison, 2007), esta re--emergência asiática volta a ser liderada pela China, ao mesmo tempo que se começa a assistir ao que se pode apelidar de Nova Ordem Económica Asiática (NOEA), i.e., um mercado regional asiático crescentemente integrado com a China e centrado em torno desta e que tem vindo a desenvolver-se desde a crise financeira asiática de 1997.[1] Desde a sua abertura ao exterior em 1979, Pequim optou por desempenhar um papel discreto no debate em torno da governação financeira global.

Através do envolvimento progressivo no FMI e nos BDR (Banco Mundial em 1980, Banco de Desenvolvimento Africano em 1985, Banco de Desenvolvimento Asiático em 1986 e Banco de Desenvolvimento Interamericano em 2009), Pequim tem tido a oportunidade de aprender as regras do jogo multilateral na governação financeira global. Nos últimos anos, a China parece ter alterado essa atitude e prossegue, agora, a nível regional e através de estratégias de *Estadismo Financeiro*, um caminho que pode transformar o *status quo* da atual ordem e arquitetura financeira global. Esse caminho é composto não só pela Iniciativa Faixa e Rota (IFR) e pela criação do Banco Asiático de Investimento em Infraestruturas (BAII), mas também via a progressiva internacionalização da moeda chinesa renminbi (RMB). Para Armijo e Katada (2015), o *Estadismo Financeiro* pode ser definido como o "uso intencional, por governos nacionais, de capacidades monetárias e financeiras domésticas ou internacionais com o propósito de alcançar objetivos de política externa, quer políticos, económicos ou financeiros". A China é um caso típico de um país que recorre ao *Estadismo Financeiro* e, segundo a tipologia apresentada pelos autores, que aparenta assumir um carácter sistémico e ofensivo.

Para Armijo e Katada, o passo final para um *Estadismo Financeiro* por parte de uma potência emergente passa pela construção de uma posição sistémica e ofensiva na governação financeira global. Uma posição sistémica

---

[1] O conceito de NOEA é influenciado pelo pensamento de Evan Feigenbaum que utilizou o conceito de Nova Ordem Asiática em 2015 na revista *Foreign Affairs* para descrever as transformações institucionais e económicas na Ásia. Ver Feigenbaum (2015).

implica que a potência emergente obtenha "maior voz na governação global e monetária" através de instrumentos financeiros como a diversificação das fontes de capital estrangeiro, a promoção de bancos públicos, o controlo de capitais, ou bancos multilaterais e monetários como a acumulação de reservas em moeda estrangeira, a existência de um fundo monetário regional e promoção de múltiplas divisas de reserva para além do dólar norte-americano. Na posição ofensiva, a potência emergente procura "construir instituições de governação global que lhe possam vir a dar uma influência "hegemónica ou desproporcional" na governação financeira global através do recurso a instrumentos financeiros como a promoção dos mercados financeiros domésticos como fonte de influência global, ou monetários, como a promoção da moeda nacional como moeda de reserva global ou transações de moeda.

A crise financeira de 2008, ao questionar a influência internacional das instituições e políticas económico-financeiras do modelo de capitalismo ocidental, onde as regras do jogo são definidas de acordo com o papel central do mercado, tende a ser apontada como um momento de viragem ou uma conjuntura crítica, que ofereceu a oportunidade ideal para o lançamento destas iniciativas lideradas pelo Estado chinês e apoiadas por outras economias emergentes e não-ocidentais (Viola, 2014; Biswas, 2015).

Este capítulo, no entanto, argumenta que esse momento de viragem aconteceu nos finais dos anos 1990 quando os líderes asiáticos começaram a repensar a governação financeira global, ao desenvolver uma maior autonomia face às condicionalidades económicas impostas pelo FMI. Desde a crise financeira da Ásia, em 1997, os laços económicos e financeiros neste espaço têm vindo a ser aprofundados. Esta resposta procurou ultrapassar também a humilhação ligada ao recurso ao FMI, numa região que, poucos anos antes em 1993, tinha sido elogiada e descrita num relatório do BM como o "Milagre da Ásia Oriental" (Banco Mundial, 1993). Esta crise marcou profundamente o pensamento dos decisores políticos asiáticos no que toca às implicações de uma rápida liberalização do sector financeiro sem a construção de uma regulação forte e monitorização por um Estado capaz. A crise de 2008 nos Estados Unidos e Europa veio apenas reforçar a visão dos líderes asiáticos, principalmente chineses, de uma governação financeira global que carece de reformas (Wang e Rosenau, 2009, Breslin, 2013). A procura de uma maior integração regional comercial e financeira intensifica-se e acelera, a partir de 1997, através da procura de mais acordos multilaterais e bilaterais de comércio livre e do lançamento de iniciativas regionais como a ASEAN+3 (ASEAN com China, Japão e Coreia do Sul), Chiang Mai (CMI), Mercado de Obrigações Asiáticas (ABMI) e Fundo de Obrigações Asiáticas (ABF). Estes foram os primeiros passos para se fortalecer o regionalismo asiático, não só como resposta a choques internos e externos, mas também à dependência das regras do jogo globais definidas a partir dos EUA e da Europa.

Uma das consequências desse crescente regionalismo é o papel central que a China tem vindo a ganhar: em primeiro lugar no sistema comercial intra-asiático e que mais recentemente começou a se expandir para o mercado financeiro regional. A emergência desta NOEA liderada pela China levanta a questão sobre o impacto que poderá ter no futuro da governação financeira global atual liderada pelos EUA e Europa tal como indicado acima. Este capítulo prossegue da seguinte forma: na primeira parte, descrevem-se as várias iniciativas que emergem após a crise de 1997, destinadas a desenvolver uma maior integração comercial e financeira regional; na segunda parte, discute-se como a China tem vindo a assumir um papel central, primeiro, como motor comercial e, mais recentemente, financeiro na região. A última parte aborda as implicações que os passos assumidos pela China têm no desafio à governação financeira global abrindo a possibilidade para uma NOEA.

À procura de uma maior integração comercial e financeira regional no pós-1997

Desde a crise financeira asiática de 1997, os governos da Ásia Oriental têm vindo a acelerar a assinatura de acordos de comércio livre para fomentar a integração comercial e financeira a nível regional (Amyx, 2008). De não mais do que 40 acordos em 1997 em 2015 estes tinham já ultrapassado os 140, tornando-se o instrumento favorito dos governos da Ásia Oriental para aumentar e melhorar os laços comerciais intrarregionais e reduzir a dependência face aos mercados norte-americano e europeu (Gill e Kharas, 2007, Pempel, 2008). A Figura 1 demonstra como após a crise de 1997 o comércio asiático intrarregional voltou a crescer com apenas um ligeiro decréscimo no período da crise financeira de 2008.

FIGURA 1: Comércio Intrarregional – Ásia, União Europeia (EU)
e América do Norte (1990-2014)

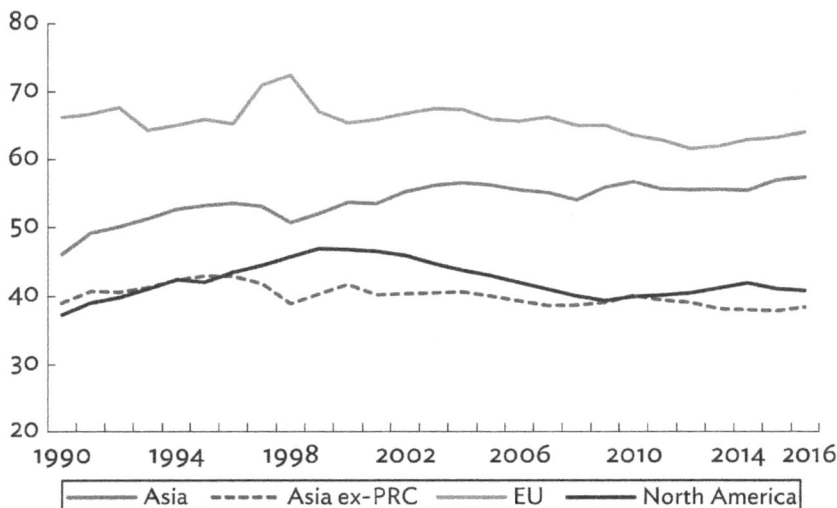

EU= European Union, PRC= People's Republic of China.
Notes: EU refers to aggregate of 28 EU members. North America covers Canada, Mexico, and the United States.

Fonte: Banco Asiático de Desenvolvimento (2017, 16)

Outras ações governamentais têm estimulado a criação de uma diversi-dade de organizações regionais como a ASEAN+3 (ASEAN com China, Japão e Coreia do Sul) e iniciativas financeiras regionais multilaterais como CMIM, ABMI e ABF, em cima referidas. Desde a sua criação em 1997, a ASEAN+3 tem vindo a expandir as suas áreas de cooperação e tem vindo a ganhar o formato de instituição regional em completo funcionamento, que anual-mente organiza uma cimeira, encontros ministeriais, entre quadros superiores e diretores gerais dos vários Estados membros bem como encontros técnicos, cobrindo dezenas de políticas públicas regionais (Terada, 2012). Quanto ao desenvolvimento de um mercado regional de obrigações através do ABMI e

ABF, a integração ainda continua lenta (Liu, 2016). O primeiro grande projeto de cooperação regional financeira após a crise de 1997 foi o lançamento da Iniciativa de Chiang Mai, um mecanismo de autoajuda para troca de divisas em caso de emergência.

A Iniciativa Regional Multilateral de Chiang Mai

Um dos problemas mais imediatos e óbvios enfrentados pelos países na região atingidos pela crise financeira de 1997 foi a necessidade urgente de ter acesso a divisas estrangeiras (dólares) para apoiar a estabilidade cambial das moedas locais sob ataque especulativo, depois dos investidores terem perdido a confiança nos mercados locais e começarem a desinvestir rapidamente, vendendo as suas participações (MacIntyre et al, 2008). Apesar de repetidas intervenções nos mercados cambiais, as economias mais atingidas pelos ataques especulativos, como a Tailândia, Indonésia ou Coreia do Sul, foram incapazes de vencer a especulação. Ao tentar proteger as suas moedas, cada um dos países afetados pela crise teve que recorrer às suas reservas em dólares, que foram insuficientes e que se evaporaram em poucos dias, dada a velocidade com os investidores estrangeiros saíram dos seus mercados (MacIntyre et al, 2008). Em 1999, as tensões em torno das condições políticas associadas aos pacotes financeiros oferecidos pelo FMI e o lançamento da integração monetária na Europa levaram vários países asiáticos a pensar mais seriamente sobre a possibilidade de uma maior cooperação financeira regional (Amyx, 2008). Neste mesmo ano, os chefes de estado da ASEAN+3 decidiram lançar um encontro anual de ministros das finanças da região. Em maio de 2000, num encontro em Chiang Mai na Tailândia, os ministros das finanças anunciaram o lançamento da Iniciativa de Chiang Mai (CMI).

A iniciativa é baseada num acordo de troca de divisas (*currency swap*) que permite a cada país afetado por um ataque especulativo ou uma crise de liquidez a curto-prazo trocar a sua moeda por dólares norte-americanos até ao montante da sua contribuição financeira junto da Iniciativa a partir de uma reserva de divisas e que pode ser multiplicado até um número de vezes previamente negociado (Sussangkarn, 2010). O acordo foi criado para suplementar os acordos financeiros internacionais já existentes. A iniciativa refletia uma mistura de preocupações face à intervenção do FMI na crise financeira asiática (quer em termos de lentidão na resposta, quer na natureza das condições impostas à ajuda oferecida). A CMI não envolvia custos logo à partida para os governos participantes e o seu propósito explicitamente anunciado foi o de suplementar acordos existentes no quadro do FMI. Muitas das trocas iniciais foram mais unidirecionais do que bidirecionais. Isto refletia o ponto de partida em que alguns dos países seriam claramente os credores (China, Japão e Coreia do Sul) enquanto os restantes assumiriam o papel de potenciais devedores tal como é evidente no Quadro 1 (Kawai, 2015). Desde 2000, que o processo da ASEAN+3 envolvendo os ministros das finanças tem sido o principal fórum responsável pelo funcionamento da Iniciativa, tendo sido também criada uma Unidade de Vigilância – *ASEAN+3 Macroeconomic Research Office* (AMRO). Esta iniciativa é vista como um potencial primeiro passo para a criação de um Fundo Monetário Asiático (FMA) com a capacidade para substituir o FMI na região (Kawai, 2015). Inicialmente esta iniciativa era baseada em acordos bilaterais entre os vários membros da ASEAN+3 como o demonstra a Figura 2. Mas desde 2010 passou a um ser um acordo multilateral depois das decisões da Coreia do Sul e Singapura, após a crise de 2008, em recorrer à Reserva Federal norte-americana apesar de serem membros do CMI e da Indonésia que optou por um consórcio financeiro liderado pelo Banco Mundial. A crise de 2008 permitiu perceber que o CMI precisava de ganhar o estatuto de reserva regional e para isso tinha que responder de forma mais célere aos pedidos dos seus Estados membros o que não aconteceria enquanto os acordos fossem bilaterais. Para começar a ultrapassar essa situação, o CMI passou a ser multilateralizado, governado por um único contrato em vez dos vários bilaterais anteriores. Em termos de distribuição das contribuições para o CMIM, a ASEAN participa com 20%, a Coreia do Sul com 16%, o Japão e a China (incluindo Hong Kong) com 32% cada. Quando o CMIM entrou em vigor em 2010, dispunha de uma reserva de 120 mil milhões de dólares que, nos últimos anos, duplicou para 240 mil milhões de dólares (ver Quadro 1).

FIGURA 2: Estrutura da Iniciativa de Chiang Mai até 2009

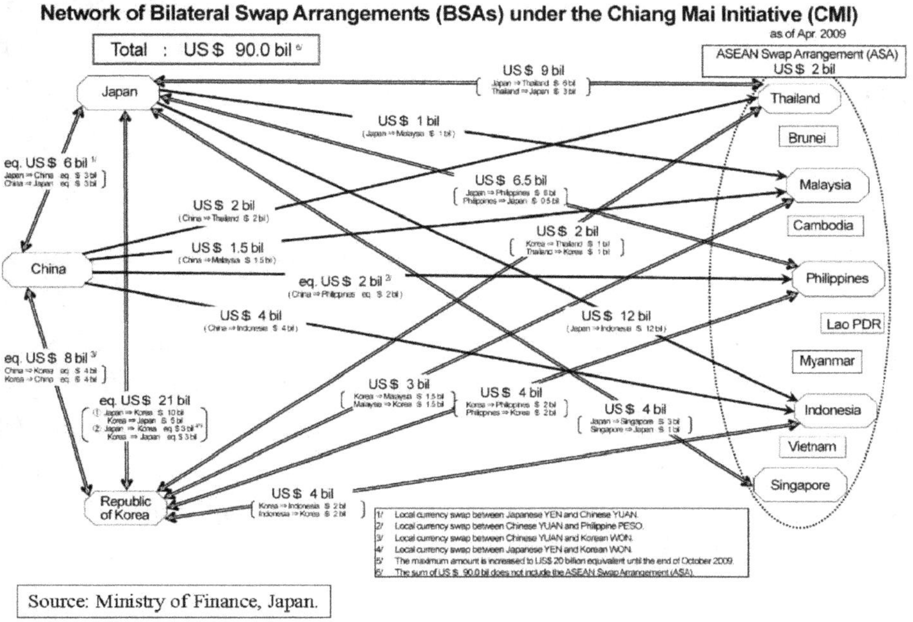

Network of Bilateral Swap Arrangements (BSAs) under the Chiang Mai Initiative (CMI)

as of Apr. 2009

Total : US$ 90.0 bil [6]

ASEAN Swap Arrangement (ASA) US$ 2 bil

US$ 9 bil
(Japan ⇒ Thailand $ 6 bil
Thailand ⇒ Japan $ 3 bil)

Japan

US$ 1 bil
(Japan ⇒ Malaysia $ 1 bil)

Thailand

Brunei

eq. US$ 6 bil [1]
[Japan ⇒ China eq $ 3 bil
China ⇒ Japan $ 3 bil]

US$ 6.5 bil
(Japan ⇒ Philippines $ 6 bil
Philippines ⇒ Japan $ 0.5 bil)

Malaysia

US$ 2 bil
(China ⇒ Thailand $ 2 bil)

US$ 2 bil
(Korea ⇒ Thailand $ 1 bil
Thailand ⇒ Korea $ 1 bil)

Cambodia

China

US$ 1.5 bil
(China ⇒ Malaysia $ 1.5 bil)

Philippines

eq. US$ 2 bil [3]
(China ⇒ Philipines eq $ 2 bil)

US$ 4 bil
(China ⇒ Indonesia $ 4 bil)

US$ 12 bil
(Japan ⇒ Indonesia $ 12 bil)

Lao PDR

eq. US$ 8 bil [3]
[China ⇒ Korea eq $ 4 bil
Korea ⇒ China eq $ 4 bil]

Myanmar

eq. US$ 21 bil
(1) Japan ⇒ Korea $ 10 bil
Korea ⇒ Japan $ 5 bil
(2) Japan ⇒ Korea eq $ 3 bil [4]
Korea ⇒ Japan eq $ 3 bil]

US$ 3 bil
Korea ⇒ Malaysia $ 1.5 bil
Malaysia ⇒ Korea $ 1.5 bil

US$ 4 bil
Korea ⇒ Philipines $ 2 bil
Philipines ⇒ Korea $ 2 bil

US$ 4 bil
Japan ⇒ Singapore $ 3 bil
Singapore ⇒ Japan $ 1 bil

Indonesia

Vietnam

Republic of Korea

US$ 4 bil
Korea ⇒ Indonesia $ 2 bil
Indonesia ⇒ Korea $ 2 bil

Singapore

1/ Local currency swap between Japanese YEN and Chinese YUAN.
2/ Local currency swap between Chinese YUAN and Philippine PESO.
3/ Local currency swap between Chinese YUAN and Korean WON.
4/ Local currency swap between Japanese YEN and Korean WON.
5/ The maximum amount is increased to US$ 20 billion equivalent until the end of October 2009.
6/ The sum of US$ 90.0 bil does not include the ASEAN Swap Arrangement (ASA).

Source: Ministry of Finance, Japan.

Fonte: Sussangkarn (2010, 6)

QUADRO 1: Contribuições Financeiras CMIM

Members	Financial Contributions ($ billion)	(%)	Purchasing Multiple	Maximum Swap Amount ($ billion)	Voting Powers ($ billion) Basic Votes	Votes Based on Contributions	Total Voting Powers ($ billion)	(%)
Plus Three	**192.00**	**80.00**	--	**117.30**	**9.60**	**192.00**	**201.60**	**71.59**
PRC total	76.80	32.00	--	40.50	3.20	76.80	80.00	28.41
PRC	68.40	28.50	0.5	34.20	3.20	68.40	71.60	25.43
Hong Kong, China	8.40	3.50	2.5	6.30	0.00	8.40	8.40	2.98
Japan	76.80	32.00	0.5	38.40	3.20	76.80	80.00	28.41
Republic of Korea	38.40	16.00	1	38.40	3.20	38.40	41.60	14.77
ASEAN	**48.00**	**20.00**	--	**126.20**	**32.0**	**48.00**	**80.00**	**28.41**
Brunei Darussalam	0.06	0.025	5	0.30	3.20	0.06	3.26	1.158
Cambodia	0.24	0.100	5	1.20	3.20	0.24	3.44	1.222
Indonesia	9.104	3.793	2.5	22.76	3.20	9.104	12.304	4.369
Lao PDR	0.06	0.025	5	0.30	3.20	0.06	3.26	1.158
Malaysia	9.104	3.793	2.5	22.76	3.20	9.104	12.304	4.369
Myanmar	0.12	0.050	5	0.60	3.20	0.12	3.32	1.179
Philippines	9.104	3.793	2.5	22.76	3.20	9.104	12.304	4.369
Singapore	9.104	3.793	2.5	22.76	3.20	9.104	12.304	4.369
Thailand	9.104	3.793	2.5	22.76	3.20	9.104	12.304	4.369
Viet Nam	2.00	0.833	5	10.00	3.20	2.00	5.20	1.847
ASEAN+3	**240.00**	**100.00**	--	**243.50**	**41.60**	**240.00**	**281.60**	**100.00**

ASEAN = Association of South East Asian Nations; Lao PDR = Lao People's Democratic Republic; PRC = People's Republic of China.

Fonte: Kawai (2015, 16)

149

Enquanto a Iniciativa emerge como um mecanismo de autoajuda regional e continua a ser um trabalho em progresso, os governos na região usam a Iniciativa que, no seio da ASEAN+3, permite funcionar como um espaço de aprofundamento do diálogo político e troca de informação de modo a vigiar a evolução financeira e evitar uma situação semelhante à crise de 1997.

As Iniciativas Regionais de Promoção do Mercado de Obrigações

A segunda grande área de cooperação desde a crise financeira asiática em 1997 tem sido o desenvolvimento do mercado de obrigações a nível regional (Amyx, 2008). Esta crise revelou como era necessário reduzir a dependência do sector empresarial de empréstimos de curto prazo relativamente a moeda estrangeira para financiar investimentos de longo prazo (Park et al, 2017). O uso de instrumentos de dívida com maturidade mais longa como as obrigações – em particular obrigações em moeda local – poderia claramente reduzir a vulnerabilidade face à excessiva dependência de financiamento estrangeiro. Por causa da necessidade de desregulamentação e harmonização em várias áreas financeiras para estimular o desenvolvimento de mercados de obrigações locais, a colaboração formal para um projeto regional de desenvolvimento de mercados de obrigações locais tem sido lenta (Liu,2016). Desregulamentação e harmonização tornaram-se mais aceitáveis em termos políticos a partir de 2002, depois da recuperação das economias locais (Amyx, 2008). As perceções positivas geradas com o processo ASEAN+3 ao nível da CMI tiveram o efeito de alimentar um otimismo em torno da cooperação multilateral? para o desenvolvimento de um mercado de obrigações regional. A acumulação de divisas estrangeiras pelos governos na região estimulou ainda mais a discussão sobre o desejo de se fomentar a diversificação de investimentos para além dos títulos de tesouro norte-americano. Desde a crise asiática de 1997, começou-se a assistir a um rápido crescimento das reservas em divisas estrangeiras na região (principalmente dólares norte-americanos) de modo a proteger a estabilidade dos sistemas financeiros nacionais, face a eventuais ataques especulativos contra as moedas locais ou crises de liquidez de curto prazo, tal como aconteceu durante a crise de 1997 (Gill e Kharas, 2007). Entre janeiro de 1997 e janeiro de 2006, o FMI estima que as reservas em moeda estrangeira de Hong Kong (China), Filipinas, Singapura, Japão, Indonésia, Coreia do Sul, Tailândia, Malásia, Taiwan (China) e China passaram de cerca de 800 mil milhões de dólares para 2.8 biliões de dólares (Gill e Kharas, 2007)

Mercados de capitais pouco desenvolvidos também serviram como constrangimento a programas de investimento públicos na região. A introdução de um sistema de pensões e a prossecução de reformas nesta área também deu um ímpeto ao estimular o crescimento considerável de fundos e por conseguinte do mercado de obrigações (uma vez que fundos de pensões tendem a investir fortemente em obrigações, pela sua segurança). Em 2002-2003, começaram dois fóruns regionais de discussão de colaboração a nível regional sobre obrigações e anunciaram-se duas iniciativas no seu imediato. Primeiro, os ministros das finanças da ASEAN+3 lançaram o Mercado de Obrigações Asiático em 2002 para fortalecer a infraestrutura de desenvolvimento do mercado de obrigações na região – com o objetivo de fortalecer a capacidade do sistema financeiro regional conter uma futura crise financeira, através do desenvolvimento de mercados de obrigações em moedas locais, como uma fonte alternativa a empréstimos bancários de curto prazo em moeda estrangeira, destinados a financiamentos de longo prazo. Em 2002, é lançado o Fundo de Obrigações Asiático (ABF) pelo fórum dos bancos centrais regionais que inclui também a Austrália, a Nova Zelândia e Hong Kong, mas sem os países da ASEAN de rendimento baixo. Ambas as iniciativas se destinam a promover uma maior integração dos mercados financeiros na região. Juntas, estas iniciativas representam uma oportunidade de estabilidade financeira e vontade de desenvolvimento de mercados de capitais. O ABF acelerou as reformas fiscais e regulatórias de acordo com regras internacionais. Em conjunto com o ABMI, também ajudou a melhorar a infraestrutura do mercado financeiro e introduzir uma nova classe de ativos financeiros nos mercados nacionais (Amyx, 2008). Isto facilitou não só o rápido desenvolvimento dos mercados financeiros locais e a sua crescente importância nos PIBs locais como promoveu o investimento dentro da Ásia (Gill e Kharas, 2007).

A Emergência Económica e Financeira da China na Ásia Oriental

A grande estória do pós-1997, na Ásia Oriental, tem sido a ascensão da China como o principal parceiro comercial da região, passando a ser cada vez mais o motor económico regional, com um papel crucial nas cadeias regionais de produção. Tal como indica a Figura 3, se em 1997 representava 10% do comércio total na Ásia Oriental, Austrália e Nova Zelândia, em 2014 essa percentagem já se aproximava dos 25%.

FIGURA 3: Percentagem do Comércio Asiático, por parceiro
(em percentagem do comércio total asiático)

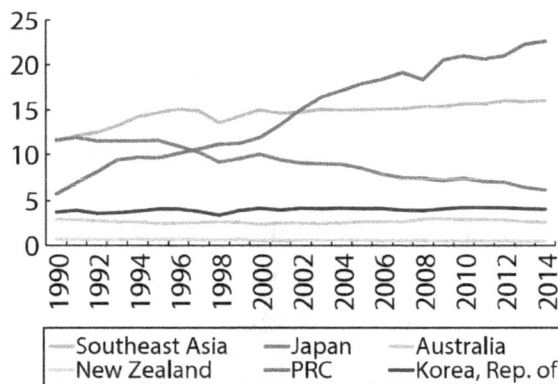

Figure 17: Asia's Trade Shares, By Partner (% of total Asia's trade)

PRC = People's Republic of China.

Fonte: Banco Asiático de Desenvolvimento (2015, 12)

O que as estatísticas revelam é que a interdependência comercial e económica entre a China e o resto da Ásia Oriental tem vindo a aprofundar-se nos últimos anos. Muito deste comércio representa uma reorientação das redes de produção acompanhando a expansão rápida da economia chinesa. Desde a crise financeira asiática, a China tem vindo a transformar-se no principal centro de processamento de produção na Ásia Oriental, comprando muitos produtos necessários ao processo de produção na região, processando-os em território chinês e depois exportando os produtos finais para países ricos na região ou fora desta. Para John Wong (2010), a China está cada vez mais no centro das redes de produção regionais e globais. Assim, do resto da Ásia, com quem tem um alto défice comercial, recebe capital, equipamento, componentes e partes tecnológicas avançadas (Japão, Coreia do Sul, Taiwan), matéria-prima, recursos naturais e energia (ASEAN, Austrália e Médio Oriente) e serviços legais, financeiros e comerciais (Hong Kong e Singapura). Com todos estes ingredientes, a China como último elo na cadeia de produção regional responsabiliza-se pela manufatura, processamento e montagem dos produtos que passam de *Made in Asia* para *Made in China* e que depois serão exportados para a Europa, Estados Unidos e resto do mundo. Nestas relações comerciais, a China tem um superavit comercial balançando o seu défice com o resto da Ásia.

Por outro lado, a China começa a ter um papel importante como investidor na região (Garcia-Herrero et al, 2015). Por enquanto, as estatísticas regionais do BAD indicam que mais de 50% do investimento direto atual na Ásia já é proveniente da própria região e que grande parte desse provém da ASEAN e do Japão (ADB, 2015). Embora o Japão seja atualmente o principal investidor asiático na região (ADB, 2015), a expectativa é que nos próximos anos essa posição venha a ser ocupada pela China, quando se começarem a contabilizar os investimentos previstos e realizados por via da Iniciativa Faixa e Rota lançada oficialmente em 2013 pelo Presidente chinês Xi Jiping e dos Fundos da Rota da Seda e da Cooperação China-ASEAN, ambos criados em 2014 (Weinland, 2016). Tudo isto financiado pelos bancos de desenvolvimento chineses: Banco de Desenvolvimento da China (BDC) e Banco de Exportações e Importações da China (Exim).

Outro fenómeno em curso e que pode influenciar de forma significativa a influência financeira chinesa na Ásia Oriental é o uso crescente, ou internacionalização, da moeda chinesa renminbi (RMB) em transações comerciais na região (Subramanian e Kessler, 2013). A recente inclusão do RMB no cabaz de moedas que constituem o Direito de Saque Especial (DES) do FMI ao lado do dólar, euro, libra e iene representa um reconhecimento da força económica e financeira da China pela organização financeira multilateral.[2] Uma decisão que abre a porta para um maior uso do RMB em transações internacionais. De acordo com a SWIFT, a rede internacional que permite às instituições financeiras a nível mundial enviar e receber informação sobre transações financeiras de forma segura e padronizada, mais de 100 países usam já o RMB em pagamentos feitos à China e Hong Kong e destes 57 já ultrapassaram o limiar que o SWIFT chama de "cruzar o rio do RMB" e que permite mediar a adoção dos pagamentos à China e Hong Kong em RMB, em comparação com outras moedas. O cruzamento deste "rio" significa que as transações internacionais em RMB passaram um limiar a partir do qual a sua utilização tenderá a ser mais comum e crescer. Em dezembro de 2017, o RMB era a quinta moeda mais utilizada em transações internacionais de acordo com o *RMB Tracker* da Swfit (Swift, 2018). Para estimular ainda mais o uso internacional da sua própria moeda, libertando-a da forte dependência do dólar e rivalizando-a ao dólar enquanto principal moeda global para comércio e investimento, a China lançou em 2015, um sistema de pagamentos internacionais em RMB denominado CIPS (*China International Payments System*). Esta iniciativa chinesa é vista também como uma forma de reduzir a sua dependência em relação ao sistema SWIFT baseado em Bruxelas e cuja governação é dominada por bancos americanos e europeus (Wildau, 2015).

No entanto, o que parece ser visível é que o RMB já é uma moeda de referência na Ásia Oriental ou uma moeda que exibe um alto grau de comovimento com outras moedas, ou seja, a valorização ou desvalorização das moedas locais tendem a acompanhar cada vez mais a evolução do RMB do que a do dólar norte-americano. Subramanian e Martin Kessler (2013) mostram como, desde 2010, já existe um "bloco RMB", "porque", dizem, "o RMB tornou-se a moeda de referência dominante, eclipsando o dólar: um "acontecimento histórico" para os autores. Argumentam que na região, sete das 10 moedas locais comovimentam-se de forma muito mais próxima com o RMB

---

[2] O DE (em inglês: *Special Drawing Right*, SDR) é um instrumento monetário internacional criado pelo FMI em 1969 para suplementar as reservas em moeda estrangeira dos seus membros. O DES pode ser trocado livremente por qualquer outra moeda. O valor do DE é baseado num cabaz constituído pelas cinco moedas mais importantes. Para uma descrição mais detalhada, ver Fundo Monetário Internacional (2017).

do que com o dólar. Para Subramanian e Kessler, a integração comercial regional parece ser o principal condutor deste comovimento. As economias que seguem o RMB são a Coreia do Sul, Taiwan, Filipinas, Indonésia, Malásia, Singapura e Tailândia. No entanto, Kawai e Pontines argumentam, recorrendo a um modelo matemático, que ainda não existe esse "bloco RMB" embora reconheçam a crescente importância do RMB precisamente nesses países (Kawai e Pontines, 2014). Finalmente, o início das atividades do BAII em 2016 é, com um capital inicial de 100 mil milhões de dólares norte-americanos e destinado a apoiar o financiamento de infraestruturas na Ásia, particularmente expressivo como um instrumento de *Estadismo Financeiro* porque mostra a vontade e capacidade da China em liderar e financiar, através das fortes reservas financeiras de que dispõe, uma instituição multilateral financeira que procura replicar, simplificar ou melhorar os processos, instituições e normas utilizadas pelas suas congéneres como forma de ganhar legitimidade e credibilidade internacional (Callaghan e Hubbard, 2016).

Conclusão

Para Shaun Breslin (2013), existe uma forte perceção na China de que o mundo está perante um processo de transição de poder e que este processo abre uma oportunidade para a China (e outros países em desenvolvimento) para terem uma voz mais ativa na governação global. A re-emergência do G-20 após a crise económico-financeira de 2008 foi vista como um primeiro passo para um grupo de economias emergentes e em ascensão exigir um papel mais forte no BM e FMI. No entanto, o sucesso tem sido limitado até à data. O G-20 foi originalmente criado em 1999 para discutir políticas comuns destinadas a promover a estabilidade financeira global (Viola, 2014) A eleição dos presidentes do BM e FMI continua a ser dominada pelos EUA ou Europa. No entanto, no seio da Ásia Oriental, a China parece ter optado por assumir um caminho de *Estadismo Financeiro* que pode representar uma configuração multilateral, a nível regional, alternativa ao *status quo* atual da ordem e arquitetura financeira global através da sua liderança de iniciativas como a IFR e BAII ou da promoção do RMB como moeda de referência a nível internacional (Armijo e Katada, 2015). Depois de ter promovido sistematicamente à escala global os seus bancos de desenvolvimento públicos como o BDC ou Banco Exim, acordos de trocas de divisas com outros países, incluindo o CMIM,[3] o lançamento em 2013 do BAII e a progressiva internacionalização do RMB nos últimos anos podem ser vistos como instrumentos privilegiados do *Estadismo Financeiro* chinês.

Por detrás deste *Estadismo Financeiro* da China está uma política externa estratégica e de influência junto dos países asiáticos vizinhos ou "diplomacia de vizinhança" (Mah, 2015). A importância da ASEAN é particularmente evidente na narrativa diplomática oficial chinesa. Em outubro de 2013, o Comité Central do Partido Comunista Chinês (PCC) organizou um fórum sobre a diplomacia para a periferia entendida como as regiões marítimas e terrestres adjacentes à China. A vizinhança é estratégica para a diplomacia de Pequim porque para a liderança chinesa a "consolidação da influência da China na Ásia é essencial para a emergência do país como grande potência" para alcançar o seu objectivo de "rejuvenescimento nacional" em meados do século XXI (Heath, 2013).

Para o Presidente chinês XI Jiping, a IFR é a grande iniciativa da sua presidência destinada a ajudar a alcançar este objetivo (Tao, 2014; Swaine, 2015). A recente consagração desta iniciativa na constituição do Partido Comunista Chinês (PCC) no congresso em outubro de 2017 veio mostrar que mais do um projecto económico, a IFR é um projeto geopolítico da China que reflecte o desejo de Xi de consolidar a influência global do país (Goh e Ruwitch, 2017). Esta iniciativa vem coincidir com a vontade da ASEAN em fortalecer os laços regionais através do *Connectivity Masterplan* lançado em 2010 e do lançamento em 2016 da Comunidade Económica da ASEAN transformando-a numa zona essencialmente de comércio livre para uma comunidade económica de 650 milhões de habitantes baseada na mobilidade livre da mão-de-obra e investimento com uma progressiva integração das cadeias de produção industrial e agrícola (Hong, 2016). As crescentes ascendências financeiras e

---

[3] Para Katada e Sohn (2014), o envolvimento da China no CMIM e na procura de uma maior cooperação regional financeira tem funcionado precisamente como uma política de *Estadismo Financeiro*.

comerciais da China na região representam, assim, a oportunidade para, progressivamente, Pequim liderar uma emergente NOEA e influenciar a criação de uma cooperação multilateral financeira alternativa à que tem definido as regras do jogo em Washington via BM e FMI.

Referências bibliográficas

AMYX, J. (2008) "Regional Financial Cooperation in East Asia since the Asian Financial Crisis". In Macintyre, A.; Pempel, T.J. e Ravenhill, J. (org.) *Crisis as Catalyst: Asia´s Dynamic Political Economy*. Ithaca: Cornell University Press, pp. 117-139.

ARMIJO, L. E. e. Katada, S. N. (2015) Theorizing the Financial Statecraft of Emerging Powers, *New Political Economy* 20(1), pp. 42-62.

Banco Asiático de Desenvolvimento (2017) *Asia Economic Integration Report 2017: The Era of Financial Interconnectedness: How Can Asia Strengthen Financial Resilience*. Manila: Asian Development Bank.

BANCO ASIÁTICO DE DESENVOLVIMENTO (2016) *Asian Development Outlook 2016: Asia´s Potential Growth*. Manila: Asian Development Bank.

BANCO ASIÁTICO DE DESENVOLVIMENTO (2015) *Asia Economic Integration Report 2015: How Can Special Economic Zones Catalyze Economic Development*. Manila: Asian Development Bank.

BANCO ASIÁTICO DE DESENVOLVIMENTO (2011) *Asia 2050: Realizing the Asian Century*. Manila: Asian Development Bank.

BISWAS, R. (2015) Reshaping the Financial Architecture for Development Finance: The new development banks, *LSE Global South Unit Working Paper Series* No.2/2015, London School of Economics and Political Science.

BRESLIN, S. (2013) China and the global order: signaling threat or friendship?. *International Affairs*, 89(1), pp. 615-634.

CALLAGHAN, M. e Hubbard, P. (2016) The Asian Infrastructure Investment Bank: Multilateralism on the Silk Road. *China Economic Journal*, 9(2), pp. 116-139.

FUNDO MONETÁRIO INTERNATIONAL (2017) Special Drawing Right (SDR), *FMI Factsheet*. Washington: FMI.

FEIGENBAUM, E. (2015) The New Asian Order and How the United States Fit, *Foreign Affairs* Snapshot, 2 de fevereiro.

GARCIA-HERRERO, A.; Xia, L. e Casanova, C. (2015) Chinese outbound foreign direct investment: How much goes where after round-tripping and offshoring? *BBVA Research Working Paper* 15/17.

GERMAIN, R. (2014) "The historical origins and development of global financial governance". In Moschella, M. e Weaver, C. (org) *Routledge Handbook on Global Economic Governance*. Londres: Routledge, pp. 97-114.

GILL, I. e Kharas. H. (2007) *East Asian Renaissance: Ideas for Economic Growth*. Washington: World Bank.

GOH, B. e Ruwitch, J. (2017) Pressure on as Xi´s "Belt and Road" enshrined in Chinese party charter, *Reuters*, 24 de outubro.

HEATH, T. (2013) Diplomacy Work Forum: Xi Steps Up Efforts to Shape a China-Centered Regional Order, *China Brief* 13(22), Washington: Jamestown Foundation.

HONG, Z. (2016) Can China's OBOR Initiative Synergize with AEC Blueprint 2025? *ISEAS Perspective* , No.62. Singapore: ISEAS.

KATADA, S. N. e Sohn, I. (2014) "Regionalism as Financial Statecraft: China and Japan´s Pursuit of Counterweight Strategies". In Armijo, L. E. e Katada, S. N. (org) *The Financial Statecraft of Emerging Powers: Shield and Sword in Asia and Latin America*. Londres: Palgrave MacMillan.

KAWAI, M. e Pontines, V. (2014) Is there Really a Renminbi Bloc in Asia? *ADBI Working Paper Series*, No. 467.

KAWAI, M. (2015). From the Chiang Mai Initiative to an Asian Monetary Fund, *ADBI Working Paper Series*, No. 527.

LIU, L. (2016) The Empirical Evidence on Government Bond Integration in East Asia, *Journal of East Asian Economic Integration* 20(1), pp. 37-65.

MACINTYRE, A.; Pempel, T.J. e Ravenhill, J. (2008) "East Asia in the Wake of the Financial Crisis", In Macintyre, A.; Pempel, T.J. e Ravenhill, J. (org.) *Crisis as Catalyst: Asia´s Dynamic Political Economy*. Ithaca: Cornell University Press, pp. 1-24.

PARK, C.-Y., Villafuerte, J.; Lee, J. e Rosenkranz, P. (2017) 20 years after the Asian Financial Crisis: lessons learned and future challenges, *ADB Briefs*, No 85.

PEMPEL, T.J. (2008) "Restructuring Regional Ties". In Macintyre, A.; Pempel, T.J. e Ravenhill, J. (org.) *Crisis as Catalyst: Asia´s Dynamic Political Economy*. Ithaca: Cornell University Press, pp. 164-182.

SUSSANGKARN, C. (2010) The Chiang Mai Initiative Multilateralization: Origin, Development and Outlook, *ADBI Paper Series*, No 230.

SWAINE, M. (2015) Xi Jiping´s Address to the Central Conference on Work Relating to Foreign Affairs: Assessing and Advancing Major Power Diplomacy with Chinese Characteristics", *China Leadership Monitor*, No 46.

SUBRAMANIAN, A. e Kessler, M. (2013) The Renminbi Bloc is Here: Asia down, Rest of the World to Go? *Peterson Institute for International Economics Working Paper Series* 12-19

SWIFT. 2018. RMB Internationalisation: Where we are and what we can expect in 2018, *RMB Tracker*.

TAO, X. (2014) Back on the Silk Road: China´s Version of a Rebalance to Asia, *Global Asia* 9(1), disponível em https://www.globalasia.org/v9no1/feature/back-on-the--silk-road-chinas-version-of-a-rebalance-to-asia_xie-tao .

TERADA, T. (2012) "ASEAN Plus Three: becoming more like a normal regionalism?". In Beeson, M. e Stubbs, R. (org) *Routledge Handbook on Asian Regionalism*. Londres: Routledge, 364-374.

VIOLA, L. A. (2014) "The G-20 and global financial regulation" in Moschella, M. e Weaver, C. (org) *Routledge Handbook on Global Economic Governance: Players, Power and Paradigms*. Londres: Routledge, 115-128.

WANG, H. e Rosenau, J. N. (2009) China and Global Governance, *Asian Perspective* 33(3), pp. 5-39.

WILDAU, G. (2015) China launch of renminbi payments system reflects Swift spying concerns, *Financial Times*, 8 de outubro.

WONG, J. (2010) "China´s Rise and East Asian Economies: Towards a Sino-centric regional grouping?". In Takashoti, I. e Hahn, C. H. (org) *The Rise of China and Structural Changes in Korea and Asia*. Cheltenham: Edward Elgar Publishing Limited, pp. 65-96.

CAPÍTULO 7

A UE COMO ATOR SECURITÁRIO EM ÁFRICA: O NEXO ENTRE A ABORDAGEM MULTILATERAL E AS CAPACIDADES

THE EU AS A SECURITY ACTOR IN AFRICA: THE NEXUS BETWEEN THE MULTILATERAL APPROACH AND CAPACITIES

LUÍS EDUARDO SARAIVA

Universidade Lusíada de Lisboa e Centro Lusíada de Investigação em Política Internacional e Segurança, Portugal

ORCID: 0000-0002-6390-2904

RESUMO: A Estratégia Global da União Europeia (UE), de 2016, renova o compromisso com o multilateralismo, contribuindo para o sucesso de uma abordagem multilateral aos riscos e ameaças do mundo global, na sua vizinhança e na própria UE. Assim, a UE propõe nesse documento aumentar a autonomia estratégica e, ao mesmo tempo, reforçar a cooperação com os parceiros, em especial com a OTAN. O argumento deste capítulo é que a UE está disposta a tornar-se uma potência global capaz de, numa abordagem multilateral, lidar com novos tipos de conflito e ameaças transnacionais. Contudo, não dispõe ainda das capacidades para o fazer, sendo necessário um esforço adicional no seu desenvolvimento. Além disso, o capítulo olha para as relações da UE com África, em especial o Sahel, uma vez que a UE tem sublinhado a importância de cooperar com a vizinhança de forma a reforçar a sua própria segurança.

Palavras-chave: PCSD, África, multilateralismo, Estratégia, Segurança

ABSTRACT: The 2016 Global Strategy of the European Union (EU) renews the Union's commitment to multilateralism by seeking to contribute to the success of a multilateral approach to tackle the risks and threats of the global world, of its neighbourhood, and of the EU itself. Therefore, the EU proposes to increase strategic autonomy and, at the same time, to strengthen cooperation with partners, in particular with NATO. The argument of this chapter is that the EU is willing to become a global power capable of dealing with new types of conflict and transnational threats, in a multilateral approach. However, it does not yet have the capacities to do so, and an additional effort is required for their development. In addition, the chapter looks at the EU's relations with Africa, in particular the Sahel, as

https://doi.org/10.14195/978-989-26-1750-3_8

the EU has underlined the importance of cooperating with the neighbourhood in order to strengthen its own security.

Keywords: EU, Global Strategy, CSDP, Africa, multilateralism, security

Introdução

Após o fim do sistema bipolar, o mundo viu-se perante um fenómeno de unipolaridade que alguns autores considerariam instável.[1] Contudo, foi também a oportunidade para o surgimento de novas vias para desenvolvimento de abordagens multilaterais. Por exemplo, a Organização das Nações Unidas (ONU) viu incrementado o seu papel global, intervindo, ou tentando intervir onde fosse necessária presença internacional para apoiar a paz e o desenvolvimento. Assim, a partir de finais dos anos 1990, assiste-se ao ressurgimento da abordagem multilateral como forma de exercer governação global (ver capítulo 1), ou seja, de propor e implementar modelos de governação, supervisionados nomeadamente pela ONU, que promoveriam a paz, o desenvolvimento e a defesa dos direitos humanos.

A UE teve um papel importante, nos inícios do século XXI, na proposta de práticas que concretizaram, ou tentaram concretizar, a nova abordagem multilateral. Após a constituição da Política Europeia de Segurança e Defesa (PESD)[2], a Estratégia Europeia de Segurança (EES), de 2003, haveria de

---

[1] Para alguns analistas a unipolaridade seria uma ilusão, um momento que não teria durado muito e que daria lugar à multipolaridade. Contudo, os teóricos da Estabilidade Hegemónica, como os realistas Robert Keohane e Organski, ou Charles P. Kindleberger, afirmam que um sistema hegemónico, em certas condições, tende a perpetuar-se por ser muito estável, quando um único Estado-nação é o poder dominante no mundo. Snidal põe em causa a suposição dos teóricos da Estabilidade Hegemónica de que a ação coletiva no sistema internacional é impossível na ausência de um Estado dominante. Já em 1989 Joanne Gowa (1989) sublinhava que a hegemonia não é necessária e, de facto, pode ser mesmo incompatível com uma economia mundial estável baseada nas trocas de mercado. Por fim, outros autores questionam mesmo se o sistema alguma vez foi unipolar, argumentando, em vez disso, que seria "uni-multipolar", como afirmou Samuel Huntington (Wohlforth, 1999).

[2] A Política Externa e de Segurança Comum nasceu na cimeira de Maastricht, em 1991, onde os chefes de Estado e de governo acordaram que a União da Europa Ocidental (UEO) passaria a integrar o processo de desenvolvimento da UE, mantendo-se uma organização independente, e tendo por missão elaborar e implementar as decisões da UE no âmbito da segurança e defesa. Na Cimeira de Amesterdão, em 1997, foi aprovada a integração da UEO na UE. As missões de Petersberg, acordadas no Conselho UEO de 1992, foram incorporadas no texto do Tratado de Amesterdão. Este referia a necessidade de atribuir à UE uma capa-

abrir o caminho para o desenvolvimento de normas e práticas inovadoras no âmbito do multilateralismo[3]. Estas identificariam a UE como um dos atores relevantes, nomeadamente no que concerne às práticas de apoio à ideia de governação global desenvolvida na ONU, numa abordagem multilateral (Conselho da UE, 2008).

As instituições da UE desenvolveram desde então novas abordagens e as discussões sobre as questões de segurança e defesa acabariam por dar origem a um relatório em 2008, assinado por Javier Solana (Conselho da UE, 2008), que tentou preencher a lacuna da não aprovação de uma Grande Estratégia para a Europa. Poucos anos depois, este processo acabaria por gerar a Estratégia Global, onde se tornou clara a determinação da UE para ser poder global.

Para além dessa vocação global, a UE tem marcado posição na promoção do regionalismo e, assim, o multilateralismo regional poderá tornar-se o próximo paradigma de paz, cooperação e estabilidade nas questões globais (Mylonas e Yorulmazlar, 2012). Já escrevia Álvaro de Vasconcelos em 2001 (Vasconcelos, 2001: 99) que uma componente essencial da política externa da União e parte integrante da sua visão do mundo é a promoção do regionalismo, notando que a UE considerava o multilateralismo eficaz apenas se apoiado em grupos regionais.

A UE parece demonstrar a clara vontade de maior compromisso e investimento em relação à sua própria segurança, à da sua vizinhança, nomeadamente em África, e até à segurança global. Numa primeira leitura, apresenta-se como um empenhamento mais profundo para um "multilateralismo efetivo".[4] A presente análise procura confirmar se a UE está a operacionalizar formas multilaterais de interação que se apoiam em mecanismos efetivos, para ser

---

cidade operacional. Com o objetivo de dotar a UE de capacidade de decisão na prevenção de conflitos e gestão de crises, foram aprovados arranjos institucionais para assegurar o controlo político e a direção estratégica das missões de Petersberg (Branco, 2007).

[3] Conforme afirmava Javier Solana no relatório de implementação da Estratégia de 2003: "A nível mundial, a Europa deve conduzir um processo de renovação da ordem multilateral. [...] Tudo o que a União Europeia tem feito no domínio da segurança tem estado associado aos objetivos da ONU. Estamos hoje perante uma oportunidade única de renovar o multilateralismo, em colaboração com os Estados Unidos e com os nossos parceiros em todo o mundo" (Conselho da UE, 2008: 9).

[4] O capítulo sobre as relações UE-Rússia também analisa, noutro estudo de caso, a forma como a EU procura implementar uma forma de "multilateralismo efetivo".

relevante no cenário internacional. Procuramos responder à questão: a UE está de facto a preparar-se para ser um contribuinte eficaz para uma abordagem multilateral aos riscos e ameaças globais, sendo tal já confirmado, em África, nomeadamente no Sahel?

A forma como têm decorrido ultimamente em Bruxelas os processos de identificação de necessidades de capacidades, militares e outras, para levar a cabo missões e operações no âmbito da Política Comum de Segurança e Defesa (PCSD), parece demonstrar que a UE prossegue o reforço dessas capacidades (Ministério da Defesa Nacional, 2017). Contrariando a avaliação de Isabel Nunes (Nunes, 2012), que previa que a resposta à crise financeira de 2008 seria um reforço da estratégia de relacionamento externo multilateral da UE e do desenvolvimento e emprego de capacidades[5], a crise parece ter enfraquecido muitos dos Estados membros (EM) no que diz respeito ao investimento em capacidades militares e terá obrigado ao desvio de recursos para projetos urgentes. Contudo, a crise potenciou também a gestão mais eficaz de recursos e processos "de partilha e de agregação de capacidades dentro da União" (Nunes, 2012), numa lógica que haveria de produzir a ideia de cooperação estruturada permanente, abaixo mencionada.

Passados cinco anos e em linha com esta perspetiva, a UE está a terminar a revisão do seu Plano de Desenvolvimento de Capacidades (PDC)[6], consequência da Estratégia Global[7] (Conselho da UE, 2016). Desde a adoção do PDC, o Conselho da UE restabeleceu o seu nível de ambição, dando prioridade às ações concretas necessárias para implementar a Estratégia. As conclusões de 18 de maio de 2017 (Conselho da UE, 2017a) refletem claramente essa abor-

---

[5] "Desde 2008 que a configuração de uma situação de crise económica e financeira associada a uma crescente difusão e transnacionalização dos riscos e ameaças impõem esforços adicionais à gestão das políticas de defesa e segurança e à despesa setorial com recursos e capacidades" (Nunes, 2012).

[6] O Plano de Desenvolvimento de Capacidades (PDC) é de acesso restrito. Contudo, por insistência de vários Estados Membros, a Agência Europeia de Defesa (*European Defence Agency* – EDA) preparou em 2008 uma publicação, "Future Trends from the Capability Development Plan", que apresenta os conteúdos não classificados do PDC. Várias edições desta publicação têm refletido as várias versões do PDC (Agência Europeia de Defesa, S/D).

[7] Que também levou à adoção pelo Conselho, em 2016, do Plano de Implementação de Segurança e Defesa (Conselho da UE, 2016).

dagem. Com estes passos, a UE e os EM esperam melhorar a abordagem às ameaças atuais e futuras à segurança e à defesa. Concretamente, a UE propõe aumentar a autonomia estratégica e, ao mesmo tempo, reforçar a cooperação com os seus parceiros, em especial com a OTAN.

O desenvolvimento das capacidades da PCSD visa também a melhoria da segurança e da defesa na vizinhança, em especial a leste, no Norte de África, no Sahel e no resto da África Subsaariana. Assim, o reforço da segurança em África é um dos principais objetivos da Estratégia Global da UE, uma vez que esta vê na segurança dos seus vizinhos a base da sua própria segurança, como já claramente indicava a EES de 2003.

A declaração conjunta, da UE e de África, em Bruxelas, afirmava que 2017 seria um ano decisivo para a parceria entre os dois continentes. Num cenário global em rápida mutação, África está a experimentar profundas mudanças económicas, políticas e sociais, que trarão efeitos profundos nas dimensões interna e externa da segurança e prosperidade da Europa, pelo que os dois continentes têm muito a ganhar com o reforço dos laços políticos e económicos, mas terão muito a perder se não atuarem prontamente (The Africa-EU Partnership, 2017).

Para responder de forma eficiente aos conflitos e crises externos, a UE ambiciona aumentar a consciencialização e a capacidade de resposta em todas as etapas do ciclo de conflito, incluindo a prevenção, mas tal exigirá uma revisão completa das capacidades de gestão de crises, incluindo capacidades militares, particularmente em face de novas ameaças e novas abordagens de como fazer a guerra, como Mary Kaldor (2013) tem demonstrado.

Assim, para analisar se a UE está de facto a empenhar-se para ser um ator eficaz a nível global e se esse empenhamento é relevante no que diz respeito a África, o capítulo propõe-se verificar se existem estruturas e instrumentos de resposta a uma ação coordenada, eficiente e eficaz. Embora a UE tenha desenvolvido mecanismos de resposta a desafios em África, aquando do estabelecimento da Parceria África-UE, este capítulo vai analisar essencialmente a abordagem multilateral da UE na região do Sahel. O empenhamento da UE não deverá ser confundido com os visíveis esforços de EM – como a França no Sahel –, embora algumas vezes esses tenham sido capazes de elevarem projetos nacionais a projetos da União.

Inicialmente, argumenta-se que a UE, apesar dos esforços para confirmar a sua relevância regional e também global, através de uma postura multilateral, parece não ter ainda um empenhamento decisivo, pragmático, ao nível das estruturas em Bruxelas. Da mesma forma, apesar de a UE continuar a sublinhar a importância do nexo segurança-desenvolvimento, os EM não se têm comprometido, de forma clara, em projetos de desenvolvimento económico e social, sincronizados com projetos de segurança, nas regiões que a UE considera de interesse, como é o caso do Sahel. Na segunda parte, é feito o estudo da evolução da doutrina multilateral da UE em matérias de segurança e defesa, através da análise dos principais documentos da PCSD, desde 2003, quando foi aprovada a EES, na perspetiva da relevância para a capacidade de a UE intervir como ator multilateral nas áreas de interesse estratégico. A terceira parte analisa a evolução do pensamento estratégico da UE para África e discute se o reforço das capacidades da PCSD se enquadra na abordagem de segurança da UE nesse continente.

O multilateralismo como motor da relevância regional e global da UE

A UE constitui um dos grandes atores internacionais que conduzem uma visão do mundo baseada na cooperação entre todos os elementos do sistema internacional. Parece faltar, no entanto, um empenhamento decisivo das estruturas de Bruxelas e dos EM da UE nos projetos de investimento no desenvolvimento económico e social dessas regiões, que sejam acompanhados por investimento de segurança, necessário para a viabilização desses projetos de desenvolvimento. Essa falta de um empenhamento decisivo estará em contracorrente com a assunção pela UE de que é incontornável a relação entre a segurança e o desenvolvimento.

Sempre em linha com uma visão multilateralista das relações internacionais, a UE tem preconizado o estabelecimento de uma estrutura que, substituindo a instabilidade de um momento unipolar, não se deixe cair num mundo multipolar, instável e inseguro. Como escrevia Álvaro de Vasconcelos, antes da aprovação da EES em 2003, para a UE, tratava-se de substituir o mundo instável da unipolaridade, mas "não por um mundo ainda mais instável de um sistema tradicional de equilíbrios de poderes multipolar, marcado pela frequente dissolução e alteração de alianças" (Vasconcelos, 2001, 100). Assim, assistir-se-ia ao advento de "um novo multilateralismo assente em espaços de integração regional", para o qual contribuiu a UE, devido à "sua experiência de regulação supranacional das relações entre os Estados". Nesta visão a UE seria incontornável, devido ao sucesso da sua experiência no processo de evolução do sistema internacional para a criação de uma comunidade internacional[8] forte (Vasconcelos, 2001: 100). Nos anos seguintes, o incremento da relevância da UE na gestão de crises, especialmente em África, daria razão a Vasconcelos.

De forma geral, a evolução da UE como ator internacional tem enfrentado importantes desafios, nomeadamente no que toca à capacidade de ser relevante em termos da paz e segurança internacionais e da sua atuação em contextos multilaterais. Algumas tentativas de agir em cenários onde a segurança regional, incluindo a segurança europeia, estava em causa, acabaram por se tornar demonstrações de ineficácia, como foi a missão de monitorização dos conflitos na ex-Jugoslávia, entre 1992 e 1995 (Ripley, 1999).

A partir desse período de limitada intervenção, a UE tem desenvolvido capacidades de intervenção, incluindo militares, para atingir objetivos limitados, mas cujo sucesso se encontra ao seu alcance. Daí ter procurado ser relevante na vizinhança, sendo mais notórias as suas intervenções a sul, especialmente no Sahel (que constitui a delimitação geográfica desta análise)[9] (Serviço de Ação Externa da União Europeia, 2018b). Na verdade, a sul do Mediterrâneo existem problemas de segurança e de direitos humanos que a UE tem tido cada vez mais dificuldades em resolver e que têm origem no Sahel. Para além da fraca capacidade para debelar as grandes ameaças para a Europa que são o tráfico de droga e o alastramento do

---

[8] Vasconcelos referir-se-ia, neste contexto, ao conjunto dos países reconhecidos pela Organização das Nações Unidas. "A comunidade internacional existiu inicialmente em função das relações entre entidades políticas, em que dominava o Estado, ainda que hoje existam vários outros 'sujeitos', outros membros, outros atores" (Barrento, 2010, p. 21).

[9] Como são os casos das missões EUTM na República Centro-Africana (desde 2016), no Mali (desde 2013) e na Somália (desde 2008), e das missões EUCAP Sahel no Mali (desde 2014) e no Níger e na Somália (ambas desde 2012) (União Europeia, 2018b).

terrorismo, a UE tem dificuldades em resolver o problema das movimenta-
ções para norte de vastos contingentes de pessoas que fogem das condições adversas, sejam elas guerras e violência extrema, alterações ambientais
profundas ou crises económicas. Contudo, conforme referido, já há alguns
anos que a UE adotou como princípio a ideia da relação profunda entre
segurança e desenvolvimento, em linha com as ideias da ONU de meados
da década passada (Comissão Europeia, 2018a)[10]. Embora ainda possa precisar de aprofundar o seu empenhamento no desenvolvimento, não deixando de se relevar os seus esforços na cooperação, desde os primeiros
acordos comerciais feitos com os países ACP (a UE é também o maior
doador de ajuda internacional), a UE tem realmente apostado nesse nexo.
Os projetos PCSD têm sido implementados em países que o solicitam e
que aceitem projetos de investimento e reforma das suas estruturas políticas, judiciais, sociais, económicas, sanitárias, de ensino, etc. Esta vontade
explícita é uma das condições para o financiamento europeu a esses países,
já que as conferências de doadores só têm sucesso quando há garantias.
Contudo, há problemas na perceção local sobre o papel das reformas no
sector da segurança (Saraiva, 2014:. 249, 250) e sobre o papel dos doadores
internacionais (Saraiva, 2014: 238, 239, 248), assim como na sustentação
desse apoio para lá do ciclo dos projetos financiados.

Apesar das insuficiências referidas, a UE tem uma postura de apoio à
governação global, concomitantemente com todos os processos que desenvolve com base em acordos bilaterais ou multilaterais[11], que depois se vão

---

[10] Desde 2001 que a Comissão Europeia adotou a relação ente segurança e desenvolvimento como um conceito central na abordagem dos problemas de subdesenvolvimento.
São vários os documentos que mostram o compromisso da UE com este conceito. Em 2007,
as Conclusões do Conselho da UE sobre segurança e desenvolvimento afirmavam que a
prevenção de conflitos deveria ser um objetivo prioritário, em particular para fortalecer a
cooperação para o desenvolvimento. Na reunião de junho de 2011 o Conselho sublinhava
a necessidade de melhorar os instrumentos para atingir este objetivo. Recentemente, em
2017, a importância do nexo de segurança-desenvolvimento foi de novo sublinhada no
Novo Consenso Europeu sobre Desenvolvimento (Comissão Europeia, 2018a).

[11] A UE tem acordos bilaterais em segurança e defesa, com países vizinhos, como
a Suíça, e outros. Mas os mais importantes acordos bilaterais dizem respeito à área
económica e financeira, nomeadamente conversações regulares sobre regulamentação
financeira com os principais parceiros económicos, os EUA, o Japão, a China, a Índia, a
Rússia e o Brasil. A convergência com as regras da UE em matéria de serviços financeiros
e movimentos de capitais também faz parte das negociações de adesão com os países

ajustando àquilo que são princípios de atuação consignados na Carta das Nações Unidas. Essa postura também é significativa no nível regional, e a EES de 2003 já sublinhava a importância das organizações regionais para a governação global, como a União Africana (UA) (Conselho da UE, 2003: 9), ou mesmo as organizações sub-regionais africanas. Também a nível regional são necessárias políticas coerentes, especialmente na capacidade de lidar com conflitos, atendendo a que os problemas raramente são resolvidos num único país, ou sem apoio regional, como mostra a experiência nos Balcãs e na África Ocidental (Conselho da UE, 2003: 14).

Como veremos de seguida, a UE tem vindo a seguir um caminho de prática de um multilateralismo que, embora modesto, tem sido pautado na sua evolução pela defesa dos direitos humanos como uma das principais motivações para a intervenção nas suas áreas de interesse estratégico.

Evolução da visão multilateralista da UE: a segurança e defesa nas relações com as áreas de interesse estratégico

A própria evolução da UE é um facto do multilateralismo. Assim a UE aprofunda a sua natureza ao concretizar projetos de cooperação multilateral no mundo. Como questão derivada da questão central de investigação, sobre se existem provas concretas de que a UE está de facto a preparar-se para ser um contribuinte eficaz para uma abordagem multilateral aos riscos e ameaças globais e de forma particular no Sahel, coloca-se a seguinte: estará esta ideia do aprofundamento da natureza multilateral da UE refletida na documentação que tem sido o suporte da criação das instituições, nomeadamente de defesa e segurança? A resposta será obtida pela análise dos documentos oficiais relativos à PCSD, desde a EES de 2003.

---

candidatos (Comissão Europeia, 2018b). É muito relevante o recente acordo bilateral, no interior da UE, entre a Alemanha e a França para o desenvolvimento da cooperação na área da defesa. Este acordo foi estendido a quase todos os outros EM com a designação de Cooperação Estruturada Permanente, tornando-se um claro indicador da cooperação multilateral na Europa em matéria de desenvolvimento de capacidades de defesa (União Europeia, 2018c).

A Estratégia Europeia de Segurança

A EES de 2003[12] foi profundamente afetada pelo ambiente de segurança global resultante dos eventos dramáticos de 11 de setembro de 2001, identificando o terrorismo como a principal ameaça para a segurança internacional. Assim, assumindo o compromisso de atuar globalmente, após a aprovação da Estratégia a UE decidiu rever as suas ferramentas de segurança e defesa. Mas qual foi o contributo dessa Estratégia para a presença da UE, num compromisso multilateralista, em áreas do seu interesse estratégico, como o Sahel? A análise da insegurança em África sublinhava, em 2003, que em muitos casos, na região subsaariana o fracasso económico estaria ligado a problemas políticos e conflitos violentos (Conselho da UE, 2003: 3). Para além disso, a grande dependência energética da UE justificava uma preocupação com o acesso a reservas energéticas que garantissem a constância de preços, ou seja, a sua própria segurança energética (Conselho da UE, 2003: 3).

A EES de 2003 foi importante para a presença da UE em África, e essa importância ficou clara quatro anos depois, com a assinatura da declaração conjunta, na Cimeira África-UE, em Lisboa, a 9 de dezembro de 2007, onde as partes se comprometiam a atingir um conjunto de objetivos de uma Nova Parceria Estratégica (Conselho da UE, 2017). Esse compromisso incluía alcançar os Objetivos de Desenvolvimento do Milénio; estabelecer uma arquitetura robusta de paz e segurança em África (APSA); reforçar o investimento, o crescimento e a prosperidade pela integração regional e vínculos económicos mais próximos; promover boa governação e direitos humanos; e criar oportunidades para moldar a governação global num quadro aberto e multilateral (Conselho da UE, 2007). Estes objetivos encontravam-se em linha com os três objetivos estratégicos identificados na EES, ou seja, enfrentar as novas ameaças à paz e segurança internacionais, criar segurança na vizinhança da Europa e apoiar uma ordem internacional baseada no multilateralismo efetivo (Conselho da UE, 2003).

---

[12] Tal como a Estratégia de Segurança Nacional dos Estados Unidos da América (EUA) publicada em 2002 (white House, 2002).

Para além das questões energéticas, o conceito tradicional de "autodefesa" dos países da UE também mudou, evoluindo da ameaça de invasão para novos tipos de ameaças identificados na EES. Assim, a UE considerava que a primeira linha de defesa do seu território se localizava no exterior. As novas ameaças são dinâmicas, os riscos de proliferação vão aumentando e as redes terroristas poderão tornar-se cada vez mais perigosas, sublinha o documento. Simultaneamente, verifica-se a tendência para o fracasso de alguns Estados mais frágeis e para o desenvolvimento do crime organizado, especialmente na África Ocidental[13], o que implica a necessidade de preparação atempada da UE antes da ocorrência de uma crise (Conselho da UE, 2003: 8).

O Relatório da implementação da EES – Providenciar Segurança num Mundo em Mudança

Conhecido como relatório Solana de 2008, o relatório de implementação da EES é por vezes considerado uma substituição fraca de uma verdadeira estratégia europeia, que não conseguiu ser aprovada após um longo processo realizado em 2007 e no início de 2008, quatro anos após a aprovação da EES (Conselho da UE, 2008). De facto, depois de meses de discussões e reuniões, Javier Solana apresentou uma proposta tímida que enfrentou a oposição de vários EM, que viram na proposta uma tentativa de reforçar a autonomia da PESD em relação à OTAN. O resultado foi um mero relatório sobre a execução da EES, onde se afirmava que este documento estava atualizado, não precisando de ser substituído, embora reconhecendo alguns aspetos desatualizados.[14]

---

[13] De acordo com o relatório de 2017 do Gabinete ONU para a Droga e o Crime (UNODC), o grupo Boko Haram, sedeado principalmente na Nigéria, tem ajudado traficantes de drogas a contrabandear heroína e cocaína em toda a África Ocidental, tendo sido confirmada a ligação ao tráfico de drogas durante processo judicial no Chade (UNODC, 2018, p. 36). Algumas evidências sugerem que a Al Qaeda no Magrebe Islâmico (AQMI) está envolvida no tráfico de cannabis e cocaína, ou pelo menos na proteção a traficantes (UNODC, 2018, p. 11). Na Guiné-Bissau, os traficantes internacionais de drogas contaram com o apoio de segmentos influentes dentro do aparato político e militar por vários anos (UNODC, 2018: 30).

[14] O autor, na qualidade de conselheiro da Representação Portuguesa junto da União Europeia (REPER) entre 2005 e 2008, participou, tanto a nível do Conselho, como do

O documento lançava luz sobre os desafios na vizinhança da UE, apelando ao aprofundamento das parcerias estabelecidas com os principais parceiros. Considerava essencial a implementação de instrumentos sobre crime, já existentes na ONU (Conselho da UE, 2008), e sublinhava a necessidade de fortalecer a capacidade dos parceiros UE no sul da Ásia e em África, principalmente a sul, em matéria de combate ao terrorismo, apoiando os esforços multilaterais, principalmente da ONU. As questões energéticas mantiveram-se como preocupação central (Conselho da UE, 2008: 4, 5).

O relatório de 2008 confirmava o aprofundamento das relações bilaterais com o Brasil e África do Sul, e, na Europa, Noruega e Suíça (Conselho da UE, 2008: 11). Sobre África, sublinhava-se o estreitamento da cooperação a UA e organizações regionais. Assim, através dessa Estratégia Conjunta, a União apoiaria o reforço das capacidades africanas na gestão de crises, incluindo as forças de prontidão (*stand-by forces*) regionais e o sistema de alerta precoce (*early warning*) (Conselho da UE, 2008: 11).

A Estratégia Global

Em 2016, a UE aprovou uma nova Estratégia (Serviço de Ação Externa da União Europeia, 2016b), confirmando o compromisso como ator global. Mas qual é a relevância desta Estratégia Global, em termos da PCSD e no quadro do multilateralismo, para a presença da Europa em África? Afirma-se nesse documento do Serviço Europeu de Ação Externa (SEAE), numa visão pessimista do ambiente atual:

Vivemos tempos de crise existencial, dentro e além da União Europeia. A nossa União está sob ameaça. O projeto europeu, que trouxe paz, prosperidade e demo-

---

Comité Político e de Segurança, como ainda no Grupo Político-militar, nos trabalhos e nos debates entre os representantes dos EM para a elaboração de uma Estratégia da UE que substituísse a de 2003. Devido a diversas dificuldades de alguns EM, o documento de trabalho inicial foi sofrendo diversas transformações, durante as suas versões de trabalho não públicas, até se transformar num simples relatório sobre a execução da EES de 2003, apresentado no Conselho Europeu que teve lugar em Bruxelas, a 11 e 12 de dezembro de 2008.

cracia sem precedentes, está a ser posto em causa. Para leste, a ordem de segurança europeia foi violada, enquanto o terrorismo e a violência afligem o norte da África e o Médio Oriente, assim como a própria Europa" [...] (Serviço de Ação Externa da União Europeia, 2016b: 7).

Versando este ambiente, a Estratégia sublinha que é interesse dos europeus investir na resiliência dos Estados e das sociedades a leste e a sul (União Europeia, 2016a: 9). Referindo-se àquilo que designa como Ordens Regionais Cooperativas (ORC), como a organização de sistemas de cooperação em diversas regiões do globo, a Estratégia Global afirma que, num mundo apanhado entre pressões globais e retrocessos locais, a dinâmica regional se destaca. As formas voluntárias de governação regional oferecerão aos Estados a oportunidade de melhor gerirem preocupações de segurança, de usufruir dos ganhos económicos da globalização, de expressar mais diversidade cultural e identitária e de influenciar os assuntos mundiais. A Estratégia sublinha que a cooperação é um fundamento crucial da própria paz e do desenvolvimento da UE no século XXI, e por isso a UE apoia as ORC em todo o mundo (Serviço de Ação Externa da União Europeia, 2016b: 10).

A UE comprometeu-se também no desenvolvimento da cooperação antiterrorismo com países do Norte de África, do Médio Oriente, nos Balcãs Ocidentais e com a Turquia, e tem desenvolvido esforços para partilhar, com parceiros em todo o mundo, as melhores práticas, desenvolvendo programas conjuntos de combate ao extremismo violento e à radicalização (Serviço de Ação Externa da União Europeia, 2016b: 21).

Relativamente às zonas vizinhas da União, como o Mediterrâneo, o Médio Oriente e partes da África subsaariana, a Estratégia Global apoia a promoção da governação multilateral regional, reconhecendo que só dentro de algumas décadas se acalmará aí a intranquilidade. Portanto, é essencial que a UE ajude a resolver conflitos e a promover o desenvolvimento e os direitos humanos no Sul, para enfrentar a ameaça do terrorismo, os desafios da demografia, as migrações e as mudanças climáticas. Assim, a Estratégia confirma o empenho da UE em intensificar o apoio e a cooperação com organizações regionais e sub-regionais de África e do Médio Oriente (Serviço de Ação Externa da União Europeia, 2016b: 34), com vista a apoiar os seus esforços de paz e segurança.

O apoio da UE à cooperação nessas sub-regiões também significa contro-lar a dinâmica transfronteiriça na África do Norte e Ocidental, nas regiões do Sahel e do lago Chade, através de vínculos mais estreitos com a UA, a Comuni-dade Económica dos Estados da África Ocidental (CEDEAO) e o G5 do Sahel[15] (Serviço de Ação Externa da União Europeia, 2016b: 35). Tendo em conta a natureza transnacional destes desafios, a Estratégia apresenta uma visão sobre a cooperação em espaços multilaterais que, passando também pela resolução dos velhos problemas dos conflitos regionais, confirma o compromisso da UE de colaborar com os parceiros, pois as ameaças são comuns. Os objetivos da UE serão atingidos tanto através da cooperação multilateral nas organizações internacionais, como por meio de parcerias com atores essenciais regionais africanos (Serviço de Ação Externa da União Europeia, 2016b, p. 43). Ao afir-mar o compromisso da UE para com o investimento na paz e desenvolvimento africanos, a Estratégia Global considera-o um investimento na sua própria segurança e prosperidade. Daí a intensificação da cooperação e do apoio à UA, bem como a outras organizações africanas[16].

No livro Branco sobre o futuro da Europa, publicado a 1 de março de 2017, são identificados cinco cenários pela Comissão Europeia (2017a). Contudo, a África subsaariana não é referida em nenhum, com exceção de uma breve referência no cenário número 2: "A renacionalização da ajuda ao desenvolvi-mento torna mais difícil estabelecer uma parceria abrangente com os países africanos, o que limita as oportunidades económicas num mercado em expan-são e também não permite resolver as causas profundas da migração na sua

---

[15] Trata-se de uma organização que engloba cinco países da região: Burkina Faso, Mali, Mauritânia, Níger e Chade. Foi criado em 16 de fevereiro de 2014 em Nouakchott, na Mauritânia, onde tem a sua sede. O objetivo do G5 Sahel é principalmente garantir condições de desenvolvimento e segurança no espaço dos países membros (Secretariado Permanente do G5 Sahel, 2018).

[16] Entre essas organizações, ditas sub-regionais, são de destacar a Comunidade Eco-nómica dos Estados da África Ocidental (CEDEAO), a Autoridade Intergovernamental para o Desenvolvimento na África Oriental (IGAD) e a Comunidade Africana Oriental (CAO). A CEDEAO é constituída por 15 estados: Benim, Burkina Faso, Cabo Verde, Costa do Mar-fim, Gâmbia, Gana, Guiné, Guiné-Bissau, Libéria, Mali, Níger, Nigéria, Senegal, Serra Leoa e Togo. A IGAD é um bloco comercial constituído por Djibouti, Eritreia, Etiópia, Somália, Sudão, Sudão do Sul, Quénia e Uganda. A CAO é a organização constituída por Quénia, Uganda, Tanzânia, Burundi e Ruanda, com o objetivo de aprofundar a cooperação entre os EM nos campos político, económico e social, entre outros, como forma de contribuir para o seu desenvolvimento.

origem" (Comissão Europeia, 2017a). Esse documento sublinha que a UE dá mais importância à segurança dentro das suas fronteiras, em detrimento do combate às causas externas da instabilidade na Europa, como os conflitos e o subdesenvolvimento na sua vizinhança.

A caminho da Cooperação Estruturada Permanente em matéria de Defesa

A 18 de maio de 2017, o Conselho adotou conclusões sobre segurança e defesa, no contexto da Estratégia Global, referindo os progressos no reforço da cooperação e apontando orientações para continuação dos trabalhos, como a melhoria das estruturas de gestão de crises, o reforço da cooperação com países parceiros, o levantamento de capacidades para segurança e desenvolvimento e de capacidades civis de gestão de crises, o reforço da resposta militar e o aprofundamento da cooperação na Defesa. Aqui, foi dado realce à cooperação estruturada permanente (PESCO), incentivando-se os EM a aprofundarem a colaboração (Conselho da UE, 2017b). As conclusões não refletiram o investimento a sul da Europa, embora existam referências às missões da UE em África e se saliente o seu envolvimento no desenvolvimento das capacidades dos países parceiros na gestão de crises e na criação de capacidades para segurança e desenvolvimento.

Embora reconhecendo a importância de aprofundar as parcerias com organizações internacionais, ONU, OTAN, OSCE, UA, Liga dos Estados Árabes e ASEAN, etc., o Conselho reiterava o compromisso de desenvolver uma abordagem mais estratégica da cooperação da PCSD com os países parceiros (Conselho da UE, 2017b: 5).

A 13 de novembro de 2017, a maioria dos países da UE[17] apresentava ao Conselho e à Alta Representante[18] uma notificação sobre CEP onde declarava a sua intenção de participar nessa estrutura (Serviço de Ação Externa da

---

[17] Não integraram esta notificação o Reino Unido, Portugal, Malta, Irlanda e Dinamarca, mas Portugal integraria a CEP mais tarde.

[18] Federica Mogherini é a Alta Representante da União para os Negócios Estrangeiros e Política de Segurança.

União Europeia, 2017c). De que forma se relaciona a CEP com o multilateralismo e com as prioridades UE para África? Na verdade, versa essencialmente o reforço das capacidades da UE para servir as suas próprias necessidades de segurança e defesa. Contudo, apoia-se no compromisso da UE e EM "com a promoção de uma ordem global baseada em regras, tendo o multilateralismo como princípio fundamental e as Nações Unidas como ponto central" (Serviço de Ação Externa da União Europeia, 2017c). Assim, este projeto de reforço das capacidades deverá contribuir para cumprimento do nível de ambição da UE, incluindo-se o sucesso das missões como as no Sahel.

A abordagem multilateralista na visão estratégia europeia para África

A análise da evolução da estratégia da UE para África responde à questão de saber se a segurança em África terá sido uma preocupação desde os primeiros passos do processo de desenvolvimento das capacidades de segurança e defesa UE. As iniciativas europeias de nível estratégico para a África, especialmente nos domínios da segurança e no do desenvolvimento, têm tido na verdade uma evolução constante e positiva, pese embora alguma modéstia no empenhamento de alguns EM. O que é notável é que, desde 2003, a UE declara a importância de intervir em África para ajudar a reforçar suas capacidades de defesa e investir em projetos de desenvolvimento longos e fortes. O nexo entre segurança e desenvolvimento mereceu a atenção das instituições europeias, e as missões da UE em África têm ajudado a reforçar este nexo. É o caso das atuais missões, na Líbia, no Mali, no Níger, na Somália e na República Centro-africana (RCA) (Conselho da UE, 2018). Esta última missão[19] é exemplo do investimento simultâneo da UE em segurança e desenvolvimento. A missão faz parte do apoio da UE para a estabilização da RCA e sucedeu à operação militar EUFOR RCA, que terminou em 2015. A UE é o principal parceiro de desenvolvimento do país e principal fornecedor de assistência humanitária, tendo investido mais de 360 milhões de euros para responder à

---

[19] EU's military advisory mission in the Central African Republic – EUMAM RCA.

crise na RCA desde o seu início em 2013 (Serviço de Ação Externa da União Europeia, 2018a).

Na Cimeira África-UE em Lisboa, em 2007, foi aprovada a Estratégia Conjunta África-UE, materializando a vontade dos dois continentes de aprofundarem a relação entre doadores e destinatários, ou seja, para uma cooperação mútua e solidária a longo prazo (Comissão Europeia, 2017b). Segundo declarado, a estratégia complementa a cooperação já existente, sendo que este nível envolve todos os canais de cooperação previamente existentes nos níveis local, nacional e regional (Comissão Europeia, 2017b). A Estratégia operacionaliza-se em cinco áreas prioritárias.[20] Uma delas, sobre Paz e Segurança, tem como objetivos assegurar um ambiente seguro, contribuir para a segurança humana, promover a estabilidade política e uma governação eficaz e permitir um crescimento sustentável e inclusivo (Comissão Europeia, 2017b). Contudo, a Estratégia Conjunta não conseguiu que se alcançassem os objetivos então identificados.

Por outro lado, a Estratégia de Segurança e Desenvolvimento no Sahel, de 27 de setembro de 2016, concretizou pela primeira vez o planeamento estratégico UE de ações concretas para o aumento da segurança e desenvolvimento a Sul. O texto refere os desafios que o Sahel enfrenta, incluindo pobreza extrema, mudanças climáticas, crises alimentares, crescimento rápido da população, governação frágil, corrupção, tensões internas, risco de extremismo violento e radicalização, tráfico ilícito e ameaças de terrorismo, para os quais é necessária intervenção rápida e eficaz dos atores de segurança e desenvolvimento (Serviço de Ação Externa da União Europeia, 2017: 1).

Os conceitos desta estratégia são enquadrados por um conjunto de temas que justificam a operacionalização planeada da estratégia. O primeiro confirma a importância do nexo entre segurança e desenvolvimento na região, pelo que ajudando a reforçar a segurança desses países irá promover-se o crescimento das suas economias, reduzindo a pobreza. O segundo estipula que somente através do incremento da cooperação regional se alcançarão

---

[20] As áreas prioritárias são: (i) paz e segurança; (ii) democracia, boa governação e direitos humanos; (iii) desenvolvimento humano; (iv) desenvolvimento económico e crescimento sustentável e inclusivo e integração continental; e (v) problemas globais e emergentes.

níveis mínimos de segurança e desenvolvimento. Outro considera que os Estados do Sahel beneficiarão de "uma capacitação considerável, tanto em áreas de atividade central do governo", como nesse reforço de capacidade (Serviço de Ação Externa da União Europeia, 2017:1).

O reforço das capacidades PCSD como instrumento da governação multilateral de segurança da UE em África

Assumir responsabilidades maiores e declarar a capacidade de atuar em qualquer parte do mundo implica que a UE dê um impulso extra às suas capacidades, principalmente de segurança e projeção de poder. Afirmando constantemente que se tem comportado como um dos principais atores do sistema internacional por usar principalmente o seu *soft power*[21], a UE teve, contudo, de adotar uma abordagem mais realista e de fazer esforços para ser reconhecida internacionalmente como um jogador global de facto, pela apresentação de capacidades de *hard power*.

Fruto dos passos significativos que foram dados na defesa europeia, desde o acordo de St. Malo,[22] uma das prioridades da UE foi o fortalecimento da ONU e o aprofundamento da sua experiência, já provada com a operação ARTEMIS, na República Democrática do Congo (RDA), que demonstrou a sua capacidade para operações em apoio aos objetivos da ONU. Deste modo, a UE exaltava o trabalho com o Departamento de Operações de Manutenção de Paz da ONU, o que contribuiria para fortalecer as relações UE-ONU. Assim, o desenvolvimento dos elementos de Resposta Rápida da UE, incluindo os Agrupamentos Táticos (*Battlegroups*), permitiria reforçar a capacidade de resposta da UE a pedidos da ONU

---

[21] O "Poder Brando", ou *soft power*, na designação anglo-saxónica de uso comum, designa uma abordagem persuasiva nas relações internacionais, envolvendo tipicamente o uso de influência económica ou cultural e não o emprego de meios coercivos. Robert Keohane e Joseph Nye definem *soft power* como a capacidade de alcançar os resultados desejados através da atração e não da coerção (Keohane e Nye, 2001: 220).

[22] Em Saint-Malo, França, numa cimeira entre os dirigentes da França (Jacques Chirac) e do Reino Unido (Tony Blair), a 3 e 4 de dezembro de 1998, foi feita uma declaração conjunta que marcou o nascimento da PESD.

(Conselho da UE, 2004).[23] Mas quais eram as insuficiências? E que implicações tinham para o investimento em segurança da UE em África? Estas questões não foram até agora suficientemente respondidas. Ademais, o documento do SEAE aprovado em 2016, relativo às capacidades da PCSD, não refere África.

A 19 de Novembro de 2007, o Conselho da UE aprovou o Catálogo de Progresso 2007, o ponto culminante do processo para a aprovação do Objetivo Global 2010. O Catálogo identifica as insuficiências quantitativas e qualitativas da capacidade militar, com base nos requisitos estabelecidos no Catálogo de Requisitos 2005 e as contribuições compiladas no Catálogo de Forças 2007. Analisa as suas implicações potenciais para tarefas militares a serem realizadas em operações de gestão de crises. Algumas das lacunas identificadas são consideradas críticas; relacionam-se com a capacidade de transportar forças para o teatro, para as colocar no terreno, para as proteger e para adquirir superioridade de informação (Serviço de Ação Externa da União Europeia, 2016c).

Através das suas missões de PCSD em África, a UE vem desenvolvendo uma imagem de um *soft power* capaz de reforçar a governação local e nacional, capaz de conduzir processos para reformar o setor de segurança (RSS) e de permitir que as autoridades locais alcancem os objetivos do processo de Desarmamento, Desmobilização e Reintegração (DDR) (Särg, 2014, p. 64). No entanto, as missões da UE, para além da comprovada importância para garantir o fluxo de doações, são pouco relevantes na capacidade de implementar uma matriz de segurança a coberto da qual se possam desenvolver projetos de desenvolvimento. Tal pode ser devido a dificuldades em encontrar uma abordagem comum às diversas situações, o que realça as divisões dos EM sobre a força a projetar, juntamente com a incapacidade de agir como um todo para

---

[23] Essa capacidade de resposta já desde 2000 que se vinha tornando relevante, pela criação e operacionalização, no âmbito da PESD/PCSD de um conjunto de estruturas militares e civis, como o Estado-Maior da UE (EMUE), o Comité Militar (CMUE), o Comité para os Aspetos Civis da Gestão de Crises (CIVCOM), o Centro de Operações (OPCEN), O Centro de Situação (SITCEN), a Capacidade Civil de Planeamento e Condução (CPCC), a Direção de Planeamento de Gestão de Crises (CMPD), etc.

influenciar eventos internacionais ou participar efetivamente na gestão de crises pós-Guerra Fria (Särg, 2014: 64).

Nenhuma das missões militares UE em África resolveu conflitos ou ofereceu soluções de longo prazo para situações que requerem intervenção na área de segurança, como por exemplo na RDC (Särg, 2014, p. 64). Apesar de ter emergido uma cultura estratégica na UE a partir da EES de 2003, questiona-se desde há cerca de dez anos se a UE pode promover uma intervenção robusta que seja atempada, rápida e capaz de atuar logo que necessário (Norheim-Martinsen, 2007: 5). A concretização de várias operações da PCSD tem alimentado a ideia de sucesso, especialmente em Bruxelas, mas essa ideia, em geral, não tem acompanhado nenhum progresso real na capacidade estratégica – afirmava em 2007 Per Norheim-Martinsen, um investigador do Instituto Norueguês de Estudos de Defesa. Tanto entre os seus EM, quanto em termos de mensagem que projetava para o mundo exterior, a UE revelaria incapacidade de lidar com as crises na sua vizinhança (Norheim-Martinsen, 2007: 44-45). Passada cerca de uma década desta constatação, parece haver agora mais vontade na participação da UE na gestão de crises. Contudo, a UE enfrenta hoje uma enorme vaga de problemas vindos do Sul, com ênfase na crise humanitária. Conforme um relatório do Parlamento Europeu de 2016, "distraída por outros conflitos e alarmada com os fluxos migratórios, o principal foco da estratégia europeia para a África parece ser contenção" (Parlamento Europeu, 2016). Contudo, o fortalecimento dos mecanismos europeus de gestão civil de crises e a mediação de conflitos recorrentes podem ajudar a gerir as crises em África, pelo que é fundamental apoiar a UA e a ONU. Assim, atuar desde logo para combater as crises humanitárias será uma oportunidade para mostrar que a UE não perdeu inteiramente um sentido de finalidade estratégica e que é capaz de cumprir imperativos morais e políticos para enfrentar o sofrimento humano (Parlamento Europeu, 2016).

Segundo Daniel Göler e Lukas Zech, continua a tendência para pequenas missões (com caráter de assessoria, formação e apoio), que se concentram principalmente no Sahel. Esta tendência é contrária aos compromissos da UE de ser um "provedor de segurança" e, portanto, de fortalecer a sua capacidade de resposta a crises civis e militares. Apesar de tudo, atualmente, as condições para superar esta lacuna entre a conceção e a ação são mais favoráveis do que antes. A existência de várias crises de segurança ao redor da UE, especialmente na região subsaariana, é a oportunidade para mobilizar recursos políticos necessários para reivindicar a reforma que há muito foi formulada no nível declarativo (Göler e Zech, 2017: 358), mas que não corresponde ao empenhamento real no terreno.

As novas capacidades da PCSD

Como estão a evoluir as capacidades da UE no que se refere ao nível de ambição estabelecido na Estratégia Global? Para além das ameaças tradicionais, a UE sublinha que é necessária agora uma abordagem diferente em relação a outro tipo de ameaças, referido como "novas guerras", ou "ameaças híbridas", como denominado pelo Conselho da UE (2017c).

A Comissão Europeia apresentou um documento de reflexão sobre o futuro da defesa europeia (Comissão Europeia, 2017c) que, na análise de três cenários possíveis, não considera, com exceção de algumas referências vagas às missões e operações da PCSD, o desenvolvimento de abordagens estratégicas para reforçar a segurança em África, mesmo para reforçar a segurança da Europa. Isto, apesar de sublinhar que "as ameaças à segurança não estão longe de nossas fronteiras e nossos cidadãos" (Comissão Europeia, 2017c:11), conforme já notava o relatório de 2016 do Parlamento acima referido, o que nos leva a afirmar que África faz necessariamente parte das preocupações europeias. Além disso, o SAEUE apresentou a Estratégia para a Segurança e o Desenvolvimento no Sahel, como visto acima, que é de facto uma estratégia europeia real para a África, embora restrita àquela região.

Se observarmos o que se tem passado com as missões no Sahel[24], verificamos que, na verdade, a UE tem sabido adaptar-se aos novos cenários, embora com os constrangimentos apresentados acima, ou seja, continua a existir tensão entre a tendência para desenvolver a imagem da UE como um fornecedor de *soft power*, e a necessidade de reforçar os seus instrumentos de *hard*

---

[24] Atualmente a UE tem as seguintes missões na região: EUCAP (EU Capacity Building Mission) Sahel Niger, EUCAP Sahel Mali, EUCAP Somalia, EUTM (Military training mission) Mali, EUTM RCA, EUTM Somalia.

power, para poder ser bem-sucedida em regiões onde é necessário o emprego de meios robustos para aumentar a segurança. Ou seja, a Estratégia que a UE delineou para o Sahel em 2011 sugere a utilização tanto de políticas brandas como de duras para incrementar a estabilização e o progresso político em linha com a EES de 2003, por via de uma abordagem integrada (Lavallée e Völkel, 2015: 159).

Contudo, o incremento que se verificar do uso de meios militares poderá diminuir o impacto na resolução pacífica de conflitos na região, pois existe um risco de perda de imparcialidade, o que irá dificultar as hipóteses de um sucesso civil (Lavallée e Völkel, 2015, p. 159). Por exemplo, a intervenção francesa no Mali no início de 2013, em nome da UE, acabou por revelar que os decisores políticos em Paris ou Bruxelas consideraram o estabelecimento de um regime de islamismo radical no Norte do Mali uma ameaça para os seus interesses securitários (Olsen, 2014), pelo que acabaram por envolver forças locais na defesa daqueles interesses, naquilo que Gorm Rye Olsen considera uma intervenção por procuração, provocando uma descredibilização dos princípios de intervenção baseados num multilateralismo efetivo, princípios tão defendidos pela UE desde a sua Estratégia de 2003.

A abordagem multilateralista da visão estratégica da UE para África reflete a prioridade de ser adotada uma "doutrina de multilateralismo", como refere Elena Lazarou (2014), mas que deve ultrapassar as preocupações regionais da União, tanto a nível dos territórios europeus como nas suas vizinhanças a Sul e Leste. Para ser aceite como líder do multilateralismo baseado na governação global e na cooperação internacional, a UE deve dar sinais fortes do seu empenhamento à escala global.[25] Na verdade, para ultrapassar a modéstia das suas ações, se comparadas com a sua vontade declarada, desde a EES de 2003, de se tornar um ator relevante na arena do multilateralismo, a UE deve preparar-

---

[25] Segundo Elena Lazarou (2014), a forma como a UE leva a cabo as suas iniciativas no âmbito do multilateralismo desenha o perfil de uma verdadeira doutrina europeia de multilateralismo, na medida em que (i) o multilateralismo é apresentado pela União como um fim em si mesmo, como meio para fins específicos e, ainda, como forma de construir um "mundo melhor"; (ii) o multilateralismo se baseia num conjunto de princípios; (iii) a crença no multilateralismo forma a base das decisões estratégicas da UE e das suas ações para lidar com ameaças e problemas; e, (iv) é visto como responsabilidade moral confrontar esses problemas e convencer outros a juntarem-se à UE mediante esforços multilaterais.

-se para enfrentar novos tipos de ameaças, tais como o terrorismo, a imigração ilegal em larga escala, as pandemias, a proliferação de armas de destruição maciça, o aquecimento global, a degradação do ambiente, a pobreza extrema e o aparecimento de grandes crises financeiras, como a de 2008 (Lazarou, 2014). Só então, capaz de enfrentar esses problemas à escala global, apresentando capacidades adequadas e a vontade de os resolver, poderá exigir o reconhecimento como ator eficaz de um multilateralismo efetivo. Sublinhe-se que as suas práticas atuais, embora com efeitos apenas à escala regional, são passos efetivos para a construção de uma governação global.

Conclusões

O multilateralismo tem sido a forma como a UE se tem tornado relevante a nível regional e também a forma como procura ser ator global. A prática de multilateralismo da UE, embora modesta se comparada com a sua ambição, registada em toda os documentos oficiais desde a EES e onde reitera o seu compromisso e objetivos da sua abordagem ao multilateralismo, tem, contudo, contribuído para o sucesso da sua intervenção nas suas principais áreas de interesse estratégico.

O recente fluxo de novos documentos, derivado da aprovação da Estratégia Global de 2016, demonstra a vontade da UE desempenhar um papel mais sólido na segurança africana. Identificado como uma fonte de agitação, o Sul merece cada vez mais a atenção da UE, porque se tornou evidente que é necessário um grande e longo esforço, no que diz respeito à segurança e ao desenvolvimento, para que a vizinhança da Europa deixe de ser uma preocupação. Assim, a UE estará de facto a preparar-se para ser um contribuinte eficaz para uma abordagem multilateral aos riscos e ameaças em África e, de forma mais geral, para ser também um válido e reconhecido ator global, com projeção de capacidades. Ou seja, o reforço das capacidades da PCSD pode ajudar a aumentar o nível de segurança em África, especialmente no Sahel, onde se originam as grandes ameaças associadas ao subdesenvolvimento e à insegurança.

Contudo, ainda há uma grande lacuna entre a declaração de intenções da UE de se tornar relevante a nível regional e global e as suas reais capacidades para reforçar a segurança na sua vizinhança. Como o Plano de Desenvolvimento das Capacidades prevê, além da sua determinação, a União ainda está muito longe de ter a devida relevância nos *fora* e cenários em que os eventos globais são discutidos e onde apenas alguns conseguem definir as regras do jogo. E o que testemunhamos recentemente é a crescente preocupação europeia com segurança e defesa dentro das suas fronteiras, como se pode comprovar ao analisar a evolução dos vetores estratégicos desde a EES de 2003 até ao presente, podendo levar assim a uma falta de interesse na segurança externa, nomeadamente à desmobilização dos meios para potenciar o nexo segurança-desenvolvimento em regiões de interesse estratégico para a segurança da Europa.

Referências bibliográficas

AGÊNCIA EUROPEIA DE DEFESA (S/D). "Future Trends from the Capability Development Plan". [em linha] https://www.eda.europa.eu/docs/documents/Brochure_CDP.pdf, 8 de março de 2018.

BARRENTO, A. (2010) *Da Estratégia*. Parede: Tribuna da História.

BRANCO, C. M. (2007) A evolução da política europeia de segurança e defesa desde Maastricht. *R.I. Relações Internacionais*, 14, junho, pp. 57-66.

COMISSÃO EUROPEIA (2018a). "Conflict, Crisis and Security-Development nexus". [em linha] https://ec.europa.eu/europeaid/policies/fragility-and-crisis-management/conflict-and-crisis-security-development-nexus_en. 9 de março de 2018.

___ (2018b). bilateral relations. [em linha] https://ec.europa.eu/info/business-econo my-euro/banking-and-finance/international-relations/bilateral-relations_en. 2 de abril de 2018.

___ (2017a). "Livre Blanc sur l'avenir de l'Europe". [em linha] https://ec.europa.eu/commission/sites/beta-political/files/livre_blanc_sur_lavenir_de_leurope_fr.pdf, 10 de março de 2018.

___ (2017b). "Joint Africa-EU Strategy". [em linha] https://ec.europa.eu/europaid/regions/africa/continental-cooperation/joint-africa-eu-strategy_en. 17 de junho de 2017.

___ (2017c). "Document de réflexion sur l'avenir de la défense européenne". [em linha] https://ec.europa.eu/commission/sites/beta-political/files/reflection-paper-defence_fr.pdf, 10 de março de 2018.

CONSELHO DA UE (2018). "Relações UE-África". [em linha] http://www.consilium.europa.eu/fr/policies/eu-africa/, 10 de março de 2018.

___ (2017a). "Council conclusions on Security and Defence in the context of the EU Global Strategy". Brussels, 18 May 2017. 9178/17. [em linha] http://www.consilium.europa.eu/media/24013/st09178en17.pdf, 2 de abril de 2018.

___ (2017b). "Press release – EU remains committed to strengthen security and defence. 18/05/2017". [em linha] http://www.consilium.europa.eu/en/press/press-releases/2017/05/18/conclusions-security-defence/, 12 de março de 2018.

___ (2017c). "Notification on Permanent Structured Cooperation (PESCO) to The Council and to the High Representative of the Union for Foreign Affairs and Security Policy". [em linha] http://www.consilium.europa.eu/media/31511/171113-pesco-notification.pdf. 18 de dezembro de 2017.

___ (2016). "Implementation Plan on Security and Defence". [em linha] https://eeas.europa.eu/sites/eeas/files/eugs_implementation_plan_st14392.en16_0.pdf. 8 de março de 2018.

___ (2008). "Report on the implementation of the European Security Strategy – Providing Security in a Changing World". [em linha] https://europa.eu/globalstrategy/en/report-implementation-european-security-strategy-providing-security-changing-world, 15 de junho de 2017.

___ (2007). "Lisbon Declaration – EU Africa Summit". [em linha] http://register.consilium.europa.eu/doc/srv?l=EN&f=ST%2016343%202007%20INIT, 9 de março de 2018.

___ (2004). "Headline Goal 2010". [em linha] https://www.consilium.europa.eu/uedocs/cmsUpload/2010%20Headline%20Goal.pdf, 15 de junho de 2017.

___ (2003). "European Security Strategy". [em linha] https://europa.eu/globalstrategy/en/european-security-strategy-secure-europe-better-world, 10 de março de 2018.

FAWCETT, L. (2005) "Regionalism from an Historical Perspective", in Farrell, M.; Hettne, B. e Langenhove, L. v. (org) *Global Politics of Regionalism: Theory and Practice*. Londres: Pluto Press, pp. 21-37.

GOWA, J. (1989) Rational Hegemons, Excludable Goods, and Small Groups: An Epitaph for Hegemonic Stability Theory?. *World Politics* 41(3), pp. 307-324.

GÖLER, D. e Zech, L. (2017) Gemeinsame Sicherheits- und Verteidigungspolitik, *Jahrbuch der Europäischen Integration 2017 – Die Außenpolitik der Europäischen Union*, pp. 353-358.

KALDOR, M. (2013) In Defence of New Wars. *Stability: International Journal of Security and Development*. 2(1), pp. 1-16.

KEOHANE, R. e Nye, J. (2001) *Power and Interdependence*. Nova Iorque: Lonman.

LAVALLÉE, C. e Völkel, J. C. (2015) Military in Mali: The EU's Action against Instability in the Sahel Region. *European Foreign Affairs Review* 20(2), pp 159-186.

LAZAROU, E. (2014) *Multilateralismo nas Relações Internacionais: Visões Cruzadas*. Rio de Janeiro: Elsevier Editora Lda.

MINISTÉRIO DA DEFESA NACIONAL (2017) Ministro da Defesa sublinha avanço na segurança e defesa da UE. [em linha] https://www.defesa.pt/Paginas/MinistrodaDefesasublinhaavan%C3%A7onaseguran%C3%A7aedefesadaUE.aspx, 30 de março de 2018.

MYLONAS, H. e Yorulmazlar, E. (2012) Regional multilateralism: The next paradigm in global affairs, *CNN*, 4 January.

NORHEIM-MARTINSEN, P. M. (2007). European Strategic Culture Revisited: The Ends and Means of a Militarised European Union. *Norwegian Intitute for Defence Studies* 3.

NUNES, I. (2012) Política Comum de Segurança e Defesa da União Europeia. *Instituto da Defesa Nacional – Policy Paper* 1/2012.

OLSEN, G. R. (2014) Fighting Terrorism in Africa by proxy: the USA and the European Union in Somalis and Mali. *European Security* 23(3), pp. 290-306.

PARLAMENTO EUROPEU (2016) EU-led security sector reform and disarmament, demobilisation, and reintegration cases: challenges, lessons learnt and ways forward. [em linha] http://www.europarl.europa.eu/RegData/etudes/STUD/2016/535004/EXPO_STU(2016)535004_EN.pdf, 3 de abril de 2018.

RIPLEY, T. (1999) *Operation Deliberate Force: The UN and NATO Campaign in Bosnia 1995*. Lancaster (UK): Centre for Defence and International Security Studies.

SARAIVA, L. E. (2014) *Segurança e Desenvolvimento União Europeia-África: O caso da Guiné-Bissau*. Lisboa: Imprensa Nacional – Casa da Moeda; Instituto da Defesa Nacional.

SÄRG, L. (2014) "An Insight to the EU Military Missions in Africa: French Leadership and Beyond", dissertação de mestrado, Universidade de Tartu.

SECRETARIADO PERMANENTE DO G5 SAHEL (2018) Le Ge Sahel. [em linha] http://www.g5sahel.org/index.php/qui-sommes-nous/le-g5-sahel, 2 de abril de 2018.

Serviço de Ação Externa da União Europeia (2018a). "Mission Description" [em linha] http://collections.internetmemory.org/haeu/content/20160313172652/http://eeas. europa.eu/csdp/missions-and-operations/eumam-rca/mission-description/index_ en.htm, 11 de março de 2018.

___ (2018b). European Union CSDP Missions and Operations 2018 [em linha] https:// eeas.europa.eu/headquarters/headquarters-homepage/35285/eu-strengthens-coo-peration-security-and-defence_en, 2 de abril de 2018.

___ (2018c). Permanent Structured Cooperation (PESCO) – Factsheet [em linha] [em linha] https://eeas.europa.eu/headquarters/headquarters-Homepage/34226/per-manent-structured-cooperation-pesco-factsheet_en, 2 de abril de 2018.

___ (2017). "Strategy for Security and Development in the Sahel". [em linha] https:// eeas.europa.eu/headquarters/headquarters-homepage/3947/strategy-security-and-development-sahel_en, 16 de junho de 2017.

___ (2016a). Military training mission in the Central African Republic (EUTM RCA) [em linha]. https://eeas.europa.eu/csdp-missions-operations/eutm-rca/3907/about-military-training-mission-central-african-republic-eutm-rca_en, 15 de julho de 2018.

___ (2016b). "Shared Vision, Common Action: A Stronger Europe – A Global Strategy for the European Union's Foreign And Security Policy". [em linha] http://eeas.europa. eu/archives/docs/top_stories/pdf/eugs_review_web.pdf, 15 de junho de 2017.

___ (2016c). "CSDP Capabilities". [em linha] https://eeas.europa.eu/topics/common--security-and-defence-policy-csdp/5393/csdp-capabilities_en, 17 de junho de 2017.

___ (2016d) "O Brasil e a UE". [em linha] https://eeas.europa.eu/headquarters/head quarters-homepage/7348/o-brasil-e-ue_pt. 8 de março de 2018.

The Africa-EU Partnership (2017c). "The Africa-UE Partnership". [em linha] http:// www.africa-eu-partnership.org/en/key-documents, 10 de maio de 2017.

UNODC (2018). World Drug Report 2017: The Drug Problem and Organized Crime, Illicit Financial Flows, Corruption and Terrorism [em linha] https://www.unodc. org/wdr2017/field/Booklet_5_NEXUS.pdf, 2 de abril de 2018.

VASCONCELOS, Á. d. (2001) Política de Defesa e Multilateralismo. *Nação e* Defesa, 100(2.ª Série), pp. 87-103.

WHITE HOUSE (2002). National Security Strategy of the United States of America. [em linha] https://www.state.gov/documents/organization/63562.pdf, 10 de março de 2018.

WOHLFORTH, W. C. (1999) The Stability of a Unipolar World. *International Security* 24(1), pp. 5–41.

CAPÍTULO 8

O MULTILATERALISMO NA POLÍTICA EXTERNA DO BRASIL: UM MEIO COM DIFERENTES FINS

MULTILATERALISM IN BRAZILIAN FOREIGN POLICY: THE SAME TOOL FOR DIFFERENT GOALS

CARMEN FONSECA

Faculdade de Ciências Sociais e Humanas e Instituto Português de Relações Internacionais. Universidade Nova de Lisboa

ORCID: 0000-0003-2797-7754

RESUMO: A presença do Brasil na Conferência de Haia marcou o início de um ciclo em que o Brasil tem apostado na participação internacional. O multilateralismo viria a tornar--se um elemento transversal aos vários momentos da política externa do Brasil, incluindo o período do regime militar. Partindo da premissa da continuidade da opção multilateral na política externa do Brasil, o presente capítulo visa compreender até que ponto se verificou uma alteração na instrumentalização do multilateralismo na política externa do país com a chegada ao poder da Presidente Dilma Rousseff, por comparação com as presidências anteriores de Fernando Henrique Cardoso e Lula da Silva. Com a diminuição da procura de poder e protagonismo internacional, como se desenrolou a atuação do Brasil nas estruturas multilaterais? Qual o significado atribuído a este mecanismo ao longo dos Governos em apreço?

Palavras-chave: política externa brasileira, multilateralismo, Fernando Henrique Cardoso, Luiz Inácio Lula da Silva, Dilma Rousseff.

ABSTRACT: The presence of Brazil at The Hague Conference (1907) represented the beginning of a cycle, in which Brazil has invested in its international involvement. Multilateralism thus became a transversal element to the different moments of Brazilian foreign policy, including the military regime period. From the perspective of the multilateral option continuity the main goal of this chapter is to understand how the instrumental use of multilateralism in Brazilian foreign policy has evolved since Dilma Rousseff's coming to power. It is done through a comparison between her administrations and the previous governments, including the ones of Fernando Henrique Cardoso and Lula da Silva. Since Brazil's search for international power decreased, how did its performance in multilateral structures evolve? What is the role and importance of this mechanism throughout the different governments being analysed?

Keywords: Brazilian foreign policy, multilateralism, Fernando Henrique Cardoso, Lula da Silva, Dilma Rousseff.

https://doi.org/10.14195/978-989-26-1750-3_9

Introdução

A presença do Brasil na Conferência de Haia, em 1907, marcou o início de um ciclo em que o Brasil tem apostado na participação internacional. Como o Embaixador Rubens Ricupero (2013a: 347) escreveu, "a segunda conferência de Haia (1907) serviu de cenário para a grande estreia do Brasil no palco de modalidade diplomática que se converteria em elemento inseparável de sua personalidade externa". Desta forma, o multilateralismo viria a tornar-se um elemento transversal aos vários momentos da política externa do Brasil, incluindo o período do regime militar (Cervo e Bueno, 2008).

A opção pelo vetor multilateral evoluiu a par dos interesses do Brasil no sistema internacional. Esta correlação foi uma constante desde a democratização, mas já existia antes disso. No início do século XX, com o Barão do Rio Branco e, mais concretamente, com o Embaixador Rui Barbosa, considerado o patrono da diplomacia multilateral do Brasil, cujo sonho era fazer do Brasil uma potência mundial (Cardim, 2013: 527). Adicionalmente, o ordenamento internacional originado com o fim da Guerra Fria veio impor a participação nos fóruns multilaterais como forma de todos os países participarem no jogo internacional (Gelson Fonseca, n/d).

Neste ciclo histórico, que perdura até ao presente, o Brasil atuou internacionalmente no quadro de instituições e regimes internacionais, incluindo as estruturas regionais. No âmbito das Nações Unidas, o país participou na primeira missão militar das Nações Unidas no Suez, em 1956, e desde então participou num total de 47 missões (43 no terreno, três missões especiais e uma força multinacional) (Hamann, 2016). Em 1964, participou ativamente na Conferência das Nações Unidas para o Comércio e o Desenvolvimento (UNCTAD). Em 1978 liderou a criação do Tratado de Cooperação Amazónica e, em 1986, propôs a criação da Zona de Paz e Cooperação do Atlântico Sul (ZoPaCAS). Mais tarde, em 1992, sediou a Conferência das Nações Unidas sobre Meio Ambiente ECO92[1]. Em 1993 o Brasil presidiu ao comité plená-

---

[1] A ECO92 promoveu a Agenda 21, a Convenção-quadro sobre Mudança do Clima que daria origem ao Protocolo de Quioto assinado em 1997 e à Convenção sobre Diversidade Biológica (Cervo e Bueno, 2008: 465).

rio encarregue da redação da Declaração Final da conferência mundial dos Direitos Humanos e firmou a adesão ao Acordo sobre Aspetos dos Direitos de Propriedade Intelectual Relacionados ao Comércio (Acordo TRIPs, na sigla inglesa). Entre 1992 e 1995, o Brasil foi ainda eleito, por dois anos, membro não permanente do Conselho de Segurança das Nações Unidas (CSNU) e participou em três operações de paz das Nações Unidas – *United Nations Obsever Group in Central America* (ONUCA), *United Nations Observer Mission in El Salvador* (ONUSAL) e *United Nations Angola Verification Mission* (UNAVEM). Destaca-se ainda o apoio do Brasil ao Secretário-geral da ONU na formulação de uma Agenda para o Desenvolvimento a par da já existente Agenda para a Paz, no sentido de comprometer as Nações Unidas com a superação do subdesenvolvimento e da pobreza. Desde então, e como este capítulo irá analisar, o exercício diplomático brasileiro tem conferido substancial importância ao eixo multilateral das relações internacionais.

Admitindo a continuidade da opção multilateral na política externa do Brasil, o presente capítulo visa compreender até que ponto se verificou uma alteração na instrumentalização do multilateralismo na política externa brasileira com a chegada ao poder da Presidente Dilma Rousseff, por comparação com as presidências anteriores de Fernando Henrique Cardoso (FHC) e Lula da Silva. Qual o significado atribuído a este mecanismo em diferentes períodos governamentais? Com a diminuição da procura de poder e protagonismo internacional, como se desenrolou a atuação do Brasil nas estruturas multilaterais?

Numa primeira parte, o presente capítulo descreve o princípio de autonomia da política externa do Brasil subjacente à opção multilateral e numa segunda parte analisa se e de que forma o multilateralismo foi instrumentalizado ao longo dos mandatos de FHC (1995-2002), Lula da Silva (2003-2010) e Dilma Rousseff (2011-2014).

O princípio de autonomia na política externa do Brasil

O Barão do Rio Branco, Ministro das Relações Exteriores do Brasil no início do século XX, é considerado o patrono da diplomacia brasileira, desenhando a política externa do Brasil em torno de três vetores: o território, as grandes potências e a região (Ricupero, 2013b: 419). Foi também Rio Branco que reconheceu a importância global dos Estados Unidos e definiu a política do Brasil para com aquele país considerando que o Brasil poderia apresentar--se como o intermediário dos norte-americanos na região, nomeadamente no período da Doutrina Monroe[2] (Ricupero, 2013b: 402-419). Porém, na segunda conferência de paz de Haia, dadas as divergências de posições em algumas questões, ficava claro que os EUA não seriam o aliado permanente do Brasil (Ricupero, 2013b: 424). Gradualmente, a política brasileira adotou um cunho nacionalista como forma de desenvolvimento. Esta atitude, a par da prosperidade interna e do prestígio nacional do país, potenciou o ideal de que o Brasil poderia ter um papel importante na região e no mundo. Criava-se então a noção de "destino de grandeza" e a necessidade de "ser reconhecido como um grande país com capacidade de influência regional e internacional" (Picone, 2016: 99).

Ainda na gestão de Rio Branco se tentou compensar o desequilíbrio entre as aspirações e as capacidades do Brasil através de novas abordagens ao poder (Ricupero, 2013b: p. 427), ou seja, através daquilo que hoje se designa de *soft power*[3]. Na mesma lógica daquela tensão persiste o dilema brasileiro em conseguir conciliar os valores diplomáticos tradicionais (como o pacifismo, o respeito pelo direito internacional e a não-intervenção) com as expectativas decorrentes de ter sido colocado entre as principais Potências

---

[2] A Doutrina Monroe, implementada pelo Presidente norte-americano James Monroe em 1823, visava colocar toda a parte sul do continente americano sob a alçada dos Estados Unidos. Sob esta perspetiva os Estados Unidos percecionavam a região latino-americana como estando à sua guarda.

[3] Para o Brasil o exercício do *soft power* é parte integrante do exercício diplomático. O conceito de *soft power* foi termo cunhado por Joseph Nye na década de 90. No seu livro "Soft Power: the means to success in world politics" (Nye, Jr., 2004) o autor define *soft power* como "a capacidade para se obter o que se quer através da atração em vez da coerção e dos pagamentos. Deriva da atratividade da cultura, dos ideais políticos e das políticas de um país" (p. x). Em 2011, no livro "The Future of Power" Nye recupera este conceito e introduz um outro – *smart power*, que é por ele definido como a "combinação do *hard power* da coerção e do pagamento com o *soft power* da persuasão e da atração. O *soft power* não é a solução para todos os problemas." (Nye, Jr., 2011, p. xiii). E porque o exercício do poder depende do respetivo contexto Nye acrescenta que no século XXI o *smart power* diz respeito "à combinação dos recursos com estratégias bem-sucedidas no novo contexto de difusão de poder e de 'emergência do resto'" (pp. 207-208).

Emergentes[4]. Ao beneficiar da globalização e das instituições internacionais, o Brasil percecionou-se como uma potência capaz de influenciar as decisões internacionais, ambição que foi sobrevalorizada durante os governos de Lula da Silva (Fonseca, 2014). Não existindo uma coincidência entre recursos e capacidades, o Brasil socorreu-se recorrentemente do *soft power*.

Foi especialmente a partir da década de 50 que o Projeto Autonomista do país se incorporou nas linhas de ação da política externa, embora esta ideia tenha estado presente na prática diplomática desde o princípio do século XX (Spektor, 2014). O conceito de autonomia refere-se à margem de manobra que o país tem nas suas relações com os outros Estados, especialmente, dito oficialmente ou não, em relação aos Estados Unidos. Os Estados Unidos têm- -se apresentado como um dos principais eixos da política externa do Brasil, quer como fator de atração ou de repulsa, quer pelo alinhamento automático ou pelo afastamento em determinados momentos.

A ideia de autonomia está relacionada com a ambição de "grandeza" do Brasil, e, por isso, tem sido, ao longo da história da política externa brasileira, um paradigma recorrente. Entre políticos e académicos foram-se cunhando expressões que visavam sintetizar os principais objetivos da política externa do país, tendo a autonomia como o seu eixo central: autonomia pela distância, autonomia pela participação, autonomia pela diversificação, ou mais recentemente, autonomia pela indiferença (sobre a questão da autonomia na política externa do Brasil abordada nos mais diversos ângulos, vd., entre outros, Lampreia, 1998; Vigevani et al, 2003; Lima, 2005; Burges, 2009; Vigevani e Cepaluni, 2009; Hurrell, 2013; Spektor, 2014). A participação nas dinâmicas multilaterais apresentava-se como a solução para garantir a autonomia do país, pois, como Burges refere, aquelas serviam para preservar o interesse nacional (Burges, 2017: 66-67) e "reforçar a inserção internacional do país" (apud IPRI, Burges, 2017: 66-67).

---

[4] O conceito de Potência Emergente é vago na literatura das Relações Internacionais. Empiricamente, a designação do grupo BRICS (compondo o Brasil, Rússia, Índia, China e África do Sul) em 2001 institucionalizou, de certa forma, a categoria de Potência Emergente, embora os critérios para pertencer a este grupo não sejam claros nem rígidos. Sobre o debate em torno do conceito de Potência Emergente vd, por exemplo, Thies e Nieman (2017).

Com o presidente José Sarney (1985-1990), o primeiro da Democracia[5], preconizou-se a chamada "Autonomia pela distância" herdada do governo militar. Entendia-se que o bom desempenho do país derivava do distanciamento da agenda das principais potências e da não-aceitação automática das suas regras (Vigevani et al., 2003). Gradualmente, o governo de Itamar Franco, no período pós-Guerra Fria, foi abrindo caminho para que FHC apostasse numa "Autonomia pela participação" (Vigevani e Cepaluni, 2009), "acreditando-se que isso favorecia os interesses brasileiros" (Vigevani e Cepaluni, 2009: 285-286). Antevendo a evolução da década de 1990, Celso Lafer considerava que, resultado das transformações ocorridas nos anos anteriores, estariam criadas algumas das condições para a inserção do Brasil no mundo. Em seu entender, o Brasil era "grande demais para ser ignorado no processo de reorganização da ordem mundial" tendo em conta a "magnitude e a escala" do país (Lafer, 1990: 39). Desta forma, o país foi-se aproximando das principais estruturas ordenadoras do sistema internacional incluindo, a adesão aos principais regimes internacionais (economia e finanças, comércio, Direitos Humanos ou meio ambiente). Isto não significou, porém, a perda da capacidade de gestão da política externa. O ministro das Relações Exteriores, Luiz Felipe Lampreia (1998: 11), afirmava por isso que "a política externa do Presidente FHC busca a autonomia pela integração, ou seja, ao invés de uma autonomia isolacionista, uma autonomia articulada com o meio internacional".

Com o Presidente Lula da Silva adotou-se uma estratégia que se centrou no estabelecimento de parcerias aos mais diversos níveis, apelidada de "Autonomia pela diversificação". Este comportamento incluiu a adesão do país aos princípios e às normas internacionais por meio de alianças Sul-Sul,

---

[5] As medidas de abertura com vista à instalação da Democracia no Brasil começaram a ser implementadas durante o Governo de João Figueiredo (1979-1985). A eleição, ainda que não de forma direta, de Tancredo Neves (que faleceu antes de tomar posse, levando a que José Sarney, seu vice-presidente, tenha ocupado o cargo) permitiu que gradualmente a Democracia se fosse instalando no país. Em 1990, através de voto direto, Fernando Collor de Mello foi eleito Presidente.

inclusive regionais, e de "acordos com parceiros não tradicionais (...) pois acredita-se que eles reduzem as assimetrias nas relações externas com países mais poderosos e aumentam a capacidade negociadora nacional" (Vigevani e Cepaluni, 2007: 283). Andrew Hurrell considerava exatamente que uma das características mais interessantes dos anos de Lula era a "visão pessimista do sistema internacional combinada com a crença de que há espaço para uma política externa ativista e assertiva" (Hurrell, 2009: 14). A diversificação registada durante os anos de Lula deveu-se sobretudo à forte ambição de protagonismo que encerrava a estratégia de política externa do Brasil. O Brasil estava presente nos mecanismos multilaterais tradicionais, como a ONU, o CSNU, a Organização Mundial do Comércio (OMC), o Conselho de Direitos Humanos; mas também em mecanismos e fóruns mais informais como os grupos compostos por Brasil, Rússia, Índia, China e África do Sul (BRICS), por Índia, Brasil e África do Sul (IBSA), ou por Brasil, África do Sul, Índia e China (BASIC) e G4, composto pelo Brasil, Alemanha, Índia e Japão que reclamam um lugar permanente no CSNU. Verificou-se por isso a complementaridade entre os tradicionais mecanismos multilaterais e o estabelecimento de parcerias mais ou menos abrangentes e informais que concorriam para aquela ambição. Estes mecanismos, por serem mais restritos, permitiram a obtenção de consensos de forma mais fácil, contribuindo, simultaneamente, para a influência das decisões de uma forma mais rápida. Esta oscilação entre o multilateralismo e o 'minilateralismo' deve-se, por um lado, às características do próprio sistema internacional, com a proliferação de potências emergentes e regionais com objetivos similares, nomeadamente a reforma da estrutura do sistema internacional, liderado pelos EUA, com instituições da Guerra Fria, nas quais estas novas potências não têm um papel específico e, segundo elas, adequado ao estatuto ou poder que gradualmente foram agregando (como é o caso do Brasil, Alemanha, India, África do Sul ou Rússia).

Ainda que não de forma tão aprofundada, mas seguindo a linha dos paradigmas de autonomia da política externa do Brasil, o período de Dilma Rousseff foi apelidado de "Autonomia pela indiferença" (Derolle, 2015). Neste período verificou-se uma diminuição da importância atribuída à área da política externa assim como uma diminuição da atividade externa do Brasil[6]. Foi então caracterizado como um período em que se estabeleceu uma diplomacia silenciosa ou uma retirada "estratégica". Até mesmo a instrumentalização dos organismos multilaterais – a pedra de toque da política externa de Lula – foi perdendo peso e alcançaram-se níveis negativos de protagonismo, influência ou exercício de política externa.

A instrumentalização do multilateralismo na política externa brasileira

O multilateralismo e a procura de poder

Os estudos sobre a opção multilateral da política externa brasileira são unânimes na inter-relação estabelecida entre aquela opção e a procura de mais poder, ou protagonismo, no sistema internacional. Em poucas palavras, o multilateralismo tem sido uma forma de o Brasil agregar mais poder, tendo em conta as suas vulnerabilidades, relacionadas com poder económico ou militar. Gelson Fonseca refere que "o multilateralismo era o canal natural de expressão" (Fonseca Jr., 2011: 27) para um país com as características do Brasil, nomeadamente os seus fracos recursos de poder, mas configurações geográficas, recursos naturais e económicos que sobressaíam na região. Por isso, o multilateralismo é um dos "cenários obrigatórios" da política externa do Brasil (Fonseca Jr., 2011)

Para Sean Burges (2017: 67) a opção multilateral foi importante para o poder estrutural[7] do Brasil, pois apresentou-se como um instrumento para

---

[6] Sobre as causas da retração do Brasil no sistema internacional, vd. por exemplo, Cervo e Lessa (2014) ou Malamud (2017). Octavio Amorim Neto (2016) desenvolve as possíveis causas da crise económica e política do Brasil.

[7] Sean Burges recupera o conceito de poder estrutural desenvolvido por Susan Strange no final da década de oitenta, então aplicado à Economia Política Internacional. Para Strange (1994: 24) o poder estrutural diz respeito à capacidade de "moldar e determinar as estruturas da economia política global". Mais concretamente, atribui "o poder de decidir como as coisas devem ser feitas, o poder de moldar os quadros nos quais os Estados se relacionam uns com os outros, com as pessoas, ou com as empresas" e não apenas o poder para "definir a agenda de discussão ou para desenhar as regras dos regimes e das taxas internacionais" (p. 25). Adicionalmente Strange considera que as fontes do poder estrutural são diversas: as ideias, a força coerciva ou a riqueza, em conjunto, contribuem para o poder estrutural (p. 33).

o país fazer face aos desafios do sistema internacional, nomeadamente os que provinham da globalização. Para Burges, conforme o Brasil foi vincando a sua presença no sistema internacional, foi também desenvolvendo uma atitude cada vez mais "rebelde" face aos organismos multilaterais. Não obstante a sua posição não defender a destruição da ordem e dos mecanismos existentes, mas apelar e contribuir para a sua revisão. O objetivo passava assim pela reforma das estruturas de governação e não dos objetivos ordenadores desses mecanismos. Ao comparar os governos de FHC e Lula da Silva, Burges concluiu que a linha comum a ambos foi "usar e manipular as instituições multilaterais (...) com o objetivo de mitigar e desviar tentativas atuais e potenciais de atores externos para constranger a autonomia política do Brasil" (Burges, 2017: 67).

Na análise que Shinguenoli Miyamoto (2000: 122) faz das negociações internacionais do Brasil, o autor considera que a importância atribuída pelo Brasil aos mecanismos multilaterais aumenta no mesmo sentido das "expectativas que um país tem de desempenhar papel de realce no contexto mundial" servindo para o Brasil se apresentar como "um país maduro, parceiro confiável e que todos só têm a ganhar se implementarem intercâmbio mais amplo com ele". Na mesma linha, Vigevani e Ramazini (2010: 64) afirmam que tal aposta no multilateralismo "está relacionada com o objectivo de parte das elites de projetar o país como um ator relevante na reconfiguração do sistema internacional". Por conseguinte, o facto de o Brasil ter fraco poder militar, levou-o a definir o multilateralismo como um mecanismo de projeção de poder e de influência (Stuenkel, 2010: 22).

A presença do Brasil nas instituições multilaterais em sido caracterizada por uma atitude crítica, da qual o apelo para a reforma das Nações Unidas e do Conselho de Segurança é a mais evidente, mas também das estruturas económicas como o Fundo Monetário Internacional (FMI) ou o Banco Mundial. No entanto, esta postura tem, em alguns momentos, um peso retórico elevado (Bosco e Stuenkel, 2015), pois embora o Brasil reclame a democratização das relações internacionais e a igualdade soberana de todos os Estados nas organizações internacionais, simultaneamente, pretende tornar-se parte do sistema internacional recorrendo ao *soft power*, no qual o multilateralismo é uma das faces. Enquanto *Middle Power*[8], as estratégias do Brasil são coerentes com esta categoria na medida em que "o objetivo primordial das *Middle Powers* é criar regras e instituições de governação global" nas quais está presente uma certa noção de "responsabilidade global" (Flemes, 2009: 403-404).

Não é novidade, portanto, a inter-relação entre o multilateralismo e a procura de poder e protagonismo internacional. O caso da história da política externa do Brasil é ilustrativo desta dinâmica. Como referido por Cervo e Bueno (2008: 463), "no passado, esta presença [nos órgãos multilaterais] tinha por escopo substituir a ordem, desde 1990 busca-se influir sobre a definição de seus parâmetros".

FHC, Lula e Dilma: continuidades e mudanças na opção multilateral

Com a eleição de FHC, em 1995, a estratégia de inserção internacional do país foi fortalecida. Preconizava-se uma intervenção mais ativa do Brasil na política internacional traduzida no desejo de "influenciar o desenho da nova ordem (...) e a necessidade (...) de reformar o nosso discurso e a nossa ação no exterior" (Cardoso, 1995: 14). O discurso do novo Ministro das Relações Exteriores, Luiz Felipe Lampreia, expressava essa ideia, "nem a maior autonomia nem o aumento da nossa capacidade de influência poderão ser alcançados por meio do isolamento ou da pretensa autossuficiência" (Lampreia, 1998: 9). Os dois mandatos de FHC foram marcados pela "diplomacia presidencial", pela aposta na região sul-americana através da integração regional e da revalorização do Mercosul, pela adoção das regras e de alguns dos regimes internacionais, e, num segundo momento, pela intensificação das relações com o Sul.

---

[8] Tal como o conceito de Potência Emergente, que se foi forjando nas últimas décadas, também o conceito de *Middle Power* não é claro e consensual na literatura de Relações Internacionais. Carsten Holbraad (1984), Robert Keohane (1969), Andrew Hurrell (2000) ou Eduard Jordaan (2003) contribuíram para os entendimentos que se desenvolveram em torno deste conceito, sendo evidente que não existem critérios explícitos para a categorização destes Estados pois, como Hurrell (2000, 1) sugere, a melhor forma de conceber as *Middle Powers* é através de "uma identidade ou uma ideologia autocriada". Ao mesmo tempo prevalecem as ideias de que, a esta categoria, pertencem os Estados que estão numa posição intermédia de poder, que dependem da atividade coletiva para terem impacto internacional e que podem ou não ser preponderantes a nível regional.

A diplomacia presidencial foi um conceito cunhado por Sérgio Danese (2017: 278) em 1999, depois de trabalhar de perto com FHC. O Presidente encarregou-se assim, em simultâneo com o Ministro das Relações Exteriores e o Itamaraty, da função diplomática para dar a conhecer ao mundo o Brasil democrático e restaurar a imagem do país. Se, por um lado, foi possível preservar os princípios tradicionais da política externa brasileira, a democratização e as transformações do sistema internacional possibilitaram a partilha do processo de política externa entre o Itamaraty e o Presidente da República, resultando no que se designa de diplomacia presidencial. Pela primeira vez na Democracia, FHC assumiu, de forma direta e empenhada, e em consonância com o Itamaraty, a condução da política externa, prática que Lula da Silva continuaria de forma intensa, indo ao encontro do argumento de Burges e Bastos de que "a liderança política presidencial é essencial para embutir inovação na política externa brasileira".

No final do seu segundo mandato FHC reconheceu as fragilidades do modelo neoliberal recuperado do período do seu antecessor, Collor de Mello, especialmente, devido à conjuntura internacional: a crise financeira e cambial de 1999 e a crise financeira argentina. Adicionalmente o fortalecimento da postura unilateral dos Estados Unidos, resultante dos ataques de 11 de setembro de 2001, levou FHC a incrementar a vertente multilateral, diversificando as relações e aproximando-se de outras potências e regiões, algo que Lula da Silva viria a intensificar. Assim, foi possível consolidar a democracia brasileira e projetar a imagem do Brasil no exterior, adepto das normas e valores universais e com uma conduta pacífica através de políticas que viriam a ser continuadas pelo governo de Lula. E, se no final do governo de FHC, o ex-Ministro Celso Lafer afirmava que "os *fora* multilaterais constituem, para o Brasil, o melhor tabuleiro para o país exercer a sua competência em defesa dos interesses nacionais" (Lafer, 2000), então os governos de Lula vieram dar ainda mais significado a esta afirmação.

Se os anos de FHC foram marcados pelas "discussões de bastidores" (Burges, 2017: 75), Lula trouxe um novo estilo de fazer política externa. Anexado a isso, veio também uma procura empenhada de alianças e coligações, distinto dos anos de FHC. Ao adotar uma leitura diferente das assimetrias internacionais, o governo de Lula da Silva acreditava que o Brasil poderia desempenhar um papel de relevo no sistema internacional no qual as alianças com os países com um menor peso poderiam ser úteis.

Ao nível dos princípios históricos da política externa, os anos de Lula da Silva podem ser vistos como um contínuo dos anos de FHC, apesar de todos os ajustes efetuados, como sejam a centralidade atribuída à inserção internacional do país e à institucionalização de parcerias e à procura de recursos de poder para alcançar aquele fim. A inserção internacional do Brasil deveu-se, portanto às políticas exercidas no conjunto dos 16 anos dos governos de FHC e Lula, tal como Cervo e Bueno (2008: 491) concluem. Lula da Silva definiu o multilateralismo como um mecanismo central da sua estratégia externa. Durante os governos de Lula afirmou-se a autonomia em relação às grandes potências e, de forma pragmática, foi concretizada através da participação em organizações internacionais, da definição de uma agenda externa própria e da prioridade dada à diversificação de parcerias que incluiu a cooperação com os países do Sul. Tal é representado, por exemplo na posição firme do Brasil nas negociações da OMC, mais concretamente na criação do G20 comercial[9] que funciona como um mecanismo para contrabalançar a capacidade de influência dos países ricos relativamente às questões agrícolas e comerciais. Com a reunião da OMC, em Cancun, em 2003, e a criação do "G20 comercial", enquanto instrumento de pressão junto dos mais ricos no quadro das negociações dos assuntos comerciais e agrícolas, o governo de Lula pretendia demonstrar que iria exercer uma posição firme de pressão e negociação.

Sob a retórica do "multilateralismo da reciprocidade"[10], enquanto conceito que espelhava a necessidade de que as regras do ordenamento multilateral deveriam beneficiar todas as nações (Cervo e Bueno, 2008: 496-497), o Brasil empenhou-se em participar ativamente nas estruturas multilaterais. A dificuldade em encontrar consenso, em algumas áreas, junto dos seus vizinhos con-

---

[9] O Brasil faz parte também do G20 que é um fórum de diálogo e cooperação das maiores economias, criado em 1999 como resposta às crises económicas dos anos 1990. O Brasil acolheu a cimeira do G20 em 2008.

[10] Este conceito foi também uma forma de o governo Lula responder, até certa medida, aos anseios do Partido dos Trabalhadores, contrários ao neoliberalismo e à abertura dos mercados.

tribuiu para a atuação empenhada e simultânea no plano internacional e no plano regional. A dimensão multilateral foi complementada com um incentivo às relações com os países em desenvolvimento e as potências emergentes do Sul[11], através das designadas parcerias Sul-Sul que, na prática, consistiram em cooperação e ajuda ao desenvolvimento. Como alguns autores demonstram, esta não foi, contudo, uma opção desenvolvida apenas pelo Brasil, mas também por outras potências emergentes (Stuenkel, 2013).

Quando o primeiro mandato da Presidente Dilma Rousseff se inicia não eram totalmente previsíveis as alterações que se viriam a registar ao nível da política externa. Isto é, a diminuição acentuada da importância atribuída a este domínio apesar das diferenças que caracterizavam os contextos interno e internacional. O perfil pessoal e político de Dilma e Lula eram bastante contrastantes, mas dado o ciclo de protagonismo internacional experienciado na década anterior, era expectável que, pelo menos em parte, esse ciclo fosse continuado. Após tomar posse, a Presidente realizou visitas oficiais à Argentina (janeiro de 2011), China (abril de 2011), e recebeu o Presidente Barack Obama (março de 2011)[12]. Este último encontro revestiu-se de particular relevância dada a tensão em torno da relação no final do mandato de Lula, motivada pela questão do acordo com o Irão[13]. Alguns académicos acreditavam por isso "que o melhor da política externa da Dilma ainda está por vir" (Spektor, 2012a), embora a "agenda interna de Dilma, a manutenção da coalizão, a economia brasileira em desaceleração" (Spektor, 2012a) não lhe fosse favorável.

Como referido anteriormente, foram vários os fatores que contribuíram para a retração da política externa e consequentemente para a diminuição do

---

[11] Tal como Miriam Gomes Saraiva (2007: 3) explica, a dimensão Sul-Sul esteve mais presente nos governos de Itamar Franco e Lula da Silva. De notar que, em ambos os governos, o Ministro Celso Amorim ocupou a pasta das Relações Exteriores.

[12] Em abril de 2012 seria a vez da Presidente Dilma Rousseff se deslocar em visita oficial aos Estados Unidos.

[13] Em 2010 o Brasil e a Turquia negociaram um Acordo com o Irão para que este enviasse urânio a ser enriquecido no exterior a um nível compatível com o seu uso pacífico. A participação do Brasil no "Acordo com o Irão" foi tida como um episódio que beliscou a relação entre o Brasil e os Estados Unidos, pois nunca ficou clara a concordância prévia dos EUA com a iniciativa brasileira e turca. Também a União Europeia, a Rússia e Israel se opuseram a esta iniciativa.

protagonismo internacional do país. Como Spektor (2016, 21) refere, desde logo os contextos interno e global deram a Dilma "uma margem de manobra muito mais reduzida para desenvolver uma política externa ativista". Em todo o caso, na comparação com Lula, Dilma parte naturalmente em desvantagem dada a sobrevalorização desta atividade pelo anterior Presidente (BBC, 2015). No mesmo sentido, também Antônio Patriota, Ministro das Relações Exteriores, conferiu um estilo menos ousado ao exercício da política externa. Como o próprio Ministro referiu: "Diplomacia não é publicidade. Diplomacia é abertura de canais, de diálogos que promovam o interesse do Brasil. (...) Nós queremos um sistema internacional que propicie a cooperação e a estabilidade, a paz e a previsibilidade" (Patriota, 2012). E embora o seu exercício de política externa tivesse em vista objetivos de longo prazo, não foi possível, em grande parte alcançá-los, como seja a por si referida competitividade industrial brasileira. Patriota considerava que o Brasil continuava a ter projeção internacional através da "marca muito pessoal da presidenta Dilma que é a ênfase em ciência, tecnologia e inovação, presente em todos os comunicados conjuntos e nas visitas que ela realiza" (Patriota, 2012).

Ao nível do conteúdo a política externa não sofreu alterações de fundo. Na realidade, o que se verificou foi uma diminuição do grau de intensidade do seu exercício dada a indiferença presidencial atribuída a este domínio. No entanto, de um modo geral, no Itamaraty tentou-se dar continuidade ao protagonismo do Brasil. Como Call e Abdenur (2017: 21-22) referem, "apesar dos diplomatas brasileiros (que são esmagadoramente profissionais de carreira) contribuírem para alguma continuidade dos esforços de cooperação e políticos (...) existiu uma considerável retração no envolvimento de alta-visibilidade, tanto na cooperação Sul-Sul como nas relações com o Norte". Gradualmente, a indiferença presidencial atribuída à política externa foi-se tornando evidente. Com efeito, o não desaparecimento completo do Brasil do cenário internacional deveu-se ao facto de o país estar integrado em diversas estruturas e fóruns multilaterais. Assistiu-se à continuidade, com maior ou menor nível de iniciativa e empenho, da sua participação nessas mesmas estruturas, algumas das quais começavam a dar sinais de algum desgaste, como o G20 (Elliot, 2014), o fórum IBSA (Kurtz-Phelan, 2013) ou os BRICS, pelo menos no que respeita ao seu desempenho económico (Xun, 2014; Degaut, 2015).

A continuidade existiu ainda nas posições assumidas e no discurso crítico nas principais estruturas multilaterais, nomeadamente no quadro das Nações Unidas. Embora, gradualmente, os discursos de Dilma se tenham centrado mais nos problemas e experiências internas do Brasil, os tópicos da reforma do CSNU, das causas e dos efeitos da crise económica, das crises no Médio Oriente assim como a necessidade de articulação entre os países mais desenvolvidos e os países emergentes e a preocupação com as questões ambientais continuaram a estar presentes. Note-se que no discurso de 2013 a Presidente deu considerável destaque à questão da espionagem, episódio que beliscou as relações entre os EUA e o Brasil (Rousseff, 2011, 2012, 2013, 2014).

A atuação internacional do Brasil espelhava aquelas que eram as palavras de Dilma nos discursos na Assembleia-Geral das Nações Unidas. Se em 2011 e 2012 Dilma fazia referências substanciais ao que se passava no mundo e à forma como o Brasil podia contribuir para as necessárias transformações no sistema internacional, a partir daí os discursos foram acima de tudo virados para dentro – como sejam, os efeitos da crise económica, as eleições no Brasil, o combate à corrupção ou o problema da ebola. Em termos da atuação internacional do Brasil é evidente a diferença entre o final do primeiro mandato de Dilma e o seu início. Como Spektor escrevia, "pela primeira vez em 20 anos, um governo recém-eleito não pegará o país em trajetória internacional ascendente" (Spektor, 2014). No final de 2012 as iniciativas da política externa já não se faziam notar e o silêncio do Brasil ecoava em diferentes acontecimentos, tanto regionais como internacionais. Foi visível a falta de posicionamento do Brasil nas eleições venezuelanas de outubro de 2012 nas quais Hugo Chávez foi reeleito, o desperdício do discurso de abertura da 67ª Assembleia Geral da ONU em setembro de 2012, que não foi aproveitado para "mostrar ao mundo que o Brasil tem algo construtivo a dizer sobre a ordem global" (Spektor, 2012c), a ausência no desenrolar do processo de paz na Colômbia bem como, em junho de 2016, no momento da assinatura do Acordo de Paz.

No mesmo sentido, sobre a primavera Árabe a atitude da Presidente Dilma foi também de retraimento, pese embora a política para o Médio Oriente desenvolvida durante o mandato de Lula e na qual a Síria detinha um lugar de destaque. No entanto, ao contrário de Lula, Dilma não estava disposta a despender forças em lutas que, em seu entender, não eram suas e nas quais em nada via que contribuíssem para o desenvolvimento do Brasil (Spektor, 2012b). A posição do Brasil sobre esta matéria não era, contudo, totalmente clara. Se, em finais de 2013, o Brasil reafirmava uma posição que ia no sentido da sua tradicional atuação no respeitante a estas matérias ao defender uma solução negociada e não uma intervenção armada. Em 2012, na resolução da ONU que condenou e responsabilizou apenas o governo da Síria pela violência no país, o Brasil havia votado ao lado dos EUA, Inglaterra, França, Canadá, Espanha, Austrália, Alemanha, contrastando com o voto de outros países do grupo BRICS e da ALBA (Estadão, 2012).

Restavam então os *fora* multilaterais para que o Brasil pudesse dar seguimento ao exercício da sua política externa, cujas Cimeiras eram muitas vezes aproveitadas para colmatar a diminuta diplomacia presidencial. Entre 2011 e 2014, o Brasil esteve representado pela Presidente e pelo Ministro da Fazenda nas Cimeiras anuais do G20 que tiveram lugar em França, México, Rússia e Austrália, sem no entanto o Brasil se posicionar sobre os principais problemas internacionais. Na OMC a diplomacia brasileira viu o seu trabalho reconhecido com a eleição de Roberto Azevedo para Secretário-geral da organização, para o que o apoio dos países em desenvolvimento foi considerado crucial (Bosco e Stuenkel 2015). Azevedo teve a sua primeira vitória logo em 2013, quando conseguiu estabelecer o Acordo de Bali que estabeleceu as regras para as políticas alfandegárias e para a redução de subsídios agrícolas, algo que há muito se esperava (Deutsche Welle, 2013). Em contrapartida, em 2014, o Brasil era designado como um dos países mais protecionistas (Folha de S. Paulo, 2014).

A Presidente Dilma herdou o segundo ano do mandato do Brasil como membro não permanente do CSNU. Foi neste período que se forjou o princípio de "responsabilidade ao proteger" na sequência da crise da Líbia, contudo tal iniciativa não obteve o apoio das principais potências ou dos países parceiros do grupo BRICS. Ao nível da atuação no Conselho de Direitos Humanos destacou-se a condenação do Brasil face ao comportamento do regime iraniano, criando-se aqui uma das principais diferenças com aquela que tinha sido a tendência dos governos de Lula. Adicionalmente, em julho de 2014 o Brasil recebeu a VI Cimeira dos BRICS, em Fortaleza, tendo sido assinado o

Acordo que criou o Novo Banco de Desenvolvimento do grupo. O principal objetivo do Banco era apoiar os países do grupo ou outros países emergentes na prossecução de projetos de infraestruturas ou desenvolvimento sustentável. De certa forma esta iniciativa veio contrariar alguns dos argumentos acerca do papel dos BRICS e apresentou-se como mais um símbolo da institucionalização do grupo.

Conclusão: o poder do multilateralismo

A opção multilateral do Brasil tem sido utilizada como uma estratégia com vista a aumentar o peso e o protagonismo internacional e, dessa forma, o poder e a influência do país no cenário internacional. A par do trabalho de outros autores, o presente capítulo sustenta que o exercício ativo do multilateralismo reflete a forte ambição de protagonismo internacional do Brasil, pois, é nos momentos em que o Brasil procura ganhar mais influência que há uma atitude mais ativa naquele domínio.

Porém, durante o governo de Dilma Rousseff registou-se uma alteração na forma de instrumentalização do multilateralismo. Se até então os mecanismos multilaterais eram um instrumento para alcançar um fim – na maior parte das vezes traduzido na ideia ou no ideal de 'Brasil potência' –, durante o governo de Dilma Rousseff passaram a ser o principal instrumento da política externa do país, não com o objetivo de aumentar o protagonismo internacional do país, mas, pelo menos, de fazer com que continuasse a existir uma atividade externa, regressando em grande medida ao Itamaraty. Assim, num momento de retração, de ausências e de silêncio da diplomacia brasileira, a presença do Brasil nos mecanismos multilaterais manteve-se, embora o grau de atividade e iniciativa tenha sido mais diminuto. O objetivo deixara de ser o protagonismo internacional, para ser somente o não desaparecimento do Brasil da cena internacional. Passou de instrumento de *soft power* e de obtenção de poder para um instrumento de política externa na sua forma mais abrangente.

Ficou evidente também que em qualquer um dos casos, a estratégia multilateral é acompanhada por uma retórica de reforma democratizante das principais estruturas existentes. Neste quadro, a pedra de toque é, em última análise, garantir o interesse nacional do Brasil, que neste âmbito se traduz na sua ambição em ser reconhecido como uma potência relevante do sistema internacional. Narlikar (2010: 134) refere mesmo que "vale a pena notar que a disposição do Brasil para fazer concessões que facilitassem um acordo para o bem coletivo não é altruísta: os seus próprios interesses estão tão profundamente enraizados na estabilidade do sistema multilateral e os seus próprios interesses vão de mão dada". Daí que, face à análise efetuada, seja possível verificar que é justamente nos momentos em que esse interesse é mais forte que a atitude proactiva do Brasil neste mecanismo é também mais visível. Mesmo com Dilma Rousseff, quando se verificou uma diminuição da importância atribuída à política externa, continuou a existir uma participação do Brasil nos mecanismos multilaterais, mas de uma forma substancialmente diferente daquela que tinha sido a tendência nos mandatos anteriores de FHC (em particular, o último mandato) e de Lula da Silva.

Durante o primeiro governo de Dilma Rousseff registou-se uma diminuição da ambição e das ações com vista a aumentar o protagonismo internacional do Brasil. Dada a conjuntura interna, assim como as transformações internacionais, e a alteração do perfil da Presidente, o objetivo central da política externa brasileira não residia na projeção e no protagonismo internacional do país. Embora, oficialmente aquela retórica permanecesse, na prática agia-se sem uma ação correspondente.

A análise efetuada permite concluir que face a esse desejo de protagonismo internacional verificou-se, especialmente nos anos de Lula, uma combinação da participação do Brasil em organismos multilaterais com a definição de parcerias mais restritas e com atores onde a coincidência de interesses era mais evidente. Durante o primeiro mandato de Dilma voltou--se a ter uma redução desta tendência, que espelha o não exercício da diplomacia presidencial, a qual nos 16 anos anteriores tinha sido a marca da atuação do Brasil no exterior. Nesse sentido, ainda que se tenha verificado uma diminuição da intensidade da participação nos fóruns multilaterais, ela continuou a existir como forma de ter uma política externa por mais ofuscada que estivesse por outros interesses.

Referências bibliográficas

BBC (2015) Dilma viaja menos da metade que Lula ao exterior, 21 de janeiro de 2015. Acedido a 4 de janeiro de 2018, em http://www.bbc.com/portuguese/noticias/2015/01/150113_dilma_viagens_internacionais_ms_lgb

BOSCO, D. e Stuenkel, O. (2015) "The Rhetoric and Reality of Brazil's Multilateralism". In Taylor, M. M. e Stuenkel, O. (org) (2015) *Brazil on the Global Stage: Power, Ideas, and the Liberal International Order.* Londres: Palgrave Macmillan, pp. 17-33.

BURGES, S. W. (2017) *Brazil in the world. The international relations of a South American giant.* Manchester: Manchester University Press.

BURGES, S. W. (2009) *Brazilian Foreign Policy After the Cold War.* Gainesville: University Press of Florida.

BURGES, S. W. e Bastos, F. H. C. (2017) The importance of presidential leadership for Brazilian foreign policy. *Policy Studies.* 38(3), pp. 277-290.

CALL, C. e Abdenur, Adriana E. (2017) A "Brazilian way"? Brazil's approach to peacebuilding. *Geoeconomics and Global Issues, Paper 5*, The Brookings Institution. Acedido a 20 de março de 2018, em https://www.brookings.edu/research/a-brazilian-way-brazils-approach-to-peacebuilding/

CARDIM, C. H. (2013) "A raiz das coisas – Rui Barbosa: o Brasil no mundo". In Pimentel, J. V. d. S. (org.) (2013). *Pensamento Diplomático Brasileiro. Formuladores e Agentes da Política Externa. (1750-1964).* Vol. 2 Brasília: FUNAG, pp. 489-527.

CARDOSO, F. H. (1995) "Discurso de Posse do Excelentíssimo Senhor Presidente da República, Fernando Henrique Cardoso, no Congresso Nacional, 1 de janeiro de 1995". In Oliveira, M. D. d. (org.) (2010) *Discursos selecionados do Presidente Fernando Henrique Cardoso.* Brasília: Fundação Alexandre de Gusmão, pp. 9-18.

CERVO, A. L. e Lessa, A. C. (2014). 'O declínio: inserção internacional do Brasil (2011--2014)'. *Revista Brasileira de Política Internacional*, Vol. 57, no 2, pp.133-151.

CERVO, A. L. e Bueno, C. (2008) *História das Relações Exteriores do Brasil.*3ª edição. Brasília: Editora Universidade de Brasília.

DANESE, S. (2017) *Diplomacia presidencial. História e crítica.* 2.ª edição, revista. Brasília: FUNAG.

DEGAUT, M. (2015) Do the BRICS Still Matter?, *CSIS*, Acedido a 20 de março de 2018, em https://csis-prod.s3.amazonaws.com/s3fs-public/legacy_files/files/publication/151020_Degaut_DoBRICSMatter_Web.pdf

DEROLLE, P. G. (2015) A Política Externa do 1.° mandato Dilma: Autonomia pela Indiferença, *blog e-internacionalista*, 7 de janeiro de 2015. Acedido a 27 de março de 2018, em https://pgderolle.wordpress.com/2015/01/07/a-politica-externa-do1o-mandato-dilma-autonomia-pela-indiferenca/

DEUTSCHE WELLE (2013) O brasileiro que ressuscitou a Rodada de Doha. 9 de dezembro de 2013. Acedido a 21 de maio de 2018, em http://www.dw.com/pt-br/o-brasileiro-que-ressuscitou-a-rodada-doha/a-17280816

ESTADÃO (2012) Após votação na ONU, bombardeios se intensificam na Síria. 17 de fevereiro de 2012. Acedido a 21 de maio de 2018, em https://internacional.estadao.com.br/noticias/geral,apos-votacao-na-onu-bombardeios-se-intensificam-na-siria,837261

ELLIOTT, L. (2014). 'G20 has failed to fulfil its promise of collaboration amid hostility'. *The Guardian*, 20 de Fevereiro de 2014. Acedido a 20 de Março de 2018, em https://www.theguardian.com/world/2014/feb/20/g20-economy-promise-failure-crisis

FLEMES, D. (2009) India-Brazil-South Africa (IBSA) in the New Global Order: Interests, Strategies and Values of the Emerging Coalition. *International Studies*, 46(4), pp. 401 – 421.

FOLHA DE S. PAULO (2014) OMC lista Brasil como líder de "protecionismo". 18 de fevereiro de 2014. Acedido a 20 de março de 2018, em https://www1.folha.uol.com.br/mercado/2014/02/1413705-omc-lista-brasil-como-lider-em-protecionismo.shtml

FONSECA, C. (2014) *As estratégias de política externa na construção do Brasil emergente. Uma análise do período de Lula da Silva (2003-2010)*. Tese de Doutoramento. Lisboa: FCSH-NOVA.

FONSECA Jr., G. (2011) Política externa brasileira: padrões e descontinuidades no período republicano. *Relações Internacionais*, 29, pp. 15-32.

FONSECA Jr., G. (2008) *O interesse e a regra. Ensaios sobre o multilateralismo*. São Paulo: Editora Paz e Terra.

FONSECA Jr., G. (n/d) Multilateralismo e Regionalismo'. Acedido a 15 de novembro de 2010, em http://www.ieei.pt/files/UE_Mercosul_Novo.Fonseca.Multilateralismo_regionalismo.pdf.

HAMANN, E. P. (2016) A path forged over time: Brazil and the UN Missions (1947-2015). *Igarapé Institute Strategic note 19*. Acedido a 27 de março de 2018, em https://igarape.org.br/wp-content/uploads/2016/06/NE-19_EN-30-05_2.pdf.

HOLBRAAD, C. (1984) *Middle Powers in International Politics*. Londres: Macmillan Press.

HURRELL, A. (2013) *The quest for autonomy: the evolution of Brazil's role in the international system*. Brasília: FUNAG. Acedido a 27 de março de 2018, em http://funag. gov.br/loja/download/1086-THE_QUEST_FOR_AUTONOMY.pdf

HURRELL, A. (2009) Rising powers and the question of status in international society. Paper apresentado na conferência da *International Studies Association*, 2009. Acedido a 20 de dezembro de 2017, em https://research.allacademic.com/index.php ?cmd=Download+Document&key=unpublished_manuscript&file_index=2&pop_ up=true&no_click_key=true&attachment_style=attachment&PHPSESSID=t8ofdmm 0n3ugpm0svo8hk7c6n4

HURRELL, A. (2000). "Some Reflections on the Role of Intermediate Powers in International Institutions». AAVV (2000). *Paths to Power: Foreign Policy Strategies of Intermediate States*. Latin American Program Working Papers, No 244, The Woodrow Wilson International Center, 2000. Acedido a 12 de Setembro de 2008, em http:// www.wilsoncenter.org/topics/docs/ACF14A1.pdf

IPRI – Instituto de Pesquisa de Relações Internacionais (1993), *Reflexões sobre a Política Externa Brasileira*. Brasília: FUNAG, apud, Burges, S. W. (2017) *Brazil in the world. The international relations of a South American giant*. Manchester: Manchester University Press.

JORDAAN, E. (2003) The Concept of a Middle Power in International Relations: Distinguishing Between Emerging and Traditional Middle Powers. *Politikon: South African Journal of Political Studies*, 30(2), pp. 165-181

KEOHANE, R. (1969). "Lilliputian's dilemmas: small states in international politics". *International Organizations*, Vol. 23, no 2.

KURTZ-PHELAN, D. (2013) What is IBSA Anyway?. *Americas Quarterly*. Acedido a 20 de maio de 2018, em http://www.americasquarterly.org/content/what-ibsa-anyway

LAFER, C. (2000) Brazilian International Identity and Foreign Policy: past, present and future. *Daedalus*, 109(2), pp. 207-238.

LAFER, C. (1990) Reflexões sobre a inserção do Brasil no contexto internacional. *Contexto Internacional*, 11, pp. 33-43.

LAMPREIA, L. F. (1998) A política externa do governo FHC: continuidade e renovação. *Revista Brasileira de Política Internacional*, 42(2), pp. 5-17.

LIMA, M. R. S. d. (2005) Autonomia, Não-Indiferença e Pragmatismo: vetores conceituais da política exterior. *Revista Brasileira de Comércio Exterior*, 83, pp. 16-20.

MIYAMOTO, S. (2000) O Brasil e as negociações multilaterais. *Revista Brasileira de Política Internacional*, 43(1), pp. 119-137.

NARLIKAR, A. (2010) *New Powers. How to become one and how to manage them*. Londres: Hurst and Company.

NETO, O. A. (2016) A crise política brasileira de 2015-2016 Diagnóstico, sequelas e profilaxia'. *Relações Internacionais*, 52, pp. 43-54.

NYE Jr, J. S. (2011) *The Future of Power*. Nova Iorque: Public Affairs.

NYE Jr, J. S. (2004) *Soft Power: The Means to Success in World Politics*. Nova Iorque: Public Affairs.

PATRIOTA, A. (2012) Diplomacia não é publicidade. (Entrevista do Ministro António Patriota à revista *IstoÉ*). 23 de julho de 2013. Acedido a 21 de maio de 2018 em http://www.itamaraty.gov.br/discursos-artigos-e-entrevistas-categoria/ministro-das-relacoes-exteriores-entrevistas/4620-diplomacia-nao-e-publicidade-entrevista-antonio-patriota-istoe23-07-2012

RICUPERO, R. (2013b) "José Maria da Silva Paranhos Júnior (Barão do Rio Branco): a fundação da política exterior da República". In Pimentel, J. V. d. S. (org.) (2013). *Pensamento Diplomático Brasileiro. Formuladores e Agentes da Política Externa. (1750-1964)*. Vol. 2 Brasília: FUNAG, pp. 405-440.

RICUPERO, R. (2013a) "A política externa da Primeira República (1889-1930)". In Pimentel, J. V. d. S. (org.) (2013). *Pensamento Diplomático Brasileiro. Formuladores e Agentes da Política Externa. (1750-1964)*. Vol. 2 Brasília: FUNAG, pp. 333-358.

ROUSSEFF, D. (2014) Discurso da Presidenta da República, Dilma Rousseff, por ocasião do Debate de Alto Nível da 69ª Assembleia Geral das Nações Unidas, Nova Iorque, 24 de setembro de 2014. Acedido a 27 de março de 2018, em http://www.itamaraty.gov.br/pt-BR/discursos-artigos-e-entrevistas-categoria/presidente-da-republica-federativa-do-brasil-discursos/5829-discurso-proferido-pela-presidenta-da-republica-dilma-rousseff-na-abertura-do-debate-de-alto-nivel-da69-assembleia-geral-das-nacoes-unidas-onu-nova-york24-de-setembro-de2014

ROUSSEFF, D. (2013) Discurso da Presidenta da República, Dilma Rousseff, por ocasião do Debate Geral da 68ª Assembleia Geral das Nações Unidas, Nova Iorque, 24 de setembro de 2012. Acedido a 27 de março de 2018, em http://www.itamaraty.gov.br/pt-BR/discursos-artigos-e-entrevistas-categoria/presidente-da-republica-federativa-do-brasil-discursos/4684-discurso-da-presidenta-da-republica-dilma-rousseff-na-abertura-do-debate-geral-da68-assembleia-geral-das-nacoes-unidas

ROUSSEFF, D. (2012) Discurso da Presidenta da República, Dilma Rousseff, por ocasião da 67ª Assembleia Geral das Nações Unidas, Nova Iorque, 25 de setembro de 2012. Acedido a 27 de março de 2018, em http://www.itamaraty.gov.br/pt-BR/ discursos-artigos-e-entrevistas-categoria/presidente-da-republica-federativa-do-brasil-discursos/4687-discurso-da-presidenta-da-republica-dilma-rousseff-na-aber tura-da67-assembleia-geral-das-nacoes-unidas

ROUSSEFF, D. (2011) Discurso da Presidenta da República, Dilma Rousseff, por ocasião do Debate Geral da 66ª Assembleia Geral das Nações Unidas, Nova Iorque, 21 de setembro de 2011. Acedido a 27 de março de 2018, em http://www.itamaraty.gov. br/pt-BR/discursos-artigos-e-entrevistas-categoria/presidente-da-republica-fede rativa-do-brasil-discursos/4675-discurso-na-abertura-do-debate-geral-da66-assem bleia-geral-das-nacoes-unidas-nova-york-eua21-09-2011

SARAIVA, M. G. (2007) As estratégias de cooperação Sul-Sul nos marcos da política externa brasileira de 1993 a 2007. *Revista Brasileira de Política Internacional*, 50(2), pp. 42-59.

SPEKTOR, M. (2014) Diplomacia de transição, *Folha de São Paulo*, 29 de outubro de 2014. Acedido a 25 de março de 2018, em http://www1.folha.uol.com.br/colunas/ matiasspektor/2014/10/1540019-diplomacia-da-transicao.shtml.

SPEKTOR, M. (2012c) Silêncios, *Folha de São Paulo*, 3 de outubro de 2012. Acedido a 25 de março de 2018, em http://www1.folha.uol.com.br/colunas/matias spektor/1162958-silencios.shtml

SPEKTOR, M. (2012b) A Síria de Dilma, *Folha de São Paulo*. 20 de fevereiro de 2012. Acedido a 25 de março de 2018, em http://www1.folha.uol.com.br/colunas/ matiasspektor/1050840-a-siria-de-dilma.shtml

SPEKTOR, M. (2012a) O Brasil precisa aprender a manipular a China, *Valor Econômico*, Entrevista de Cristian Klei, 2 de janeiro de 2012. Acedido a 25 de março de 2018, https://www.valor.com.br/impresso/pingues-entrevistas/o-brasil-precisa -aprender-manipular-china

STUENKEL, O, (2013) Institutionalizing South-South Cooperation: Towards a New Paradigm?. Background research paper, High Level Panel on the Post-2015 Development Agenda. Acedido a 28 de março de 2014, em http://www.post2015hlp.org/ wp-content/uploads/2013/05/Stuenkel_Institutionalizing-South-South-Coopera tion-Towards-a-New-Paradigm.pdf.

STUENKEL, O. (2010) Responding to global development challenges. Views from Brazil and India. *Deutsches Institut für Entwicklungspolitik Discussion Paper* 11/2010.

Acedido a 10 de março de 2018, em https://www.die-gdi.de/discussion-paper/ article/responding-to-global-development-challenges-views-from-brazil-and-india/

STRANGE, S. (1994) *States and Markets*. 2ª ed. Londres: Pinter.

THIES, C. G. e Nieman, M. D. (2017) *Rising Powers and Foreign Policy Revisionism. Understanding BRICS Identity and Behavior Through Time*. Ann Arbor: University of Michigan Press.

VIGEVANI, T. e Cepaluni, G. (2009) *Brazilian foreign policy in changing times – the quest for autonomy from Sarney to Lula*. Nova Iorque: Lexington Books.

VIGEVANI, T. e Cepaluni, G. (2007) A Política Externa de Lula da Silva: A Estratégia da Autonomia pela Diversificação. *Contexto Internacional*. 29(2), pp. 273-335.

VIGEVANI, T.; Oliveira, M. F. d. e Cintra, R. (2003) Política externa no período FHC: a busca de autonomia pela integração. *Tempo Social*, 15(2), pp. 31-61.

VIGEVANI, T. e Ramanzini Júnior, H. (2010) The changing nature of multilateralism and Brazilian foreign policy. *The International Spectator: Italian Journal of International Affairs*, 45(4), pp. 63-71.

XUN, P. (2014) Are the BRICS Irrelevant?. *Carnegie Tsinghua*. Acedido a 20 de março de 2018, em https://carnegietsinghua.org/2014/04/08/are-brics-irrelevant-pub55206

CAPÍTULO 9
ESTRATÉGIA MULTILATERAL PORTUGUESA NA ORDEM GLOBAL

PORTUGUESE MULTILATERAL STRATEGY IN THE GLOBAL ORDER

JOSÉ PALMEIRA

Universidade do Minho e Centro de Investigação em Ciência Política (CICP), Portugal
ORCID: 0000-0002-3256-2062

RESUMO: Portugal tem uma identidade europeia, atlântica e lusófona e uma vocação universalista. A sua identidade materializa-se nos três grandes espaços geopolíticos que integra – União Europeia, Organização do Tratado do Atlântico Norte e Comunidade de Países de Língua Portuguesa – e a vocação universalista advém do seu passado histórico (imperial e ultramarino) e tem reflexo na diáspora. A política externa portuguesa é coerente com esses pilares, favorecendo o multilateralismo como forma de inserção no sistema internacional que se apresenta crescentemente globalizado. Uma saída do Reino Unido da União Europeia e o unilateralismo norte-americano, ditado pela Administração Trump, são desafios novos que se colocam a Portugal, tradicional aliado das duas potências ocidentais.

Palavras-chave: Portugal, multilateralismo, UE, OTAN, CPLP.

ABSTRACT: the chapter argues that Portugal perceives itself as having a European, Atlantic and Lusophone identity and a universalist vocation. Its identity is embodied in the three great geopolitical spaces that it integrates – European Union, North Atlantic Treaty Organisation and Community of Portuguese-speaking Countries – and the universalist vocation comes from its historical past (imperial and overseas) and has a reflection in the diaspora. Portuguese foreign policy is consistent with these pillars, favouring multilateralism as a way of insertion in the international system that is increasingly globalised. A departure of the United Kingdom from the European Union and United States growing unilateralism, as dictated by the Trump Administration, are new challenges facing Portugal, a traditional ally of the two Western powers.

Keywords: Portugal, multilateralism, EU, NATO, CPLP.

https://doi.org/10.14195/978-989-26-1750-3_10

Introdução

Portugal é um dos países cujas fronteiras externas estão há mais tempo consolidadas na Europa. A sua independência numa Península Ibérica hegemonizada pelo poder de Castela, é fruto, antes de mais, da vontade dos portugueses, mas também da capacidade de sucessivas lideranças – desde o reinado de D. Afonso Henriques (1140-1185), passando pela restauração da independência (1640) – (Brandão, 2002), sobretudo ao nível das alianças externas que se revelaram fundamentais para a prossecução dos objetivos estratégicos nacionais, primeiro com a Santa Sé (1143) (Magalhães, 1990: 22-24) e depois com a Inglaterra (1373) (Magalhães, 1990: 36-40). O império colonial português também se consolida graças ao Tratado de Tordesilhas (1494), celebrado com Castela (Magalhães, 1990: 46-47) e à vertente missionária concertada com o Vaticano que se consubstanciaria na instituição do padroado (Magalhães, 1990: 57-59). Acresce-se a ligação às potências marítimas dominantes (Inglaterra, primeiro, e Estado Unidos da América, em meados do século vinte), como forma de salvaguardar os seus interesses. Uma constante histórico-diplomática é que "sempre as potências imperialistas manifestaram predileção pelas negociações bilaterais" (Macedo 1987: 106).

A empreitada dos descobrimentos, nos séculos XV e XVI, deu origem ao império colonial português que vai marcar quinhentos anos de história e influenciar, decisivamente, a política externa portuguesa.

No século XX, a primeira Guerra Mundial (1914-1918) e sobretudo a segunda (1939-1945), alteram o ciclo dos impérios, com destaque para o papel da Organização das Nações Unidas (ONU), a partir de 1945, no desmantelamento do colonialismo, sendo Portugal (membro desde 1955) um bom exemplo das pressões sofridas naquele fórum multilateral (Nogueira, 1981: 241-366). O quadro só se altera com a democratização do regime político em Portugal (1974) e a definição de um novo quadro de relacionamento multilateral, privilegiando a Europa, o Atlântico e o espaço lusófono como pilares da política externa portuguesa.

Este capítulo analisa a estratégia multilateral portuguesa nas suas dimensões global e regional, evidenciando o pilar euro-atlântico e a capacidade de articulação intercontinental oferecida pela sua posição geoestratégica, no sudoeste da Europa. Nessa dimensão, é conferida particular ênfase ao espaço lusófono, atendendo à influência portuguesa na sua institucionalização e dinamização, bem como ao potencial estratégico do triângulo Portugal-Angola--Brasil. No domínio da cooperação multilateral merece especial atenção a componente de segurança e defesa, bem como os novos desafios que se colocam à política externa portuguesa, com a anunciada retirada do Reino Unido da União Europeia e o unilateralismo norte-americano, promovido pela Administração Trump.

Portugal global

António Guterres é secretário-geral da ONU, a mais influente das organizações multilaterais à escala global. António Vitorino é eleito (2018) diretor-geral da Organização Internacional das Migrações. Antes, um outro português, Durão Barroso, presidiu uma década (2004-2014) à Comissão Europeia, período durante o qual foi assinado o Tratado de Lisboa (2007) que veio reformar a União Europeia (UE). Simbolicamente, o país que nos séculos XV e XVI deu "novos mundos ao mundo", pelo seu protagonismo na empreitada dos descobrimentos marítimos, inicia o século XXI influenciando o sistema internacional[1] por intermédio de dois ex-primeiro-ministros (Guterres e Barroso) e um antigo governante e comissário europeu (Vitorino). A mesma vocação universalista está espelhada na diáspora, sendo que "contando com os descendentes já nascidos no estrangeiro, os portugueses no mundo serão cerca de 5 milhões" (Pires, 2010: 16).

"A vinculação ao multilateralismo, às Nações Unidas e às suas diversas agências não oferece qualquer dúvida", releva o ministro português dos Negócios Estrangeiros, Santos Silva (2018: 44). "Quanto mais incerta é a situação mundial, mais precisamos do multilateralismo", nota ainda, sublinhando que Portugal "que faz

---

[1] O sistema internacional "concede importância fundamental à estrutura (número e tipo de atores, ou agentes e distribuição da capacidade entre eles) ao identificar os padrões de conduta das unidades que compõem o sistema" (Dougherty e Pfaltzgraff, 2003: 133-134).

dele o vero princípio da sua política externa, tem de ser cada vez mais ativo na sua promoção" (2018: 43).

Quando se analisa a estratégia multilateral do Estado português, destaca-se a vinculação a três "grandes espaços" geopolíticos: UE, Organização do Tratado do Atlântico Norte (OTAN) e Comunidade de Países de Língua Portuguesa (CPLP). A UE representa o principal compromisso do Estado português, dado o caráter supranacional da União Económica e Monetária, enquanto a segurança e defesa do país dependem, em primeiro lugar, da capacidade da OTAN, tal como o potencial da lusofonia está diretamente relacionado com o dinamismo da CPLP. UE-OTAN-CPLP constituem, por isso, os três principais pilares da política externa portuguesa no plano multilateral, dependendo a relevância de cada um de fatores conjunturais, geridos através de uma política de "geometria variável" ditada pelo interesse nacional (Palmeira, 2006: 207).

A geopolítica e a geoestratégia são duas variáveis analíticas fundamentais para a compreensão da política externa portuguesa, desde o período fundacional (século XII), quando está em causa a implantação do Reino de Portugal e o seu reconhecimento, seja mais tarde, quando a questão é a preservação da sua soberania e a garantia da autonomia estratégica, em ambiente de maior ou menor adversidade (desde as guerras com Castela, no século XIV, até às invasões napoleónicas, no início do século XIX).

A integração de Portugal nos espaços geopolíticos supracitados deu-se em contextos diversos e foi influenciada por fatores internos e externos. A sua presença entre os membros fundadores da OTAN, em 1949, foi surpreendente dado o caráter autoritário do regime político que então vigorava no país. Prevaleceu no critério para convidar Portugal a relevância estratégica do seu território, máxime dos Açores,[2] para a defesa do Atlântico Norte. O propósito norte-americano, mediado pelo antigo aliado de Portugal, a Inglaterra, venceu a resistência de Oliveira Salazar, que desconfiava das reais intenções de Washington e preferia preservar o pacto ibérico com a Espanha franquista que ficaria de fora da Aliança Atlântica (Telo, 1996: 67-84).

---

[2] Sobre a importância geoestratégica dos Açores ver Ferreira (2011).

A integração nas Comunidades Europeias só foi possível na sequência da democratização do regime (1974) e concretizou-se em 1986, suportada no propósito de Bruxelas de apoiar as democracias emergentes no Sul da Europa (Grécia e Espanha incluídas). Concomitantemente com a mudança de regime deu-se a descolonização e o nascimento de novos Estados que adotaram o português como língua oficial, sendo a criação da CPLP concretizada em 1996, após o fim da Guerra Fria, verificado no início dessa década.

A democracia portuguesa assegurou a permanência na OTAN, com o consenso dos maiores partidos políticos nacionais.[3] O mesmo consenso imperou no pedido de adesão às Comunidades Europeias, formulado em 1977, na vigência de um governo socialista, liderado por Mário Soares, e concretizado em 1986, no decurso de um governo social-democrata, chefiado por Cavaco Silva (Seabra, 1995:31).

A aposta no vínculo transatlântico e a integração europeia foi o percurso expectável de um Estado europeu, ocidental, com as caraterísticas de Portugal. O que mudou foi o facto de Lisboa ter deixado de ser a capital de um império colonial que perdurou cinco séculos (XV-XX), tendo o seu epitáfio em 1974/1975, ainda com reminiscências no final do século XX (1999, devolução de Macau à China) e no início do século XXI (2002, independência de Timor-Leste).

O fim do império e a integração europeia representaram uma rotação de 180 graus na geopolítica portuguesa. O Portugal ultramarino, de costas voltadas para a Europa comunitária – da qual se encontrava geograficamente separado pela vizinha Espanha, com a qual mantinha uma relação pouco mais do que institucional – deu lugar a um país mergulhado no sonho europeu, no que ele significava de desenvolvimento e qualidade de vida (Teixeira, Pinto: 2007). Simbolicamente, o desmantelamento de uma parte significativa das marinhas de pesca e mercante portuguesas, apadrinhada por fundos comuni-

---

[3] Partido Socialista, Partido Popular Democrático (atual Partido Social-Democrata) e Centro Democrático Social foram favoráveis à OTAN, ao contrário do Partido Comunista Português.

tários que contemplavam o abate da frota,[4] é a imagem de um país que agora virava as costas ao mar, seduzido pela miragem de Bruxelas.

Pouco depois da integração do país na UE, o fim do mundo bipolar, subsequente à implosão da União Soviética e ao fim do Pacto de Varsóvia, em 1991, teve consequências geopolíticas para o mundo e para Portugal. O Tratado da União Europeia, celebrado em 1992, arquitetando um união económica e monetária e projetando uma união política, acentuou a vertente euro-atlântica da política externa portuguesa, perante um cenário de crescente autonomização de Bruxelas face a Washington no domínio da segurança e defesa e numa altura em que o federalismo europeu era colocado em cima da mesa, a partir da formulação de uma Constituição para a União Europeia.[5]

Pilar euro-atlântico

Avaliando o contributo português para as três organizações internacionais que melhor servem o seu interesse geopolítico, verifica-se que os motivos que levaram à sua integração na OTAN, em 1949, como membro fundador, estão hoje menorizados, por razões que se relacionam com a evolução política e tecnológica. Com efeito, o arquipélago dos Açores, no coração do Atlântico, perdeu relevância estratégica quer com o aumento da autonomia de voo dos aviões militares quer com o fim da Guerra Fria. A base militar das Lajes deixou de ser o "porta-aviões" fixo que durante décadas serviu os interesses norte--americanos, facto que justifica o seu desinvestimento nas instalações, diminuindo o contingente militar ali destacado.

Relativamente à União Europeia, Portugal é uma potência média que tem demonstrado empenhamento no processo de integração económica e monetária, fazendo questão de integrar o "pelotão da frente" nas cooperações refor-

---

[4] "Desde a adesão de Portugal à Comunidade Europeia, em 1986, a produção de pescado caiu para cerca de metade. E idêntica quebra sofreu o número de navios e de pescadores" (Ribeiro, 2010: 152). É verdade que uma grande parte da frota de pesca portuguesa era rudimentar e incapaz de concorrer com as frotas de outros Estados membros, no âmbito da política comum de pescas, desde logo com a vizinha Espanha.

[5] A rejeição da proposta de tratado constitucional pela Holanda e a França abortou o projeto e deu lugar ao Tratado de Lisboa, assinado em 2007.

çadas (Silva, 2018: 21). No caso da união política, a posição portuguesa é menos nítida, sobretudo no que diz respeito a um eventual rumo federalista. Mais clara é a sua opção em termos da comunitarização da política de Defesa, uma vez que considera que a mesma não deve pôr em causa o vínculo transatlântico que resulta da OTAN (Silva, 2018: 51, 87).

O facto de ser um Estado fronteira da UE reforça a relevância geoestratégica do território português, tanto mais que a sua localização no sudoeste da Europa o torna vulnerável a fluxos migratórios ilegais provenientes de países terceiros e ao tráfico de estupefacientes por via marítima. Por outro lado, dispor da maior zona económica exclusiva dentro da UE[6] representa para Portugal uma responsabilidade em termos da sua fiscalização, mas também lhe confere poder negocial, por exemplo em matéria de política comum de pescas. Por outro lado, o país procura tirar partido da sua localização para ser uma plataforma logística do comércio marítimo internacional com destino à Europa, beneficiando de infraestruturas como o porto de Sines e do aumento de tráfego proporcionado pelo alargamento do Canal do Panamá (Pinto, 2016).

Bruxelas permite ainda a Lisboa ter um relacionamento menos complexado com Madrid, uma vez que na relação bilateral com o único vizinho terrestre [7]- cinco vezes maior em território e quatro vezes em população – poderia prevalecer o seu maior poder. Também nestas situações, o multilateralismo revela-se a estratégia adequada, sendo apanágio da Comissão Europeia, dentro do cumprimento do direito comunitário, proteger o elo mais fraco (Sousa, 1997).

Portugal tem procurado uma geoestratégia que o distinga de Espanha no contexto peninsular, evidenciando o seu atlantismo face ao "continentalismo" espanhol, também mais voltado para o Mediterrâneo. O facto de ter sido, ao contrário do seu vizinho, membro fundador da OTAN, deu a Portugal algum protagonismo na Península Ibérica, ultrapassado quando Madrid aderiu à

---

[6] Com igual correspondência ao nível do espaço aéreo, através do qual é efetuada parte significativa da vigilância do espaço marítimo.

[7] O plano hidrológico espanhol e o funcionamento da central nuclear de Almaraz são exemplos de mediação europeia que interessa a Portugal na relação com Espanha.

organização, em 1982, e, sobretudo, quando passou a integrar a sua estrutura militar integrada, em 1997.

Anteriormente (1986), aquando da entrada conjunta nas Comunidades Europeias, acentuou-se a problemática Norte-Sul e sobretudo a maior atenção europeia dada ao Mediterrâneo, coincidentemente com o fim da Guerra Fria, processo onde Espanha desempenhou algum protagonismo, sobretudo com a cimeira de Barcelona (1995) que culminou com a criação da União para o Mediterrâneo, em 2008, juntando 28 países dos dois lados da bacia. O "atlântico" Portugal acabou por se ver envolvido na problemática do Mediterrâneo em grande medida devido à política europeia, por seu turno impulsionada pelos espanhóis.[8]

Citando o ministro dos Negócios Estrangeiros, Portugal está entre os países que "mais valorizam a diplomacia para a paz e a diplomacia para os direitos humanos e entre aqueles que mais enfatizam a importância decisiva do mar e dos oceanos, nos diferentes planos, securitário, científico, económico e ambiental" (Silva, 2018: 44).

A capacidade de influência que Portugal tem nas organizações multilaterais que integra é diretamente proporcional à utilidade que representa para os seus parceiros. Parafraseando Adriano Moreira, trata-se de um "poder funcional" e de uma "soberania de serviço".

Articulação intercontinental

O Conceito Estratégico de Defesa Nacional (CEDN), cuja última revisão data de 2013, carateriza Portugal como "uma democracia europeia e atlântica – com vocação universal, mas com recursos limitados", sendo a UE e a OTAN consideradas "vitais para segurança e a defesa nacionais" e o interesse do país "inseparável do fortalecimento da CPLP" (CEDN, 2013: 8). No plano multilateral, a OTAN e a UE são apontadas como principais pilares da segurança no

---

[8] É verdade que se foi a Espanha a ter o protagonismo inicial na parceria euro-mediterrânica, a criação da União para o Mediterrâneo é, em grande medida, um projeto do então presidente francês, François Sarkozy.

Atlântico Norte, o mesmo acontecendo com a CPLP relativamente ao Atlântico Sul (CEDN, 2013: 23). No que ao seu "triângulo estratégico" diz respeito, está consagrado no mesmo documento que o país "tem uma posição geográfica específica de articulação intercontinental, por onde cruzam muitas das mais importantes rotas aéreas e marítimas mundial" (CEDN, 2013: 43).

Na geometria variável que pauta a política externa portuguesa,[9] os espaços lusófono (institucionalizado) e ibero-americano (menos consolidado) dão profundidade geopolítica a Portugal e reforçam o seu poder tanto no sistema multilateral europeu (UE) como no euro-americano (OTAN). Para além de corresponder à tradição universalista da história política portuguesa, que pode constituir uma mais-valia à escala global, a diversificação de alianças confere a Portugal uma maior autonomia estratégica, uma vez que não fica dependente de uma única hierarquia de potências.[10] Por outro lado, essa diversidade consolida a centralidade geopolítica de Portugal, que sendo periférico no espaço Comunitário, é central na ligação da Europa com África e com as Américas (do Norte, Central e do Sul).

O espaço ibero-americano surge como uma extensão do lusófono, embora Portugal e o Brasil sejam a única exceção de uma comunidade estadual maioritariamente hispânica (o Uruguai não tem língua oficial).[11] A institucionalização de uma verdadeira comunidade ibero-americana ainda não se verificou, por falta de consenso entre os membros, e Portugal tem sido dos Estados menos entusiasmados com o projeto, temendo uma secundarização de Lisboa face a Madrid.[12] O cenário não está, no entanto, excluído, tanto mais que

---

[9] A geometria variável representa a capacidade de optar pela alternativa que em cada momento se revela mais favorável. Ao integrar OTAN, UE e CPLP, Portugal pode, conjunturalmente, privilegiar uma delas, em função do interesse nacional ter como prioridade a segurança, a união económica e monetária (zona euro) ou a língua e cultura portuguesas.

[10] É conhecida a influência que os Estados Unidos têm na OTAN, ou a Alemanha na UE e que a CPLP dificilmente alcançará os seus objetivos sem o empenhamento do Brasil.

[11] A Secretaria Geral Ibero-Americana foi criada em 2005, com sede em Madrid (Espanha), para coordenar as cimeiras ibero-americanas de chefes de Estado e de Governo, iniciadas em 1991 (primeiro anuais, passaram a bienais em 2014). Participam 22 Estados, sendo três ibéricos (Portugal, Espanha e Andorra) e os restantes latino-americanos.

[12] Não existe uma organização internacional da hispanofonia, ao contrário do que acontece com a lusofonia (CPLP), francofonia (OIF) e anglofonia (Commonwealth), embora nestes casos o idioma não seja condição expressa de acesso, mas sim as ligações culturais e económicas.

a consolidação democrática e económica de vários países latino-americanos constitui um atrativo para os países ibéricos, interessados em mercados regionais emergentes, complementares ao europeu.

Enquanto na Europa se assume atlantista, Portugal diversifica a sua geopolítica investindo na organização que reúne os países de língua oficial portuguesa. Com efeito, embora o número de membros da CPLP seja de apenas nove, o número de organizações regionais que integram é elevado e algumas têm efetiva relevância geopolítica. Não é apenas o facto de a língua portuguesa ser idioma oficial dessas organizações que interessa à lusofonia, mas também o papel de ponte que pode ser estabelecido entre espaços regionais distintos, tendo como protagonistas os membros da CPLP. A cooperação entre o UE e o Mercosul é um exemplo disso, bem como a parceria especial entre a UE e Cabo Verde, e ainda os acordos com blocos regionais africanos, para além da cooperação estabelecida no âmbito dos acordos ACP (África, Caraíbas e Pacífico).[13]

Tal como Portugal é valorizado no seio da CPLP por ser membro da UE, também o país ganha peso político em Bruxelas pela sua capacidade de aproximar a Europa de mercados emergentes como os latino-americanos e os africanos. É verdade que não é o único detentor desta capacidade, mas de entre os Estados membros nem todos dispõem do mesmo capital de influência externa. Sinal de que Lisboa quer ter um papel de articulação com outros espaços geopolíticos foi a realização, durante presidências portuguesas da União Europeia, das primeiras cimeiras UE-África (2000 e 2007), UE-Brasil e UE-Índia (2007).

Além da centralidade geográfica é relevante a centralidade política que se obtém quando cidadãos nacionais ocupam cargos de topo na hierarquia das organizações que à escala regional ou global influenciam o sistema internacional. Para além do mérito individual, a nacionalidade não deixa de ser um fator ponderado nas escolhas das personalidades internacionais, dado que o seu perfil político não deixa de ser moldado pelo fator nacional.

---

[13] João de Deus Pinheiro foi Comissário Europeu para as Relações Exteriores com África, Caraíbas e Pacífico e Convenção de Lomé (1995-1999), pelouro pelo qual Portugal manifestou interesse.

A escolha de Durão Barroso para a Comissão Europeia, em 2004, ilustra bem quanto o perfil nacional pode influenciar as opções. Com efeito, o ex-primeiro ministro português chega ao Berlaymont num cenário de tensão entre Washington e Bruxelas, a propósito da intervenção militar norte-americana no Iraque que dividiu os parceiros europeus.[14] O perfil atlantista de Barroso[15] foi considerado uma mais-valia para reconciliar os parceiros da OTAN e a cooperação acentuou-se com a chegada de Barack Obama à Casa Branca, com a negociação de uma parceria transatlântica de comércio e investimento (TTIP – Transatlantic Trade and Investment Partnership), congelada pelo seu sucessor, Donald Trump.[16]

A "marca portuguesa" também pode ser encontrada na Comissão Barroso quando esta propõe a Política Marítima Integrada da UE que veio a ser adotada no Conselho Europeu realizado em 2007, em Lisboa, durante a presidência portuguesa. Um ano antes (2006), Portugal acolheu a sede da Agência Europeia de Segurança Marítima, corolário de uma estratégia iniciada em 1998, com a organização da Exposição Mundial de Lisboa – sob o lema "Os Oceanos, um Património para o Futuro" – que assinalou os quinhentos anos da chegada de Vasco da Gama à Índia (Cunha, 2011).

Multilateralismo lusófono

De entre as três organizações multilaterais que marcam a geopolítica nacional, a CPLP é aquela onde mais se pressente a influência portuguesa. Lisboa tem funcionado como principal dinamizador da comunidade, consciente de que o potencial regional dos seus membros pode ser maximizado à escala global.

---

[14] Durão Barroso foi o anfitrião da cimeira das Lajes (Açores) que em 16 de março de 2003 reuniu os líderes americano (George W. Bush), britânico (Tony Blair) e espanhol (José María Aznar) e que antecedeu a intervenção militar no Iraque (iniciada quatro dias depois), com base na alegada posse de armas de destruição massiva pelo regime de Saddam Hussein.

[15] O facto de Durão Barroso pertencer ao Partido Popular Europeu, vencedor das eleições para o Parlamento Europeu, também condicionou a escolha.

[16] Ao contrário do TTIP, foi aprovado, em 2014, acordo semelhante entre a UE e o Canadá – CETA (Comprehensive Trade and Economic Agreement).

A CPLP,[17] fundada em 1996, é sobretudo um projeto da diplomacia portuguesa, embora a sua materialização tenha sido obra do então embaixador do Brasil em Lisboa, José Aparecido de Oliveira (Barroso, 1999: 52). Insere-se no tipo de organizações que Olivier Dollfus (2000: 28) apelida de "clubes de nostalgia", numa referência às antigas potências coloniais europeias que também patrocinaram o aparecimento da Commonwealth e da Organização Internacional da Francofonia (OIF), com sedes em Londres e Paris, respetivamente.

O preconceito neocolonial inibiu Portugal de uma maior visibilidade na constituição da CPLP, embora a sede tenha ficado em Lisboa e o país continue a ser dos mais empenhados no seu sucesso.[18] A sua concretização só foi possível em 1996 por razões que se prendem com a necessidade de consolidação dos processos de independência e pelo facto de a Guerra Fria ter colocado os Estados de língua oficial portuguesa em blocos opostos, pelo que só após a queda do Muro de Berlim o projeto se tornou politicamente plausível. Foi aliás nesse mesmo ano, 1989, que foi criado o Instituto Internacional da Língua Portuguesa, com sede na Praia (Cabo Verde).

Os primeiros anos da organização lusófona ficaram marcados por problemas internos em alguns Estados membros (Angola e Guiné-Bissau) e por uma causa comum aos sete fundadores: a independência de Timor-Leste, alcançada em 2002, ano em que se tornou o seu oitavo Estado membro (CPLP, 2002).

O ano de 2002 ficou também assinalado pelo fim da guerra civil em Angola, o mais influente País Africano de Língua Oficial Portuguesa (PALOP), continente onde a Guiné-Bissau se tem revelado um dos regimes políticos mais instáveis e onde a CPLP tem procurado exercer um papel construtivo (CPLP, 2002).

A CPLP acolheu, entretanto, em 2014, o seu mais recente membro efetivo, a Guiné Equatorial, num processo algo embaraçoso, tendo em conta a natureza do regime político de Malabo e o facto de não ser, de raiz, um país de língua oficial portuguesa, como impõem os estatutos da organização aos

---

[17] A CPLP tem atualmente nove Estados membros efetivos (Angola, Brasil, Cabo Verde, Guiné-Bissau, Guiné Equatorial, Moçambique, Portugal, São Tomé e Príncipe e Timor-Leste) e uma dezena de observadores associados (Geórgia, Hungria, Japão, República Checa, Eslováquia, Maurícia, Namíbia, Senegal, Turquia e Uruguai).

[18] "A CPLP está no topo das nossas prioridades" (Silva, 2018: 29).

membros efetivos. A questão administrativa foi ultrapassada com o compromisso de Teodoro Obiang de acrescentar o português às línguas oficiais do país (espanhol e francês) e de suspender a aplicação da pena de morte até à sua abolição total, mas permanece o imbróglio político que não impediu, no entanto, que a sua adesão à CPLP se consumasse na cimeira de Díli.

A integração da Guiné Equatorial na CPLP acentuou o potencial energético que carateriza alguns dos seus membros – máxime Angola (membro da Organização dos Países Exportadores de Petróleo), Brasil, Moçambique (gás), Timor-Leste e São Tomé e Príncipe (potencial) – ao ponto de se considerar que a "petrofonia" se sobrepôs à lusofonia.

A CPLP "ocupa o quarto lugar no *ranking* dos produtores de petróleo, abaixo da Arábia Saudita, Rússia e dos Estados Unidos" (Santos, 2014: 5) e "cerca de 50% das novas descobertas de petróleo e gás realizadas desde 2005 estão localizadas em países lusófonos" (Eiras, 2012).

Esta caraterística levou a organização a incluir o setor da energia como reunião ministerial da CPLP, em 2014,[19] ano em que a cimeira de chefes de Estado e de Governo, realizada em Timor-Leste, se congratulou com a criação de um grupo técnico de estudo "para a exploração e produção conjuntas de hidrocarbonetos no espaço da CPLP" (CPLP, 2014)·

Embora limitada, em termos estatutários, no seu alargamento a outros Estados como membros efetivos, a organização tem suscitado o interesse de Estados terceiros, como são os casos da China e da Índia, onde Macau e Goa, respetivamente, conservam marcas da cultura e língua portuguesas. A Região Administrativa Especial de Macau, que faz parte da República Popular da China, desde dezembro de 1999, acolheu, em 2006, a primeira edição dos Jogos da Lusofonia; enquanto o estado federado de Goa, anexado pela União Indicana em 1961, organizou, em 2014, a terceira edição da mesma manifestação desportiva. A estas iniciativas não é estranho o interesse que aqueles BRICS[20] têm no espaço lusófono, com especial destaque para a China, com

---

[19] A primeira reunião de ministros da Energia da CPLP realizou-se em 2015, em Lisboa, paralelamente com a primeira Conferência sobre Energia para o Desenvolvimento da CPLP.

[20] Acrónimo que diz respeito a cinco países que reúnem regularmente em cimeiras: Brasil, Rússia, Índia, China e África do Sul.

investimento direto em setores estratégicos em Portugal[21] e noutros países de língua portuguesa.[22]

Os Estados lusófonos, para além do seu potencial intrínseco, são atores regionais nos espaços geopolíticos que integram nos respetivos continentes. Se no caso português é a sua condição de país membro da UE que o poderá tornar particularmente atrativo não só para os seus parceiros da CPLP como também para Estados terceiros, já no que diz respeito ao Brasil é a dimensão e os recursos naturais e humanos que lhe conferem estatuto à escala regional e mundial (Rouquié, 2009). Além de ser um dos BRICS,[23] e candidato assumido ao lugar de membro permanente do Conselho de Segurança das Nações Unidas num cenário de reformulação deste órgão,[24] o Brasil é um ator de primeiro plano em entidades multilaterais como a Organização dos Estados Americanos (1948), Zona de Paz e Cooperação do Atlântico Sul (1986), Mercado Comum do Sul (1991) e União de Nações Sul-Americanas (2008).

Do outro lado do Atlântico está Angola que tem particular proximidade política com o Brasil[25] e com o qual convive na CPLP e na Zona de Paz e Cooperação do Atlântico Sul. Luanda tem assumido particular protagonismo na África subsariana, sendo um dos Estados membros mais ativos de organizações como a Comunidade Económica de Estados da África Central (1991), Comunidade para o Desenvolvimento da África Austral – SADC (1992), Comissão do Golfo da Guiné (2001) e Conferência Internacional da Região dos Grandes Lagos (2008). Além de integrar a União Africana (2002), Angola é um dos membros da Organização dos Países Exportadores de Petróleo (OPEP),

---

[21] Entre os investimentos chineses em Portugal destacam-se o da REN (Reserva Estratégica Nacional) e EDP (Eletricidade de Portugal).

[22] A nova Rota da Seda projetada por Pequim contempla vários países de língua portuguesa, ligados por via ferroviária ou através de portos com concessão chinesa (Rodrigues, 2018).

[23] O Brasil tem também parceiras com a Índia e a África do Sul (IBAS) e participa na cooperação América do Sul-África (ASA).

[24] "(...) o Brasil reclama abertamente um lugar permanente no Conselho de Segurança da Organização das Nações Unidas, no quadro da reforma preparada pelo secretário-geral" (Rouquié, 2009: 330).

[25] O Brasil foi o primeiro país a reconhecer a independência de Angola, em 1975 (11 de novembro), e os dois países têm acordos de cooperação económica, técnico-científica e cultural (celebrado em 1980) e de entendimento técnico no domínio da defesa (assinado em 2014).

desde 2008. A diplomacia angolana desempenha ainda um papel central no Fórum dos PALOP, lançado em 2014.

Triângulo estratégico

Portugal, Brasil e Angola são os vértices de um triângulo estratégico para o impulso da cooperação entre os países lusófonos e para a visibilidade da CPLP no contexto global (Palmeira, 2006: 203) e "é aqui que pode e deve residir a chave para Portugal voltar a ser estrategicamente relevante nos espaços em que se insere, fazendo-se motor da unificação do Atlântico ao saber tirar partido das suas relações com duas das suas potências emergentes" (Sá, 2015: 88).

Com menor potencial geopolítico continental, mas com relevância geoestratégica regional surgem outros PALOP. É o caso de Moçambique – situado na África Austral, na costa do oceano Índico – que também é membro da SADC e que tal como a África do Sul, com a qual partilha interesses económicos, integra a Commonwealth. O mesmo se poderá dizer, na costa Atlântica, de São Tomé e Príncipe e da Guiné Equatorial, localizados no Golfo da Guiné, na linha do equador, onde nos últimos anos emergiu o fenómeno da pirataria marítima (Nascimento, 2011).

Mais a norte, no mesmo continente, localizam-se a Guiné Bissau e Cabo Verde, ambos membros da Comunidade Económica de Estados da África Ocidental (CEDEAO), de forte influência francófona e de cuja organização internacional (OIF) também fazem parte. Os dois PALOP têm estado em polos opostos no que à estabilidade política diz respeito, sendo Cabo Verde apontado como um exemplo de boa governação em África, enquanto Bissau se tem caraterizado por consecutivas crises políticas, com consequências económicas, sociais e no domínio da segurança.

Cabo Verde é um dos membros da Comissão da Macaronésia, cooperação institucionalizada em 2010 e que para além deste Estado africano inclui os arquipélagos portugueses dos Açores e da Madeira, bem como o arquipélago espanhol das Canárias. A segurança marítima é um dos objetivos deste espaço geopolítico regional de transição entre dois continentes, também consagrado na parceria especial de Cabo Verde com a União Europeia, celebrada em 2007, e subjacente ao exercício militar que a Força de Reação Rápida da OTAN efetuou, em 2006, naquele território.[26] A África ocidental tem estado sujeita a grande pressão do tráfico internacional de estupefacientes, com origem na América Latina, funcionando como entreposto de uma rota que tem como destino a Europa (Lourenço, 2011: 34).

Um dos membros mais empenhado na CPLP, até devido à sua condição de "pequeno Estado", entalado entre dois "gigantes" (Austrália e Indonésia), é Timor-Leste, na Ásia-Pacífico. O apoio lusófono foi determinante tanto no seu processo de independência (2002), na sequência da sua anexação pela Indonésia (1975), como no apoio às forças das Nações Unidas no terreno e, mais recentemente, no processo de reconhecimento das suas fronteiras marítimas pelos dois vizinhos, particularmente no Mar de Timor, um dos corredores que ligam os oceanos Índico e Pacífico, que é rico em recursos energéticos (gás e petróleo) (Viana, 2018). Timor-Leste suscitou a sua adesão à Associação das Nações do Sudeste Asiático (ASEAN), da qual a Indonésia faz parte, e tem o estatuto de observador no Fórum das Ilhas do Pacífico, onde a Austrália tem papel preponderante.

Uma caraterística comum aos países lusófonos é a sua condição de Estados ribeirinhos, abrangendo três oceanos (Atlântico, Índico e Pacífico) e a proximidade de rotas de denso tráfego marítimo de mercadorias: Estreito de Gibraltar (Portugal), Golfo da Guiné (Angola, São Tomé e Príncipe e Guiné Equatorial), Canal de Moçambique (Moçambique) e Mar de Timor (Timor--Leste). A área de jurisdição marítima da CPLP é de cerca de 7,6 milhões de quilómetros quadrados, o que corresponde a 2,5 por cento da superfície marítima do globo (Bernardino, 2011: 47) e o mar representa para uma boa parte dos países lusófonos uma oportunidade para o aproveitamento de recursos naturais (como o petróleo *offshore* em Angola, Brasil, Guiné Equatorial, São Tomé e Príncipe e Timor-Leste e o gás, em Moçambique). Daí a relevância da

---

[26] A operação da *NATO Response Force*, realizada em 2006, em Cabo Verde, recebeu a designação de *Steadfast Jaguar* e constituiu o primeiro exercício militar da OTAN fora da sua área natural de ação.

cooperação nos assuntos do mar que levou a organização a adotar a Estratégia da CPLP para os Oceanos (CPLP, 2009).[27]

Concomitante com a política marítima é a política de segurança e defesa que no espaço da CPLP começou a ser desenvolvida em 1998, com reuniões anuais dos ministros daquela pasta, institucionalizadas nos estatutos da organização em 2001 (CPLP, 2007). O Protocolo de Cooperação da CPLP no Domínio da Defesa (CPLP, 2006) incorporou o Secretariado Permanente para os Assuntos da Defesa, sediado em Lisboa (1999) – integrando um núcleo de representantes dos Chefes dos Estados-Maiores Generais das Forças Armadas –, bem como o Centro de Análise Estratégica, com sede em Maputo (1998), e os exercícios militares conjuntos e combinados da série Felino, iniciados em 2000, em Portugal (CPLP, 2018).

Com pouco mais de vinte anos de atividade, a CPLP conhece as vicissitudes próprias de uma organização "instrumental" para os Estados membros, mais preocupados com a geopolítica da região em que se inserem do que com a conexão intercontinental do espaço lusófono. Por outro lado, não deixa de ser afetada por acrimónias bilaterais entre Estados membros, ainda que conjunturais, ou com o menor investimento na organização do país com maior potencial entre os seus membros: o Brasil.

Pelo contrário, Portugal é dos países que mais investe politicamente na CPLP, consciente de que o seu poder tanto regional (União Europeia) como global depende muito do aprofundamento da cooperação no seio do espaço lusófono. Em causa está não apenas a defesa e a promoção da língua portuguesa nas organizações e nos fóruns internacionais em que os Estados membros participam, mas também a concertação político-diplomática e a cooperação em setores como a segurança e defesa.

---

[27] No âmbito dos assuntos do Mar reúnem-se periodicamente, desde 2010, os ministros da tutela dos Estados membros da CPLP. Em 2008 já se tinham iniciado encontros de responsáveis lusófonos pelas Pescas, Marinhas e dos Portos, tendo sido criada uma Associação de Portos de Língua Portuguesa.

Ator de segurança

No domínio da segurança e defesa, Portugal intervém à escala global através dos seus vínculos à UE, OTAN e CPLP e fá-lo em articulação com a Carta das Nações Unidas, cujo artigo 52, n° 1, estabelece que "nada na presente Carta impede a existência de acordos ou de entidades regionais, destinadas a tratar de assuntos relativos à manutenção da paz e da segurança internacionais que forem suscetíveis de uma ação regional, desde que tais acordos ou identidades regionais e as suas atividades sejam compatíveis com os propósitos e os princípios das Nações Unidas" (ONU, 2018).

Assim, para além da cooperação técnico-militar que mantém, no plano bilateral, com vários países de língua oficial portuguesa,[28] as forças armadas nacionais integram regularmente missões internacionais no quadro dos seus vínculos multilaterais.[29]

O envolvimento nas missões internacionais de paz é, também ele, um instrumento da diplomacia portuguesa que tem marcado presença em cenários relevantes para a segurança europeia e global, como os Balcãs ou o Golfo de Áden ou, mais recentemente, o Golfo da Guiné.[30] Portugal tem também apoiado o processo de autodeterminação do Saara Ocidental, mediado pelas Nações Unidas e figuras nacionais destacaram-se em causas que têm estado na ordem do dia, como os refugiados, tendo António Guterres sido Alto-Comissário das Nações Unidas para os Refugiados (2005-2015), e o terrorismo, com Jorge Sampaio a ser nomeado Alto Representante do Secretário-Geral das Nações Unidas para a Aliança das Civilizações (2007-2013).[31]

---

[28] Uma centena de militares portugueses estão envolvidos na cooperação técnico-militar em Angola, Cabo Verde, Guiné-Bissau, Moçambique, São Tomé e Príncipe e Timor-Leste (EMGFA, 2018a).

[29] Em 2018 estiveram envolvidos em missões internacionais 612 militares portugueses, ao serviço das Nações Unidas, OTAN, UE, CPLP e em forças combinadas conjuntas lideradas pelos Estados Unidos, designadamente no Iraque e na Síria (EMGFA, 2018b).

[30] Portugal participou na missão internacional no Golfo da Guiné (OBANGAME EXPRESS 18), realizada de 21 de março a 3 de abril de 2018, com 342 militares (sendo 311 da Marinha e 31 da Força Aérea), três navios e uma aeronave (EMGFA, 2018c).

[31] A essas causas acresce-se a das migrações, com a eleição (2018) de António Vitorino para diretor-geral da Organização Internacional das Migrações.

A imagem externa de Portugal evidenciou-se na sua última eleição como membro não permanente do Conselho de Segurança das Nações Unidas, para o biénio 2011-2012, em que enfrentou, com sucesso, a candidatura alternativa do Canadá. O facto de ter obtido um apoio expressivo fora da Europa (Ferreira, 2016) revela quão acertada é a estratégia de diversificação em matéria de política externa para não ficar refém de uma única hierarquia de potências que coartaria a sua liberdade estratégica.

Novos desafios

A evolução mais recente da política internacional tem evidenciado a relevância das alternativas geopolíticas em cenários de crise. A emergência de movimentos populistas, associados a políticas nacionalistas e protecionistas, tem afetado o processo de integração europeia e as próprias relações internacionais. As consequências mais evidentes são a decisão do Reino Unido de se retirar da União Europeia (Brexit) e a estratégia unilateralista prosseguida por Donald Trump, nos Estados Unidos, pondo em causa compromissos multilaterais e a liberalização do comércio mundial. Se a esses factos se associar a tensão com a Rússia, verifica-se que a conjuntura política internacional é deveras complexa.

As mudanças geoestratégicas introduzidas por Londres e Washington são as que mais afetam a diplomacia portuguesa uma vez que estão em causa dois tradicionais aliados de Lisboa. Com efeito, se a aliança com os britânicos é considerada a mais antiga do mundo,[32] a sua sucessão pelos norte-americanos, no século XX, como potência marítima dominante, conduziu a uma aproximação com os Estados Unidos nos planos bilateral[33] e multilateral (OTAN).

O Brexit tem consequências na Península Ibérica dada a soberania britânica sobre Gibraltar, contestada por Madrid, isto para além da questão interna

---

[32] A aliança luso-britânica foi instituída em 1373.

[33] Portugal autorizou os Estados Unidos a usar militarmente a base das Lajes (Açores) em 1944, presença que seria reforçada com um acordo celebrado em 1951, periodicamente renovado.

espanhola, criada pela reivindicação da independência da Catalunha por parte de movimentos republicanos. A instabilidade na vizinha Espanha é uma preocupação acrescida para a diplomacia portuguesa que desde a democratização dos regimes políticos dos dois países, em 1974 e 1975, e sobretudo a partir da integração de ambos na União Europeia, em 1986, tem desenvolvido uma cooperação estreita nos domínios bilateral[34] e multilateral.

Quando a ordem mundial é afetada por vários sobressaltos, mais importante se tornam os compromissos regionais, sobretudo para os países que têm menor capacidade de influência no xadrez geopolítico. Se o Brexit vem enfraquecer o pilar atlantista dentro da UE, onde se insere Portugal, e se os Estados Unidos abdicam, ou desinvestem, dos compromissos multilaterais, isso tem como consequência um regresso ao unilateralismo ou, pelo menos, ao bilateralismo, o que coloca novos desafios à diplomacia portuguesa.

Nesta circunstância, são os compromissos mais sólidos, que não se baseiam em ganhos económicos circunstâncias, mas têm como alicerce interesses comuns que resultam da cooperação estratégica, que poderão prevalecer e aprofundar-se. Nesse sentido, projetos como a da comunidade ibero-americana poderão tornar-se plausíveis, dando lugar à sua institucionalização e a um incremento da cooperação entre os seus membros.

Conclusão

O multilateralismo é uma caraterística da política externa portuguesa contemporânea. A prossecução dos objetivos estratégicos nacionais não depende apenas dos recursos autóctones, daí a integração de Portugal em espaços geopolíticos, tanto no domínio da cooperação (intergovernamental) como da integração (supranacional), como forma de os alcançar.

A segurança e defesa do território português é indissociável da Aliança Atlântica, assim como o desenvolvimento económico-social do país está dire-

---

[34] Os governos de Portugal e Espanha reúnem em cimeiras anuais desde 1993, onde aprovam projetos de interesse comum.

tamente relacionado com a União Europeia. Já a defesa e promoção da língua portuguesa e de valores históricos partilhados está acometido ao espaço lusófono, caracterizado pela sua diversidade geográfica e cultural.

OTAN, UE e CPLP constituem, por isso, os três principais pilares da política externa portuguesa que são instrumentais para o cumprimento dos objetivos estratégicos nacionais, sejam eles permanentes ou conjunturais, mediante uma geometria variável.

As crises que têm assolado a União Europeia e as relações euro-americanas também reforçam a necessidade de preservar o recurso à "geometria variável" como forma de as enfrentar. Neste caso, tanto o espaço lusófono, como, se for o caso, o ibero-americano, poderão ajudar Portugal a encontrar alternativas multilaterais em cenários adversos.

Hoje, como ontem, Portugal depende dos líderes e das políticas públicas adequadas ao interesse nacional. A globalização e a interdependência que lhe é intrínseca tornam mais exigente o desafio. O país que tem a esfera armilar representada na sua bandeira continua a navegar, agora na rede em que se transformou o sistema internacional.

Referências bibliográficas

BARROSO, D. (1999) "O contexto político da CPLP no virar do século". In AAVV, *A Comunidade de Países de Língua Portuguesa*, Lisboa: IAEM/Atena.

BERNARDINO, L. (2011) A Segurança Marítima no seio da CPLP: Contributos para uma Estratégia nos Mares da Lusofonia, *Nação e Defesa*, 128, pp. 41-65.

BERNARDINO, L. e Azevedo, F. (2015) A nova identidade da CPLP no domínio da Defesa. Impactos para a centralidade geoestratégica de Portugal, *Lusíada – Política Internacional e Segurança,* 12, pp. 105-129.

BRANDÃO, F. d. C. (2002) *História Diplomática de Portugal: Uma Cronologia*. Lisboa: Horizonte.

CEDN (2013) Conceito Estratégico de Defesa Nacional. Disponível em https://www. defesa.pt/Documents/20130405_CM_CEDN.pdf.

CPLP (2002) Declaração de Brasília. Disponível em https://www.cplp.org/id-4447.asp x?Action=1&NewsId=2949&M=NewsV2&PID=10872.

CPLP (2006) Protocolo de Cooperação da CPLP no Domínio da Defesa. Disponível em https://cplp.defesa.pt/Normativos/20060915_Protocolo%20Cooperacao%20CPLP %20Dominio%20Defesa.pdf.

CPLP (2007) Estatutos da CPLP. Disponível em https://www.cplp.org/Files/Filer/Documentos%20Essenciais/Estatutos_CPLP_REVLIS07.pdf.

CPLP (2009) Estratégia da CPLP para os Oceanos. Disponível em https://cplp.defesa. pt/Normativos/20090720_CPLP_Estratégia_Oceanos.pdf.

CPLP (2014) Declaração de Díli. Disponível em https://www.cplp.org/id-4447.aspx?Ac tion=1&NewsId=3463&M=NewsV2&PID=10872.

CPLP (2015) Identidade da CPLP no Domínio da Defesa. Disponível em https://cplp. defesa.pt/Normativos/20150526_IDENTIDADE%20DA%20CPLP%20NO%20DOMI NIO%20DA%20DEFESA.pdf.

CPLP (2018) Normas para a Realização de Exercícios Militares. Disponível em https:// cplp.defesa.pt/Normativos/Normas_ExerciciosMilitares_CPLP.pdf.

CUNHA, T. P. (2011) *Portugal e o mar*. Lisboa: FFMS.

DOLLFUS, O. (2000) *La nouvelle carte du monde*. Paris: PUF.

DOUGHERTY, J. e Pfaltzgraff, R. (2003) *Relações Internacionais – As Teorias em Confronto*. Lisboa: Gradiva.

EIRAS, R. (2012) A era do petróleo em português, *Expresso*, 22 de novembro.

EMGFA (2018ª) Cooperação Técnico-Militar. Disponível em http://www.emgfa.pt/pt/ operacoes (acedida em 11 de abril de 2018).

EMGFA (2018b) Participação nacional em missões internacionais. Disponível em http://www.emgfa.pt/pt/operacoes (acedida em 18 de abril de 2018).

EMGFA (2018c) Mais de 300 militares portugueses em missão no Golfo da Guiné. Disponível em https://www.emgfa.pt/pt/noticias/1162 (acedida em 8 de junho de 2018).

FERREIRA, J. (2016) Na alta-roda da política mundial, *Diário de Notícias*, 15 de agosto.

FERREIRA, J. M. (org.) (2001) *Política Externa e Política de Defesa do Portugal Democrático*. Lisboa: Colibri.

FERREIRA, J. M. (2011) *Os Açores na Política Internacional*. Lisboa: Tinta-da-China.

LIMA, B. P. d. (2016) *Portugal e o Atlântico*. Lisboa: FFMS.

LOBO-FERNANDES, L. e Pérez, R. (org.) (2007) *España y Portugal: Veinte años de integración europea*. Santiago de Compostela: Tórculo Edicións.

LOURENÇO, A. (2011) Dimensão Marítima da Segurança no Atlântico: Desafios e Oportunidades para os Países da CPLP, *Nação e Defesa*, 128, pp. 29-40.

MACEDO, J. B. (1987) *História Diplomática Portuguesa: Constantes e Linhas de Força.* Lisboa: IDN.

MAGALHÃES, J. C. (1990) *Breve História Diplomática de Portugal.* Mem Martins: Europa-América.

MOREIRA, A. (org.) (2001) *Comunidade dos Países de Língua Portuguesa – Cooperação.* Coimbra: Almedina.

MOREIRA, A. et al (2003) *Portugal e a Construção Europeia.* Coimbra: Almedina.

NASCIMENTO, A. (2011) São Tomé e Príncipe e os Desafios da Segurança Marítima no Golfo da Guiné, *Nação e Defesa*, 128, pp. 93-121.

NOGUEIRA, F. (1981) *O Estado Novo.* Porto: Civilização.

ONU (2018) Carta das Nações Unidas. Disponível em http://www.un.org/en/documents/charter/index.

PALMEIRA, J. (2006) *O Poder de Portugal nas Relações Internacionais.* Lisboa: Prefácio.

PALMEIRA, J. (2010a) "O potencial estratégico de Timor-Leste na geopolítica da CPLP". In Leach, M. et al (org) *Understanding Timor Leste: Proceedings of the Timor-Leste Studies Association Conference.* Hawthorn: Swinburne Press, pp. 41-45.

PALMEIRA, J. (2010b) O aprofundamento das relações UE-NATO: Oportunidades, Desafios e Opções para Portugal, *Sínteses EuroDefense*, 17, pp. 26–33.

PALMEIRA, J. (2012) Cooperação entre Estados Lusófonos: A Segurança no Atlântico, *Eixo Atlântico*, 19, pp. 39–50.

PALMEIRA, J. (2014) "Potencial geopolítico da CPLP na segurança internacional". In Martins, M.; Cabecinhas, R.; Macedo, L. e Macedo, I. (org.) *Interfaces da Lusofonia.* Braga: CECS, pp. 191-198.

PALMEIRA, J. (2015) Potential Lusophone Role in Atlantic Security, *Portuguese Studies Review*, 23(1), pp. 97-115.

PALMEIRA, J. (2016) O Mar na Geopolítica de Portugal, *Biblos*, 2, pp. 117-125.

PALMEIRA, J. (2017) "Europa "regressa" ao Atlântico". In Ribeiro, R.; de Sousa, V. e Khan, S. (org.) *A Europa no mundo e o mundo na Europa: crise e identidade.* Braga: CECS, pp. 238-247.

PAVIA, J. F. (org.) (2011) *A Política Externa de Angola no Novo Contexto Internacional.* Lisboa: QuidJuris.

PINTO, A. C. (org.) (2004) *Portugal Contemporâneo.* Lisboa: Dom Quixote.

PINTO, L. (2016) Alargamento do canal do Panamá deverá trazer mais 200 navios a Sines por ano, *Público*, 20 de julho.

PIRES, R. P. (org.) (2010) *Portugal: Atlas das Migrações Internacionais*. Lisboa: Tinta-da-China.

RETO, L. (org.) (2012) *Potencial Económico da Língua Portuguesa*. Lisboa: Texto Editores.

RETO, L.; Machado, F. e Esperança, J. (2016) *Novo Atlas da Língua Portuguesa*. Lisboa: INCM.

RIBEIRO, M. T.; de Melo, B. e Porto, L. (org.) (2003) *Portugal e a Construção Europeia*. Coimbra: Almedina.

RODRIGUES, J. N. (2018) Portugal na nova rota da seda da China, *Expresso*, 26 de maio.

RODRIGUES, J. N. (2017) Uma invenção asiática, *Expresso*, 8 de julho.

RODRIGUES, J. N. e Devezas, T. (2007) *Portugal: O Pioneiro da Globalização*. Lisboa: Centro Atlântico.

ROUQUIÉ, A. (2009) *O Brasil do Século XXI*. Lisboa: Piaget.

SÁ, T. M. (2015). *Política Externa Portuguesa*. Lisboa: FFMS.

SANTOS, C. (2014) Cimeira de Díli e Guiné Equatorial, África 21, 88, p. 5.

SARMENTO, C. e Costa, S. (orgs) (2013) *Entre África e a Europa: Nação, Estado e Democracia em Cabo Verde*. Coimbra: Almedina.

SEABRA, M. J. (1995) "Os Europeus e a União". In Vasconcelos, A. (org.) *Portugal no Centro da Europa*. Lisboa: Quetzal Editores, pp. 18-36.

SILVA, A. S. (2018) *Argumentos Necessários: Contributos para a Política Europeia e Externa de Portugal*. Lisboa: Tinta-da-China.

SOUSA, T. de (1997) De Lisboa a Madrid via Bruxelas, *Janus 1997*. Disponível em http://www.janusonline.pt/arquivo/1997/1997_4_11.html.

TEIXEIRA, J. (org.) (2016) *O Português como Língua num Mundo Global*. Braga: CELUM.

TEIXEIRA, N. S. e Costa Pinto, A. (orgs.) (2007) *Portugal e a Integração Europeia 1945--1986*. Lisboa: Temas e Debates.

TEIXEIRA, N. S. (2010) Breve ensaio sobre a política externa portuguesa, *Relações Internacionais*, 28, acessível em http://www.scielo.mec.pt/scielo.php?script=sci_arttext&pid=S1645-91992010000400004.

TELO, A. J. e Torre Gómez, H. (2000) *Portugal e Espanha nos Sistemas Internacionais Contemporâneos*. Lisboa: Cosmos.

TELO, A. J. (1996) *Portugal e a NATO: O Reencontro da Tradição Atlântica*. Lisboa: Cosmos.

VIANA, J. (2018) Timor-Leste e Austrália assinam histórico acordo marítimo, *Expresso*, 7 de março.

AS NOVAS PROMESSAS DO MULTILATERALISMO

SANDRA FERNANDES
Universidade do Minho e Centro de Investigação em Ciência Política (CICP), Portugal.
ResearcherID: O-1155-2013
ORCID: http://orcid.org/0000-0002-3994-6915

LICÍNIA SIMÃO
Faculdade de Economia e Centro de Estudos Sociais da Universidade de Coimbra, Portugal.
ORCID: https://orcid.org/0000-0001-5479-8925

A análise coletiva conduzida nesta obra revela a centralidade atual das práticas multilaterais nas relações internacionais, tanto à escala regional como global. Pese embora as dinâmicas internacionais exibirem, no início do século XXI, padrões muito fluídos, de menor previsibilidade, com elementos como a personalidade dos líderes políticos ou os media a impactarem de forma surpreendente as estruturas de gestão global, a permanência da prática multilateral apresenta-se como um fenómeno de continuidade e estabilidade. Seja na sua forma institucionalizada, através da criação de organizações regionais (veja-se o exemplo das iniciativas lideradas pela Federação Russa no espaço euroasiático ou da China na Ásia) ou tratados internacionais (como é o caso do acordo para combater as alterações climáticas, assinado em Paris, em 2016, ou os Objetivos de Desenvolvimento Sustentável), seja através de normas e princípios internacionais que são partilhados globalmente, o multilateralismo permanece um elemento estabilizador da ordem internacional.

Pela sua ação constrangedora do comportamento dos atores participantes nos arranjos multilaterais, esta opção de política externa mantém uma relação profundamente ambígua com outras abordagens praticadas pelas grandes potências. Confirma-se, assim, a ideia segundo a qual os Estados poderosos não gostam do multilateralismo, preferindo interações bilaterais ou unilaterais, mas que não o conseguem evitar para alcançar os resultados desejados. Olhando para os Estados Unidos da América (EUA), os mentores da ordem

https://doi.org/10.14195/978-989-26-1750-3_11

liberal que ainda hoje define as principais regras do jogo interestatal, fica clara a crescente tensão entre a necessidade de um mundo regulado em torno de agendas de interesse comum e a tentação de usar vastos recursos de poder de forma unilateral. A inserção multilateral de Washington cria-lhe desconforto quando evolui num espaço mais complexo e interdependente, onde as vontades de outros Estados e povos também procuram pesar. A sua relação com as questões da paz e da segurança internacionais ilustram particularmente bem como os EUA têm procurado beneficiar da institucionalização de um modelo de paz liberal. Se por um lado este modelo, legitimado nos princípios da democracia liberal e dos direitos humanos, tem permitido uma série de intervenções internacionais, só possíveis pela natureza multilateral dos quadros institucionais que as legitimam (nomeadamente a ONU e o seu Conselho de Segurança), por outro lado tem criado também obrigações normativas à potência hegemónica do fim da Guerra Fria e um contexto global de enorme contestação à ordem liberal que ela lidera (incluindo na sua dimensão económica).

A emergência da China como uma potência regional asiática, mas também, crescentemente, como uma potência global, evidencia padrões onde o multilateralismo tem um papel central. A China promove práticas multilaterais à escala regional de modo a modificar a ordem liberal económica e financeira gerida por organizações tais como o Fundo Monetário Internacional e o Banco Mundial, liderados pelas potências ocidentais. As iniciativas com vista à consolidação da sua presença económica e financeira na Ásia demonstram, por um lado, um entendimento de poder ligado claramente ao domínio de recursos económicos, financeiros e naturais, e, por outro lado uma necessidade de alavancar a estratégia de projeção global na consolidação da sua presença regional. Em ambos os casos, o multilateralismo tem criado oportunidades importantes para a República Popular da China contestar a liderança ocidental e, em particular, dos EUA. Para além de instrumento ao serviço do Estado hegemónico regional, o multilateralismo permite substituir uma ordem contestada. As suas atividades no âmbito dos BRICS, nomeadamente a criação do Novo Banco de Desenvolvimento, ilustram particularmente bem estas dinâmicas.

Pelo contrário, países emergentes ou mesmo pequenos/médios, como o Brasil e Portugal, fazem do multilateralismo um verdadeiro instrumento de política externa onde a inclusão e a participação nos formatos multilaterais são sinónimos de influência. No caso português, a opção multilateral ascendeu a prioridade política no sentido de concretizar o seu triplo posicionamento enquanto país europeu, atlântico e lusófono. O multilateralismo tem sido entendido como uma oportunidade de participação e de acesso a recursos fundamentais para a prossecução dos interesses estratégicos de Portugal, no contexto pós-autoritário e colonial. Aliás, nesse processo, a participação multilateral tem sido frequentemente equacionada com a democratização do país e com o seu compromisso fiel com os princípios liberais ocidentais. O caso do Brasil permite-nos entender duas dimensões importantes das dinâmicas multilaterais. A primeira é a sua permanência como um elemento definidor dos entendimentos de poder estatal no século XXI. A participação em formatos multilaterais continua a ser vista como um elemento prestigiante e que confere poder negocial aos Estados, através da criação de alianças e da alavancagem de recursos partilhados. A política externa brasileira tem evidenciado estas dinâmicas de forma clara, particularmente nos mandatos de Lula da Silva. A segunda dimensão, contudo, releva alguma ambiguidade na forma como as potências emergentes investem no desenvolvimento das estruturas multilaterais, já que por um lado exibem padrões de instrumentalização do multilateralismo semelhantes a outros Estados (a procura de parcerias com outras potências, por vezes minando os objetivos da ordem multilateral vigente, demonstram isso) e, por outro lado mantêm oscilações importantes na sua política externa, que ditam, em algumas circunstâncias, um desinvestimento da lógica multilateral, como foi o caso dos mandatos da Presidente Dilma Rousseff.

Estas leituras do fenómeno multilateral, a partir da base estatal, colocam em evidência uma outra dinâmica que, não sendo específica do multilateralismo, o afeta no âmbito do exercício da política externa dos Estados que o sustentam. A relação entre política externa e política interna é fundamental para entendermos as variações no compromisso com as lógicas multilaterais. Seja pela real pressão doméstica para que se abandone ou se reforce a participação multilateral, seja pelo uso instrumental dessa potencial pressão para evitar ou reforçar compromissos, o multilateralismo, enquanto opção da política externa dos Estados, permanece refém das lógicas de gestão de interesses. Contudo, um entendimento estritamente estatal do multilateralismo não permite entender as mudanças profundas que o século XXI abraçou, no que toca à capacidade de diferentes tipos de atores moldarem a política internacional e, por inerência, também o multilateralismo. A participação de atores da sociedade civil, incluindo Organizações Não-Governamentais (ONG) e empresas comerciais, como parceiros de organizações regionais e globais como a ONU, permite entender os novos desafios que se colocam. Isto permite aos cidadãos tentar moldar diretamente as dinâmicas globais, através das plataformas multilaterais, para lá da sua representação pelos seus Estados nacionais. Isto subentende a formação de coligações transnacionais de interesse que veem nas organizações formais uma possibilidade de ação, mas subentende também um entendimento do exercício de poder que é ideacional e material, criando oportunidade para readaptar, reenquadrar e redesenhar as dinâmicas internacionais,

A análise das Nações Unidas e da União Europeia mostra estas oportunidades de participação, embora o peso das vontades nacionais ainda determine, em larga medida, o sucesso das agendas promovidas por estes atores. O papel destas instituições deve ser, por isso, entendido nessa tensão permanente entre as instituições criadas e as vontades dos Estados que as criaram. As abordagens institucionalistas ajudam-nos a entender como as instituições ganham vida própria, para lá das intenções iniciais dos Estados e como estes procuram limitar esta dinâmica, à medida que os seus interesses evoluem. O papel da ONU na definição da agenda global de paz e segurança é um caso interessante para demonstrar estas tensões, já que a pressão dos Estados membros sobre a instituição se faz sentir de diversas formas: na definição do quadro normativo de atuação e a sua legitimação, na disponibilização de recursos financeiros e materiais para a persecução do seu mandato, na priorização política de alguns contextos geográficos e temáticos sobre outros. Por outro lado, o espaço amplo de participação que a ONU representa, incluindo para atores não-estatais, tem permitido que diferentes agendas se contaminem, criando sinergias que levam a que aspetos marginais ganhem prominência, como é o caso da ligação das agendas de segurança, direitos humanos e direitos da infância. Embora estas ligações apresentem problemas específicos, elas mostram como as plataformas multilaterais criam oportunidades de participação que escapam ao controlo total dos Estados e das suas vontades nacionais.

A União Europeia, pela natureza multinível da sua governação, apresenta-se como um ator particularmente interessante para o estudo do fenómeno multilateral. As dinâmicas internas de gestão dos interesses dos Estados Membros e das instituições europeias configura um espaço de negociação multilateral de direito próprio, que a UE procura externalizar nas suas relações com países terceiros. Por outro lado, a defesa do princípio do multilateralismo efetivo, tornada explícita na Estratégia Europeia de Segurança de 2003 e promovida através de uma colaboração estreita com organizações internacionais como a ONU e outras de âmbito regional, em todos os continentes, torna a UE um dos atores internacionais mais comprometidos com uma certa visão do multilateralismo, assente em organizações e tratados internacionais. A UE, pela sua relação umbilical com os EUA, tem também sido uma promotora da paz liberal e do intervencionismo em seu nome. Contudo, há pressões fortes sobre este compromisso, alavancadas pelo atual contexto internacional de maior pendor nacionalista e menos cosmopolita e internacionalista. A própria falta de coerência das políticas europeias, nomeadamente na gestão dos acordos comerciais com outras potências, prosseguida ao longo da última década fora do quadro da OMC e privilegiando rondas negociais bilaterais, contribui para minar o princípio multilateral. Adicionalmente, a falta de visão comum dos Estados Membros, em temáticas fraturantes como são as relações com a Federação Russa ou a gestão das crises internacionais, aprofundam essa dinâmica, ao mesmo tempo que a falta de capacidades militares da UE tem contribuído para a tornar um parceiro menos previsível. Assim, a Estratégia Global da UE, de 2016, apresenta um compromisso menos sólido com o multilateralismo e reconhece a necessidade de a UE poder avaliar cada situação casuisticamente, com base nos princípios da diferenciação e da resiliência das sociedades vizinhas.

O livro aponta para a natureza multinível do multilateralismo, em que coexistem formatos regionais, influências nacionais e enquadramentos mais globais. A constelação de práticas analisadas advém, portanto, da existência simultânea de dinâmicas, cuja materialização determina os alcances e as limitações do multilateralismo. Destacamos quatro dinâmicas atuais: a variedade dos formatos de cooperação, a instrumentalização dos mesmos em concomitância com a sua inelutabilidade, o cruzamento das agendas e a multiplicidade dos atores envolvidos.

A grelha de análise realista – que vê no multilateralismo uma ferramenta para os mais poderosos projetarem os seus interesses e que vê perigos de segurança e estabilidade internacional nas limitações que o multilateralismo impõe à política externa dos Estados – deixou claramente de ser suficiente para explicar um mundo cuja mutação rumo à interdependência surge logo a partir dos anos 1970. Esta alteração nas dinâmicas internacionais impulsionou um conjunto de reflexões teóricas sobre as relações internacionais que se fizeram também refletir no seu entendimento sobre o multilateralismo. Assim, a globalização dos sistemas económicos e comerciais, alavancada pelo próprio multilateralismo pós-Guerra, criou os mecanismos que permitiam imaginar a gestão dos bens públicos globais a partir de lógicas de compromisso e ganhos mútuos. As abordagens liberais institucionalistas procuraram assim evidenciar o papel das normas e das instituições em providenciar ganhos de eficiência e de estabilidade da ordem internacional, incluindo para as suas principais potências.

A interdependência securitária da Guerra Fria reforçou esta lógica, mas subverteu-a a partir da ótica do multilateralismo subserviente aos interesses e liderança das duas superpotências. Será a interdependência ambiental da década de 80 e a abertura política do pós-Guerra Fria, que irão contribuir para a criação de uma perceção comum da humanidade e para uma agenda de mobilização cosmopolita, que irá culminar na ligação entre as agendas de direitos humanos e segurança e no reforço do ativismo de base normativa que o multilateralismo onusiano irá refletir de forma particularmente visível. Mais uma vez, refletindo essa relação dialógica, as abordagens teóricas das Relações Internacionais irão procurar incorporar o papel das ideias e da interação social na constituição da agenda e das práticas internacionais. O construtivismo surge, assim, como um fator de análise fundamental para explicar, para lá dos constrangimentos institucionais, como as normas comuns são um fator na gestão das causas globais e no multilateralismo.

Entre as abordagens críticas, quer as explicações sistémicas, como o Marxismo, quer as explicações de base discursiva, invocam um universo mais amplo, onde a participação na lógica multilateral se faz a partir de imaginários de possibilidades legítimos assentes em estruturas de poder desiguais. A legitimação de certos modelos de atuação e de governação das questões globais é vista, a partir destas lentes, como refletindo formas de pensar hegemónicas e por isso constitutivas de relacionamentos hierárquicos. Nesta perspetiva, a emancipação humana e a transformação positiva das causas dos conflitos dependem de um rompimento com as normas estabelecidas. O multilateralismo serve, essencialmente, aqueles que o dominam.

O multilateralismo é hoje um sistema variado e complexo. Se ainda é materializado por instituições formais e instrumentalizado pelos Estados com objetivos de afirmação, ele pena em evoluir em direção a um mundo onde as necessidades de governação global se adensam face ao número crescente dos bens globais. Para além de um diagnóstico sobre o fenómeno multilateral enquanto elemento definidor das relações internacionais do século XXI, finalizamos com um debate essencial sobre a ideia de "integração internacional". Sendo os conflitos atuais longos e de cada vez mais de difícil resolução, já que escapam às lógicas estatais, olhar o mundo através dos indivíduos e das sociedades que o compõem surge como um desafio adequado. No longo prazo, a paz mundial só poderá emergir de uma atenção às "patologias sociais da mundialização", portadoras de violência e ressentimento.[1] Num planeta onde as agendas políticas centrais assumem uma dimensão global, o multilateralismo, em particular nas suas formas institucionalizadas, precisa de se reformar de modo a servir para a construção de contratos sociais onde todos, no centro e na periferia do sistema, possam participar. A prazo, as práticas multilaterais poderiam propiciar a emergência de uma cidadania global.

---

[1] A ideia de integração, relações intersociais e de patologias da mundialização são teorizadas no âmbito da perspetiva sociológica das relações internacionais de Bertrand Badie.

www.ingramcontent.com/pod-product-compliance
Lightning Source LLC
Chambersburg PA
CBHW071737270326
41928CB00013B/2716